全国交通运输行业职业技能鉴定培训教材

Jidongche Jiashi Jiaolianyuan
机动车驾驶教练员

四级（中级）·三级（高级）

交通运输部职业资格中心　组织编审
（交通运输部职业技能鉴定指导中心）

人民交通出版社股份有限公司
China Communications Press Co.,Ltd.

内容提要

本教材由交通运输部职业资格中心(交通运输部职业技能鉴定指导中心)组织交通运输行业有关专家,根据《机动车驾驶教练员国家职业技能标准》,结合我国机动车驾驶员培训行业技能型人才发展需要和工作实际编审而成,与《机动车驾驶教练员二级(技师)·一级(高级技师)》共同组成机动车驾驶教练员职业技能鉴定培训系列教材。

本教材以机动车驾驶教练员职业活动为导向,以其职业能力为核心,注重基础职业能力培养,具有较强的针对性和可操作性。教材内容包括机动车驾驶教练员四级(中级)和三级(高级)两部分,涉及理论知识、专业知识应用教学、法律法规、驾驶培训教学、教学管理等14个单元,共计50个模块。教材采用模块方式编排、图文并茂,便于培训与自学。

本教材是机动车驾驶教练员四级(中级)和三级(高级)职业技能鉴定考试用书,也可作为交通运输类职业院校相关专业的教学参考书。

图书在版编目(CIP)数据

机动车驾驶教练员:四级(中级)·三级(高级)/交通运输部职业资格中心(交通运输部职业技能鉴定指导中心)编. —北京:人民交通出版社股份有限公司,2015.4
全国交通运输行业职业技能鉴定培训教材
ISBN 978-7-114-12202-6

Ⅰ.①机… Ⅱ.①交… Ⅲ.①汽车驾驶—教练员—职业技能—鉴定—教材 Ⅳ.①U471.3

中国版本图书馆 CIP 数据核字(2015)第 075333 号

全国交通运输行业职业技能鉴定培训教材

书　名:	机动车驾驶教练员四级(中级)·三级(高级)
著 作 者:	交通运输部职业资格中心(交通运输部职业技能鉴定指导中心)
责任编辑:	何　亮　杨丽改
出版发行:	人民交通出版社股份有限公司
地　　址:	(100011)北京市朝阳区安定门外外馆斜街3号
网　　址:	http://www.ccpress.com.cn
销售电话:	(010)59757973
总 经 销:	人民交通出版社股份有限公司发行部
经　　销:	各地新华书店
印　　刷:	北京市密东印刷有限公司
开　　本:	787×1092　1/16
印　　张:	14.75
字　　数:	300千
版　　次:	2015年4月　第1版
印　　次:	2017年2月　第7次印刷
书　　号:	ISBN 978-7-114-12202-6
定　　价:	53.00元

(有印刷、装订质量问题的图书由本公司负责调换)

全国交通运输行业职业技能鉴定培训教材
编审委员会

主　　任：申少君

副 主 任：杜　颖　朱传生

委　　员：张文玉　张　萍　沈冬柏　刘　鹏

　　　　　刘大鹏　王福恒　尹俊涛　何朝平

　　　　　郝鹏玮　温晓亮

机动车驾驶教练员四级(中级)·三级(高级)审定人员

主　审：杜　颖

参　审：王福恒　郝鹏玮　温晓亮　方　铀

　　　　隋中田　黄新宇　李爱凡　王东川

　　　　闫文辉

机动车驾驶教练员四级(中级)·三级(高级)编写人员

主　编：范　立

参　编：钟志斌　范　坤　冯晓乐　刘焕斌

　　　　孙蓉超　孙　彧

前 言

为做好交通运输行业特有职业技能培训及鉴定工作,在机动车驾驶教练员从业人员中推行国家职业资格证书制度,根据《机动车驾驶教练员国家职业技能标准》(以下简称《标准》),我中心组织编审了全国交通运输行业职业技能鉴定培训教材《机动车驾驶教练员四级(中级)·三级(高级)》。

本教材与《机动车驾驶教练员二级(技师)·一级(高级技师)》属于机动车驾驶教练员职业技能鉴定培训系列教材。教材以机动车驾驶教练员职业活动为导向,以其职业能力为核心,突出机动车驾驶教练员的职业特点。在内容上针对机动车驾驶教练员职业活动领域,结合我国机动车驾驶员培训行业技能型人员发展需要和工作实际,注重机动车驾驶教练员基础职业能力培养,具有较强的针对性和可操作性。本教材图文并茂,采用模块方式编排,便于培训和自学。

本教材主要用于四级机动车驾驶教练员(中级)和三级机动车驾驶教练员(高级)职业技能鉴定和培训,也可作为交通运输类职业院校相关专业的教学参考书,还可以满足机动车驾驶教练员继续教育的实际需要。希望广大机动车驾驶教练员用好这本教材,以良好的职业道德水平和较高的职业技能水平服务行业、服务社会。

交通运输部职业资格中心
(交通运输部职业技能鉴定指导中心)
二〇一五年三月

目 录

第一部分 机动车驾驶教练员四级(中级)

单元 1 基本理论知识 3
- 模块 1 教练员的职业道德 3
- 模块 2 遵章守法与安全文明意识 8
- 模块 3 驾驶技能的形成规律 13
- 模块 4 机动车驾驶培训教学与考试大纲 16

单元 2 驾驶理论知识 24
- 模块 5 机动车基本知识 24
- 模块 6 机动车行驶理论知识 27
- 模块 7 安全驾驶理论知识 33

单元 3 教学专用知识 40
- 模块 8 常用教学手段与教学方法 40
- 模块 9 驾驶培训教学计划 47
- 模块 10 驾驶培训教案编写方法 52

单元 4 交通安全法律法规知识 56
- 模块 11 驾驶证申领与使用 56
- 模块 12 道路通行规则 58
- 模块 13 道路交通事故处理 64
- 模块 14 交通事故责任强制保险 66

单元 5 驾驶培训教学 68
- 模块 15 驾驶教学内容和方法 68
- 模块 16 法律法规教学 75
- 模块 17 基础驾驶教学 77
- 模块 18 场地驾驶教学 82

模块 19　道路驾驶教学 ··· 93
　　模块 20　安全文明驾驶教学 ··· 103

单元 6　驾驶相关知识 ·· 107
　　模块 21　道路交通事故预防知识 ·· 107
　　模块 22　伤员救护基本知识 ··· 112
　　模块 23　车辆消防知识 ··· 116
　　模块 24　节能减排知识 ··· 120

单元 7　教学管理 ··· 125
　　模块 25　学员管理 ··· 125
　　模块 26　教学质量评估 ··· 127
　　模块 27　教学设施设备管理与维护 ·· 130

第二部分　机动车驾驶教练员三级(高级)

单元 1　基本理论知识 ·· 135
　　模块 1　教育心理应用知识 ··· 135
　　模块 2　安全生产知识 ··· 147
　　模块 3　道路运输驾驶员培训教学大纲 ·· 149
　　模块 4　驾驶教学中的风险分析 ·· 156

单元 2　教学专用知识 ·· 160
　　模块 5　教学实施计划 ··· 160
　　模块 6　教案编写指导 ··· 162
　　模块 7　多媒体课件制作 ·· 165

单元 3　车辆专业知识 ·· 168
　　模块 8　汽车使用知识 ··· 168
　　模块 9　汽车维护基本知识 ··· 172
　　模块 10　车辆运行材料 ··· 175

单元 4　道路运输法律法规知识 ··· 178
　　模块 11　道路运输从业人员管理相关规定 ··· 178
　　模块 12　道路货物运输及站场管理相关规定 ·· 179
　　模块 13　道路危险货物运输管理相关规定 ··· 181
　　模块 14　道路运输驾驶员诚信考核相关规定 ·· 186

单元 5　道路运输知识 ·· 189
　　模块 15　道路货物运输知识 ··· 189

单元6 　驾驶实用教学 ····· 194
模块16 　货运车辆安全检视 ····· 194
模块17 　汽车常见故障 ····· 197
模块18 　轮胎更换与维护 ····· 202
模块19 　牵引车驾驶 ····· 207
模块20 　节能驾驶方法 ····· 209

单元7 　教学管理 ····· 217
模块21 　学员管理 ····· 217
模块22 　教学质量评估 ····· 220
模块23 　教学设施设备管理 ····· 222

参考文献 ····· 224

第一部分
机动车驾驶教练员四级（中级）

单元1　基本理论知识

模块1　教练员的职业道德

教练员的职业道德,是教练员职业生涯中普遍存在的行为准则和道德规范,是教练员在进行教学活动时对社会所负的道德责任和义务。一名合格的教练员,不仅要有丰富的专业知识、较强的教学能力、娴熟的驾驶技术,而且还要有良好的职业道德。

一　教练员的职业特点、职责和义务

教练员作为驾驶培训工作的具体实施者,其驾驶习惯、驾驶理念、驾驶道德与行为对学员的驾驶行为、驾驶风格和驾驶道德有重要影响。教练员承担着确保教学安全、传授驾驶技能、为社会培养合格驾驶员的义务。

1 教练员的职业特点

教练员不论是教学对象和教学内容还是教学组织和教学环境,都不同于其他职业学校的教师。驾驶培训教学过程不仅限于课堂,多数时间要在实际道路环境中进行教学,教学过程具有一定的风险性。因此,教练员的工作具有教学对象层次多样化、教学内容专业性强、教学要求严格、教学组织特殊、教学过程存在风险性等职业特点。

教练员的教学质量是确保学员掌握安全理念、驾驶知识和技能的关键。教练员面对的学员年龄、文化和职业差异较大,在教学过程中,既要观察学员和行人,又要了解车辆和道路,还要在复杂的道路和拥挤的场地环境中进行教学,承受着很大的压力。

2 教练员的职责

教练员的教学方法、理念和习惯,会对学员产生潜移默化的影响,对学员影响最大的是安全意识、驾驶习惯和驾驶道德。教练员的职责是在驾驶教学中,培养学员安全行车和遵章守法意识,普及安全行车知识,全面传授驾驶技能,增强学员的社会责任感,引

导学员树立"安全第一、珍爱生命"的行车理念,养成良好的驾驶习惯,使其最终能够独立安全地驾驶车辆。

驾驶教学本身就存在着危险因素,稍有疏忽就有可能导致交通事故,给学员的心理带来消极影响,挫伤学员学习的积极性,如果事故危及人身安全,还会产生伤害学员和其他交通参与者的严重后果。因此,在驾驶教学中,教练员要始终高度重视教学安全,认真按安全教学规程实施教学,确保全过程的教学安全。

3 教练员的义务

教练员的义务是指从业规定及职业道德要求教练员所应承担的责任,具体表现在教练员要掌握《机动车驾驶培训教学与考试大纲》(以下简称《大纲》)、保证学员的学习时间、尊重学员、服务学员、确保教学安全等方面。教练员有义务认真理解和掌握《大纲》规定的教学项目、内容、目标和学时,严格按照《大纲》要求组织教学。在教学中,尊重和爱护学员,让学员真正成为受尊重的消费者,是教练员良好道德品质和服务意识的主要体现。

在驾驶教学中,教练员要保护学员的自尊心,尊重学员个性多样化的差异。学员是有思想、有感情的人,他们不仅需要学习驾驶技能,更需要心灵的沟通、情感的交融。教练员要热情关怀、鼓励、指导和帮助学员,设身处地为学员着想,细心了解学员的心理状态,听取学员的意见和要求,采纳学员的合理化建议,尊重学员的人格,做学员的朋友,以此赢得学员的信任。教练员要尊重学员,但不能庇护、迁就学员,要把尊重学员和严格要求结合起来,营造轻松、快乐的学习氛围,取得良好的教学效果。

二 教练员的行为规范

教练员严谨的职业行为规范,是确保教学质量的基础,建立融知识、技能、意识、安全为一体的驾驶规范化教学体系,是驾驶培训教学的发展方向。教练员要培养出有社会责任感、能独立安全文明驾驶车辆的驾驶员,自身必须具有严谨的职业行为规范。

1 遵章守法、珍爱生命

遵章守法、珍爱生命是教练员必须严格遵守的一项最根本的行为规范,道路交通法律法规的核心是保护人民生命财产和维护道路交通秩序,对法律法规怀有敬畏之心是维护社会公共安全的基本要求。法律的生命在于实施,教练员要从严格守法的角度实施教学,在法律法规的范围内规范自己的教学行为,不仅要模范地遵章守法、率先垂范,给学员做出榜样,还要培养学员自觉遵章守法、文明礼让、珍爱生命的意识,养成遵守交通法规的良好习惯。

教练员的不遵章守法行为,必然会潜移默化地影响学员,为学员将来的驾驶行为埋下安全隐患,这不仅会影响交通秩序和道路畅通,还可能导致交通事故,危害人民生命财产安全。

❷ 诚实守信、规范施教

诚实守信是教练员在驾驶培训职业活动中处理与学员之间关系的道德准则,是与

学员交往必须遵守的一项最基本的行为规范。教练员培养学员安全文明意识,让学员掌握安全驾驶技能,进而成为一名合格的驾驶员,是对社会的诚实守信。由于驾驶培训机构和学员是一种经营者与消费者的关系,让学员明明白白消费,系统学习安全知识和驾驶技能,是驾驶培训机构践行诚实守信理念的具体实践。教练员诚实守信,能赢得学员的信任和尊重,高质量地完成教学任务,提高驾驶培训机构的社会信誉。

规范施教是指教练员在教学过程中,按照《大纲》的要求和教学规范进行教学。规范施教对于教练员的教学是一种约束,也是评价教练员教学水平的一个重要指标。教练员在教学中严格遵守行为规范,统一教学标准、统一教学内容、统一教学要求,是规范教学行为、杜绝教学腐败、保证学员利益、提高教学质量的有效途径。

❸ 为人师表、廉洁从教

"学高为师,身正为范"是教师的行为规范。教育者必须先为人师表,必须先学行为规范。"为人师表"就是要求教练员思想意识、道德风貌、言谈举止、驾驶习惯等方面成为学员的表率,要求学员做到的,首先自己要做到,同时纠正自身不良的行为习惯,避免给学员造成负面影响。教练员的"言传"、"身教"对学员的影响,一方面是通过驾驶知识和操作技能的传授,使学员形成牢固的安全意识并掌握扎实的驾驶技能;另一方面是通过教练员"为人师

表"的人格示范,对学员的思想意识产生潜移默化的影响。

廉洁从教是教练员必须遵守的职业道德和行为准则,也是教练员赢得学员和社会认可的道德标准。教练员的一些不正之风"吃、拿、卡、要",虽然发生在少数人身上,不具有普遍性,但对学员和社会的负面影响很大,影响教练员的职业声誉和形象,也已引起社会反响和舆论关注。提倡廉洁从教,纠正不正之风,杜绝腐败,净化教练员队伍,是行业自律的重要内容,也是确保教练员队伍纯洁的有效措施。

④ 爱护学员、文明教学

爱护学员是教练员的美德,也是一种行为规范。驾驶教学不仅是教练员把驾驶知识和技能传授给学员的简单过程,也是教练员与学员之间情感相互影响和相互交流的过程。教与学的影响和交流,需要一种师生之间互相尊重、互相爱护的氛围,学员对教练员的尊重,来自于教练员对学员的爱护和关心。教练员对学员的鼓励,会使学员对学习充满信心,教练员与学员之间建立了良好的师生关系,容易被学员理解和接受,取得良好的教学效果。

文明教学是教练员爱护学员的具体表现,目的是为了培养学员文明礼让的良好驾驶习惯。教练员的教学态度、教学语言、教学行为、教学方法是否文明,直接影响教学的效果和质量。教练员与学员不同于传统的"师徒"关系,是一种建立在互相信任、互相认可基础上的师生关系,这种关系的建立需要教练员有一定的沟通技巧和教学水平。这就要求教练员自己要文明施教,教学时对学员要动之以情,晓之以理,注重语言文明,不讲粗话、脏话和服务忌语,用温馨的语言指导学员,让学员心情愉悦地完成驾驶学习。

⑤ 努力学习、与时俱进

社会的发展,汽车技术的进步,新知识、新理念、新方法,都需要教练员不断学习、更新理念、与时俱进。长期以来,旧的教学方法和理念在教练员心目中已根深蒂固,制约了教练员素质的提升。教练员要改变旧观念、接受新知识,调整知识结构,更新教学理念,改善服务态度,提高自身素质,跟上汽车社会的发展,达到符合时代要求的教学水平。

教练员的素质决定了驾驶员培训的质量,教练

员没有文化、专业知识浅薄、操作技能生疏,就无法向学员传授驾驶知识和技能,也得不到学员的尊重。高素质的教练员需要广博而深厚的专业知识、娴熟的驾驶技能、丰富的实践经验。现今汽车新技术日新月异,学员文化水平不断提高,对驾驶培训教学工作提出新的挑战和要求。教练员如果不想被淘汰,就不能满足现状,需要不断学习,掌握新知识,不断充实自己的教学内容,提高教学水平,适应社会发展和驾驶员素质教育的需要。

三 教练员职业道德主要内容

教练员的职业道德是从教练员教学实践中引申出来的,是教练员在教学过程中从思想到行为应具备和必须遵循的规范和准则。结合驾驶培训行业实际,教练员职业道德主要内容有以下五个方面:

1 爱岗敬业、奉献社会

爱岗敬业、奉献社会作为最基本的职业道德规范,是对教练员教学与服务态度的普遍要求。爱岗就是热爱自己的工作岗位,热爱本职工作;敬业就是要用敬慕严肃的态度对待自己的工作。教练员要站在为社会负责的角度,认真培养合格的驾驶员,用自己的实际行动奉献社会。在教学工作中,教练员要端正从业态度,增强职业责任感,切实履行岗位职责,以主人翁的态度对待工作,一言一行都要对学员和社会负责。

2 诚实守信、优质服务

诚实守信、服务学员、尊重和爱护学员,是教练员良好道德品质和服务意识的体现。教练员和学员是一种服务和被服务的关系,学员是消费者,教练员必须为学员提供满意的服务,让学员真正成为受尊重的消费者。教练员作为服务的主体,要找准自己的职业定位,摆正与学员之间的关系,以正确的服务理念、良好的服务态度和科学的服务方法,满足学员学习的需求,做好服务学员的工作。教练员在教学中应严格按照《大纲》的要求,履行教学责任,将教学与服务紧密结合起来,诚实守信、优

质服务,树立自己的良好形象,提升服务质量,不断提高学员的满意度。

3 计时教学、保证质量

学员的有效学习时间能否得到保证,对驾驶培训质量有直接影响。教学时间无法保证,就不可能使学员经历技能形成、熟练、准确、自如的过程,计时教学是保障学员利益的有效方法。《大纲》中明确规定了每个阶段、每个项目的最低教学学时要求,教练员如果缩短教学学时,就等于侵犯了学员的权利,没有尽到教练员的义务。严格按《大纲》组织教学,保证学员有效学习时间,帮助学员提高学习效率,保证时间、保证质量,保障学员的利益不受损失,是教练员职业道德的基本要求。

4 不谋私利、勤教廉洁

教练员的个人素质和道德品质,是影响驾驶培训机构声誉和教学质量的重要因素。教练员成分复杂,多数没有经过系统培训和严格考核,文化水平参差不齐,安全意识、专业水平不高,教学水平低下,传统观念根深蒂固,整体素质普遍较低。教练员工作环境特殊,往往会受到各种不良社会风气的影响,一些违反道德准则的行为和吃、卡、拿、要现象屡见不鲜。一些驾驶员在教学过程中存在不恪守职业道德的行为,不自尊、自爱、自强,只练不教,索要财物、收红包,制约了培训质量的提高,严重损坏了驾驶培训机构的声誉和行业的形象。教练员需要不断提高自身的职业道德,自觉抵制各种不正之风,强化服务意识,不谋私利、不弄虚作假、不欺骗学员、不投机取巧、不侵害学员的正当权利,勤教廉洁,树立良好的职业形象。

5 严格训练、确保安全

教练员要模范遵守法律法规,认真按《大纲》的要求实施教学,保持严谨的教学作风和工作态度,努力提高培训质量,维护广大学员的权益。教练员在教学中,要规范教学行为,严格遵守教学计划,确保每位学员在规定学时内高效完成各个学习项目;以认真、负责的态度对待教学的每一个环节,一丝不苟、精益求精,严格要求,严格训练;以严谨的态度对待每一位学员、每一节课,特别要注重教学的规范性;同时,还要讲精讲细、精讲多练,不心浮气躁,不敷衍了事,把教学的着力点放在每一个环节、每一个步骤上。教学过程中,要遵守安全教学管理制度和各项规定,注意保护学员的安全,避免操作失误,杜绝教学事故,确保教学安全。

模块2 遵章守法与安全文明意识

培养学员的交通安全文明意识,是教练员在教学过程中始终要坚持的教学理念,教练员的安全文明意识会直接影响学员的意识和行为。在驾驶教学中,教练员自身要有良好的安全文明意识,在每个教学环节都要注意文明施教,培养学员安全、文明、礼让的良好驾驶行为习惯。

一 遵章守法意识

遵守法律法规是学员形成安全文明意识的前提。道路交通安全法律法规的立法宗旨是确保道路交通安全与畅通。让学员学习和掌握道路交通安全法律法规，养成遵章守法的行为习惯，是教练员驾驶教学的重点。教练员要熟知相关法律法规，严格按照有关规定依法实施教学，培养学员的遵章守法意识，让每一位学员成为遵章守法的合格驾驶员。

道路交通安全法律法规，是保障道路交通安全、畅通、有序的法律体系，是综合无数血的教训，运用科学的原理和方法制定的，不以任何个人的意志而改变。道路交通安全法律法规包括《中华人民共和国道路交通安全法》（以下简称《道路交通安全法》）、《中华人民共和国道路交通安全法实施条例》、《机动车驾驶证申领和使用规定》、《道路交通安全违法行为处理程序规定》、《道路交通事故处理程序规定》、《机动车登记规定》等。

教练员在教学中，要始终将法律法规教育贯穿始终，不断强化学员遵章守法意识。驾驶教学的重点是教育学员认真学习交通法律法规，把自觉遵守交通法规作为交通出行的基本准则。遵守交通法规既是对自己和他人生命的关爱，也是社会文明和汽车时代的需要。只有从自我做起，把他人和自己的生命、财产安全时刻放在心上，督促自己遵章守法，整个交通环境才能井然有序，平安和谐。

教练员的遵章守法意识，对整个培训过程的教学安全和学员遵章守法意识的形成起着决定性的作用。教练员在驾驶教学过程中，不能单纯讲法律法规条文，更不能让学员去背法律法规试题，要在实践中灵活地将法律法规灌输给学员，让他们在应用中理解、记忆，使遵章守法成为一种不受任何外来干预影响的自觉行动。

驾驶培训教学中的法律法规教学，不仅仅局限于理论教学，而是要把遵章守法意识的培养与教育融于教学的始终。理论教学重点是让学员理解和掌握法律法规的有关规定，实际操作才是真正意义上学习和运用法律法规的过程。《道路交通安全法》第二十二条明确规定"机动车驾驶人应当遵守道路交通安全法律、法规的规定，按照操作规范安全驾驶、文明驾驶"。遵守交通安全法律法规是安全行车的基本保证，是驾驶培训教学的核心内容。

驾驶教练员作为道路交通安全法律、法规的传播者，必须正确理解法律法规的内容，严格按照《大纲》的规定进行教学。教练员首先要做到知法、信法、守法，安全地驾驶车辆，才能教育学员遵章守法，养成安全驾驶的行为习惯。这就要求教练员自身要加强修养，培养优良品德，树立安全行车理念，形成

环保意识,做到言传身教。同时教育学员自觉遵守交通安全法律法规,规范操作,谨慎驾驶,养成安全、文明行车的行为习惯。

二 安全文明意识

道路交通安全意识,是指人们在道路上通行,对各种有可能造成自身及他人伤亡或其他意外事故所保持的一种戒备和警觉的心理状态。文明通行是交通参与者为了道路安全畅通,主动礼让的高尚行为,每一位交通参与者的主动相让,体现了交通参与者之间的相互尊重、相互谦让,是参与道路交通活动的最高境界。

1 "安全第一"意识

"安全第一"是安全意识的首要内容,"安全第一,珍爱生命"是所有交通参与者的共同期盼,是教练员驾驶培训教与学的核心。注重安全是完成教学任务的前提,让学员牢记生命高于一切的理念是安全驾驶的根本。教练员要教育学员学会尊重自己的生命、关爱他人的生命,充分认识驾驶汽车是一种非常危险的行为,任何的疏忽和错误都可能导致事故,造成生命财产损失。培养学员"安全第一"的意识,是驾驶教练员义不容辞的责任。

教练员必须成为学员学习的楷模,自身要牢固树立尊重生命、以人为本的安全驾驶理念,主动遵守交通法规,文明参与交通出行,自觉养成良好的安全意识。教练员在每天的教学中,要认真落实安全教学管理制度,坚持对教学车辆进行安全检查,注重培养学员的安全驾驶行为习惯,时刻不忘"安全"二字,确保驾驶教学安全。平安源于每一刻,事故系于一瞬间。教练员一定要让学员清醒地意识到,交通安全关系到交通秩序的和谐和社会的稳定,驾驶汽车时任何一次冒险、一点疏忽、一丝侥幸都有可能给自己和他人带来终身的伤害或痛苦,甚至会危及自己和他人的生命。

2 "预防为主"意识

"预防为主"的意识是安全意识的关键,有效的"预防"能及时消除事故隐患,避免交通事故的发生。坚持"安全第一、预防为主"的方针,是教练员教学中必须遵循的一条基本原则。教练员长期在比较复杂的环境中从事教学,风险性大。面对人、车、路等复杂的道路情况和刚刚接触汽车的学员,教练员做好安全教育工作,对预防事故的发生尤其重要。

教练员在驾驶教学过程中,面临的是一个非常复杂的交通环境,面对的是不了解交通知识、对交通安全缺乏认知、对驾驶操作一无所知的新学员,从基础动作训练开始,危险就已经存在,随着教学进度的不断深入,车速开始变快,环境逐渐复杂,危险性越来越大。教练员和学员如果没有提前预防的意识,遇到危险往往措手不及,不能及时进行有效的处置,很容易发生事故。教练员使用教练车进行教学时,要充分考虑可能出现的险情,不要过分相信学员的应急能力,学员遇到险情都会因惊吓而不知所措。只有预防在先,提前采取措施,给自己留出足够的反应和处置时间,才能从容地应对各种突发情况。

"预防为主、谨慎驾驶",是有效避免事故的前提。预防危险和教学事故的发生,是确保安全完成各阶段教学任务的关键。教练员要针对学员心理素质、技术水平等情况,提前制订教学计划,编写教学教案,对教学环境中危险因素、教学过程中存在的危险、场地训练中的危险操作、道路训练中的危险源等做到心中有数。教学中要时刻要牢记谨慎驾驶的黄金三原则:集中注意力、仔细观察、提前预防。教练员只有做好预防,把"万一"想得多一些,把后果想得严重一些,把过程想得细一些,提前规避危险因素,才能保证教学安全,避免教学事故。

❸ "文明礼让"意识

"文明礼让"的意识是建立在一定安全意识基础之上的最高境界的意识,是一个国家、一个城市、一个地区成熟发展的重要标志。教练员要注重培养学员"礼让为先"的意识,在道路上通行无论自己是否有路权,都要保证行人的绝对安全,"多一份责任给自己、多一分关爱为他人"。教育学员树立"文明礼让"、"礼让三先"、"有理也让"的理念,一生都以安全、文明为最高准则,平安驾驶。

教练员是学员学习的楷模,教练员的"文明礼让"意识会直接影响学员的行为。在驾驶教学过程中,教练员自己做到文明礼让驾驶的同时,还要将文明驾驶作风寓于教学科目之中,向学员传达一种正能量,倡导学员换位思考,尊重他人。文明是创造的结果,更是传播的结果,教练员要注意培养学员的文明礼让意识,让学员明确,只有安全礼让,互相尊重,倡导文明,保护交通参与者中的弱者,才能成为安全文明的驾驶员。

❹ "自我保护"意识

"自我保护"是人的一种本能,是维持生命不可缺少的自觉行为。每个人随着经验的积累、安全技术的提高和安全文化的普及,自我保护能力也在不断增强。自我保护意识是安全意识中的个体安全意识,每个个体都能实现安全,无疑整体也是安全的,即安全是自己的,也是大家的。交通参与者有了较高的自我保护意识后,就可以实现"不伤害自己,不伤害他人,不被他人伤害,不被车辆伤害"的目标,将整体的事故率降到更加理想的程度。

在驾驶培训教学中,严格遵守安全规程和制度是一个人自我保护意识强的标志。发生教学事故,往往都是因为教练员没有严格遵守安全操作规程,违法操作,放松自我保护意识,出现危险时不能及时采取自我保护措施,造成车辆损失或人员伤亡。教练员自我保护意识强的主要表现:认真学习和执行各项安全制度、安全操作规程,主动学习安全知识和接受安全教育,服从安全指导和管理,正确使用教学工具和教学车辆,严格按规范进行教学,确保自身安全和学员安全。

自我保护意识在驾驶教学安全工作中起着举足轻重的作用。教练员的自我保护意识,必然会影响到学员的自我保护意识,从而带动整体的自我保护意识。驾驶训练过程中,教学环境的风险性较大,教练员的自我保护意识,关系到操作安全、行车安全、乘车安全等方面。保护自己的安全,也就是保护学员的安全,不注意自我保护,出现操作错误或疏忽,会发生教学事故。教练员要增强自我保护意识,强化安全教学,充分考虑教学过程中的危险因素,有目的地预防、躲避潜在的危险,从而保护自己和学员,将教学事故率降到最低。

三 学员交通安全意识的形成特点

学员的安全意识,是在驾驶学习过程中逐渐形成的。教练员要根据学员交通安全意识的形成特点,有针对性地进行安全知识教学,注重法律法规、驾驶道德、社会责任的教育,传递文明安全理念,培养学员的安全意识和安全驾驶习惯。

1 可塑性

学员的安全意识是在先天的物质基础上,经后天的环境影响和安全教育等逐步形成的。通过不断的学习和实践,随着安全知识的沉淀和积累,学员安全认识水平会逐渐提高,从而无形地促进安全意识的提高。驾驶训练教学中,教练员经常性地给学员讲授安全知识,帮助学员分析在行车中道路上会出现的危险情况,适时加入道德品质教育、安全教育,增强学员的安全意识,引导学员高度重视交通安全,确立一生都以安全为最高准则的理念。

❷ 传递性

教练员与学员、学员与学员之间的安全意识会相互影响、渗透,特别是教练员的驾驶作风和操作动作,对学员的影响比较大,而且消极影响比积极影响作用更大,教练员出现错误动作和不文明行为,学员会模仿。因此,教练员在教学中一定要注意自身形象,营造安全氛围,通过正确的行为示范,向学员传递文明安全的正能量,这是提高学员安全意识水平的重要途径。

❸ 不稳定性

在驾驶教学过程中,一方面,随着驾驶操作技能训练的强化,学员驾驶动作日趋熟练,实际操作技能不断提高,教练员的安全意识教育会无意识地逐渐松懈,对驾驶学员安全意识形成的影响会逐渐弱化,导致驾驶学员的安全意识也随之淡薄;另一方面,驾驶培训教学的学时制方式和学习驾驶有效期为3年的规定,造成有些驾驶学员因个人原因集中时间参加培训,有的甚至间隔很长时间。随着零散培训时间的推移和间断性的长时间学习,学员对前段时间学习的内容或交通事故的危害会逐渐遗忘,安全意识会随之弱化。这些因素都会造成学员安全意识不稳定,影响学员安全意识的形成。因此,教练员在培训的全过程都不能放松学员安全意识教育,无论培训时间多长,都要始终不断强化学员安全意识的培养,对不良驾驶行为和习惯及时进行校正,定期做安全危害后果评价,不断重复、活化学员潜在安全意识。

❹ 制约性

学员交通安全意识的形成,受智力因素(学员所掌握的与道路交通安全相关的知识和经验等)、情感因素(学员对与安全有关行为、现象的感受和评价)、行为因素(学员驾驶行为趋向,直接调节、控制各种驾驶活动的因素)及外界因素(教练员素质、安全管理水平)等诸多因素的影响和制约,学员性格各有不同,接受能力参差不齐,学习目的差别较大。教练员需要结合每位学员的特点,有针对性地开展安全意识教育。对于性格内向的学员,加强交通风险知识和辨识能力的培养;对于性格外向的学员,加强交通安全法规知识、交通事故危害的教育。对学习目的不正确的学员,要注重法律法规、驾驶道德、社会责任教育。培养学员牢固树立遵章守法、安全文明的意识,不要成为"马路杀手"。

模块 3　驾驶技能的形成规律

学员通过不同的科目训练掌握驾驶技能,实际是一个复杂的心理、行为、动作的演变过程,这个过程具有阶段性的特点,阶段之间彼此联系,前一阶段制约后一阶段的发展。教练员掌握学员在各阶段不同的心理特征和动作特征,了解驾驶技能形成的基本规律,有助于科学合理地教学,达到良好的教学效果。

一 学员驾驶技能的培养

培养学员的驾驶技能,是驾驶培训的教学目标。教练员要掌握学员驾驶技能培养的基本规律,有针对性地进行驾驶技能培训,学员驾驶技能出现波动、退步时,及时分析原因,找出规律,提高培养学员驾驶技能的效率,让学员真正掌握驾驶技能。

1 汽车驾驶技能的内涵

汽车驾驶技能是驾驶员在具体的道路交通环境中,根据已经掌握的汽车理论、法律法规、安全行车等知识和经验,经过对环境的观察、分析和判断,自动按照合理、完善的程序选择动作,控制车辆安全行驶的能力。

驾驶技能是心智技能和动作技能的有机结合,动作技能是心智技能形成的基础,心智技能是动作技能的调节者,并促进动作技能的提高和完善。驾驶员在驾驶过程中将一系列控制车辆运行的基本动作组合起来,协调而顺利地进行操作,这就是驾驶技能。心智技能是驾驶员的认知活动,主要是指驾驶员判断、分析各种交通情况,解决安全行车具体问题时,内部心理按照合理的、合乎逻辑的方式所进行的一系列的心理活动。

2 驾驶技能培养的基本规律

学员技能的掌握速度先快后慢,训练初期成绩提高较快,而随着训练的进行,技能提高的速度逐渐减慢,最后趋于平稳。

训练初期,学员兴趣浓厚,好奇心强,学习的积极性非常高,教练员把复杂的动作分解为一些比较简单的动作进行教学,学员易于掌握,进步较快。由于学员对汽车驾驶没有感性的认识,往往表现出畏惧、紧张,容易出现多余动作。通过教练员的讲解和示范以及自己的动作实践,学员对动作产生感性的认识,但不能完全了解动作的技术内在规律。

随着训练的深入,逐渐地需要进行动作组合、协调训练,只有通过大量的反复练习才能达到要求,学员开始感到枯燥、困难,甚至产生厌倦的情绪,学习效率下降。进入系统的实操训练后,学员的动作逐渐形成定势,并通过控制能力自动完成,错误和多余动作逐渐消失,学员控制能力逐渐增强,对驾驶越来越有信心,紧张程度逐渐得到缓解。

3 驾驶技能出现波动、倒退的原因

驾驶训练过程中,学员的技能出现时而进步快、时而进步慢的现象,甚至有时本来学得不错的动作,一段时间后出现很多错误。主要有以下几个方面原因:

(1)与学员的个人素质、特性有关。有的学员运动能力强而不善于观察、思考,易出现场地训练进步快,而实际道路驾驶进步迟缓的问题;有的学员驾驶比较谨慎,不敢把车速提得太高,高速驾驶能力提升缓慢。

(2)随着训练的进行,驾驶动作的教学内容不断增加,促使学员改进动作模式,这种

要求往往使学员的技能出现波动,甚至倒退。

(3)学员已建立的动作定势并非一劳永逸,如果不反复练习,动作定势有可能消退,出现技能倒退的现象。

(4)训练时间安排不合理,学员掌握的动作没得到巩固,可能出现前一次掌握的动作,下一次训练时又忘记的现象。

二 驾驶技能形成过程

驾驶技能形成的过程,是通过练习而掌握技能的过程。驾驶技能的形成过程要经过基础学习、动作提高、动作熟练、动作完善四个阶段。

1 驾驶基础学习阶段

基础学习阶段是驾驶技能的基本功训练,主要是教练员讲解、示范,学员模仿练习分解动作,逐渐掌握单一的整体动作。

学员在初步接触驾驶技能培训时,缺乏对汽车驾驶方面的感性认识,对动作的技术内在规律并不完全了解,往往神情紧张,动作忙乱、迟钝、不协调,经常会出现顾此失彼、手忙脚乱、不能控制动作细节,容易出错,多余动作较多的现象。这个阶段的训练重点是规范动作的学习和熟练,强化学员的"动作定势",要尽量先使用驾驶模拟器进行模拟训练,学员动作协调后再进行实际操作训练,这样有助于学员克服紧张心理,教学效果明显,学员学得快,学得扎实。

2 驾驶动作提高阶段

动作提高阶段,是把学员单项连贯动作转换成完整的驾驶动作训练,主要通过教练员的跟车指导、讲解,让学员逐步熟练基础驾驶动作,并把这些动作组合起来,进行综合练习,在一定程度上形成动作定势,正确进行驾驶操作。

随着基本技能的形成,学员已经逐步掌握了一系列基本动作,紧张状态和多余动作会逐渐消失,忙乱和紧张程度减少,反应时间有所缩短,动作准确性有所提高,但是动作之间结合得不紧密,尚存在一些多余的动作,动作转换时常出现短暂的停顿。在这个阶段,学员开始积累车辆运动感觉的经验,观察和感知觉的能力也逐渐提高,发现错误的能力增强,在动作进行的过程中或者完成动作之后就能及时发现自己的错误。

这个阶段的训练中,教练员要注意及时纠正学员的错误动作,让学员自己体会每个动作的细节,把握动作的准确性,缩短操作时间,逐步使动作熟练、完善;督促学员继续积极主动地练习、巩固和提高操作水平,使动作定势更加完善和巩固;逐步培养学员车体感知、速度感知和车辆控制感知等方面的能力,引导学员建立良好的安全驾驶习惯和文明驾驶习惯,提高在一般道路交通情况下观察、判断和正确操作等综合运用的能力。

3 驾驶动作熟练阶段

动作熟练阶段,是适应道路交通环境的变化,能够准确、灵活、连续地训练,在心智技能的作用下,将一般驾驶操作动作转换为熟练的动作,形成完整、熟练的驾驶技能。

学员逐步掌握了一系列局部动作后,驾驶动作基本协调完善,各动作联合成为一个有机的系统并巩固下来,动作的交替逐渐加快。学员的注意范围扩大,情况处理也比较自然,随着道路交通情况的变化,也能依照已形成的习惯动作迅速、准确、熟练地进行操作。但缺少信息处理过程,学员对交通环境的分析、辨认还不完全到位,遇到较复杂的交通情况,依然表现出紧张情绪,不知如何处理。这个阶段的训练,要侧重于巩固基础动作,提高在一般道路交通情况下观察、判断、操作等综合运用能力,强化学员安全驾驶意识和安全驾驶习惯的养成。

4 驾驶动作完善阶段

动作完善阶段,是无意识地进行驾驶操作的阶段。学员经过长时间的驾驶操作实践,驾驶经验逐步丰富,技能逐渐巩固、完善和协调,能够独立进行驾驶操作。

学员的驾驶动作成为一个有机的系统并巩固以后,动作的相互协调性、准确性都已形成定势,意识的参与减少到最低限度,驾驶控制能力趋于自动化。学员的注意范围扩大了,并能随着道路条件的变化,无意识、迅速、准确、熟练地完成各项驾驶动作操作。这个阶段的训练,教练员侧重于帮助学员建立协调和完善的动作系统,从观察能力、注意力、感知能力、情绪控制能力等方面入手,逐步培养学员的心智技能,适当加强特殊条件驾驶和紧急情况驾驶等理论教学,提高学员处置突发情况的理论水平,树立良好的安全驾驶意识,培养学员安全文明驾驶能力。

模块 4　机动车驾驶培训教学与考试大纲

交通运输部和公安部颁布的《机动车驾驶培训教学与考试大纲》(以下简称《大纲》)是驾驶员培训与考试的法律依据,是加强机动车驾驶培训与考试管理工作,规范驾驶培训机构教学行为,提高驾驶培训质量的指导性文件。

《大纲》以培养学员安全意识为目标,安全规范操作为重点,充分体现了以人为本、尊重生命的理念。《大纲》将安全与文明驾驶知识融入驾驶培训教学内容和考试项目,细化各项操作的具体要求,注重培养学员安全文明意识,培训学员安全规范操作,注重培养和考察学员的实际道路驾驶能力。

一　《大纲》的特点

《大纲》以"安全驾驶"为纲,把"安全文明驾驶意识"和"良好的驾驶习惯的养成"作为教学重点。

1 注重安全文明意识培养

《大纲》将"安全文明驾驶常识"单列为第三阶段培训的重点内容并增加了典型事故案例分析，规定了较长的培训学时。这体现了《大纲》注重对学员安全文明意识的培养和推行素质教育的理念。

2 注重理论和实际操作相结合

《大纲》第二阶段和第三阶段的教学分为理论和实际操作两部分。按照阶段教学目标的要求，增加了相应的驾驶理论知识，并放在了实际操作训练之前，强调理论知识的重要性及其对实际操作训练的指导作用。将驾驶理论知识和实际操作技能紧密结合，以便学员能够掌握并运用理论知识来指导实际驾驶操作，提高驾驶能力。

3 注重实用性驾驶知识和技能培训

《大纲》设置了大量实用性驾驶知识和驾驶技能的培训内容，如：模拟高速公路、雨（雾）天、隧道、城市街道驾驶，以及夜间驾驶等训练项目，注重培养学员的实际驾驶能力，使学员真正掌握驾驶知识和驾驶技能，树立独立驾驶的信心，取得驾驶证后，能够尽快适应复杂的道路交通环境，独立安全驾驶车辆。

4 注重使用先进技术手段进行教学

第一阶段要求教学应当采用课堂多媒体教学；第二阶段要求实际操作项目基础驾驶应当采用驾驶教学模拟器教学；第三阶段理论知识应当采用课堂多媒体教学，有条件的可通过网络等形式配合教学，模拟驾驶部分可采用模拟器教学。

5 注重严格考核保障学员学习效果

《大纲》规定，每个教学阶段结束后，应当对学员本阶段的学习进行考核，考核员由二级以上教练员担任；阶段考核合格后，进入下一阶段学习；阶段考核不合格的，由考核员确定应当增加复训的内容和学时。

在每个阶段都设置了"综合复习（驾驶）及考核"项目，用于阶段学习结束后，考核学员理论知识和实际操作的综合运用能力，并为下一阶段学习提供教学参考。"综合复习（驾驶）及考核"项目的目标是阶段考核标准的依据，也是驾驶培训机构审核意见的依据。

二 《大纲》的教学内容和要求

严格实施《大纲》，按照《大纲》规定的内容和要求做好培训和考试工作，是培养高素质驾驶员的唯一方法，也是夯实道路交通安全基础的重要保证。

1 《大纲》的主体内容

《大纲》的主体内容包括教学大纲、考试大纲、教学日志三部分。教学大纲包括教学项目、教学内容、教学目标和学时安排四个要素；考试大纲包括考试项目、考试内容、考试要点、考试目标四个要素。

2 教学内容与考试科目的关系

根据驾驶培训的规律和特点以及考试要求，《大纲》规定了"分阶段教学和分科目考试"。教学大纲分为三个教学阶段，考试大纲分为三个考试科目。教学项目按照教学规律和驾驶技能形成规律进行设置，考试项目按照考试内容、要点和命题规律进行设置，《大纲》既符合素质教育培训要求，又能满足各科目考试的需求。《大纲》的教学目的不仅是通过考试，而是培养合格的驾驶员，因此，教学内容多于考试要求。

3 各个阶段的教学项目和内容

第一阶段的教学内容为道路交通安全法律、法规和相关理论知识，包括机动车基本知识、法律法规及道路交通信号两部分。整个教学过程要在课堂使用多媒体教学设备进行讲授。机动车基本知识内容包括：车辆结构常识、车辆主要安全装置、驾驶操纵机构、车辆性能、车辆检查和维护、车辆运行材料、客车与公交车制动系统及车门、汽车列车制动系统及连接与分离装置知识。法律法规及道路交通信号内容包括：机动车驾驶证申领和使用、道路通行规则、驾驶行为、违法行为处罚、机动车登记、交通事故处理等规定。

第二阶段教学内容为场内驾驶，包括理论知识、基础驾驶、驾驶操作训练、项目驾驶和模拟驾驶。理论知识不作为课堂授课内容，主要用于训练中的指导和讲解。基础驾驶要使用模拟器进行教学，主要是培养基础驾驶技能和安全驾驶行为。驾驶操作训练在训练场内道路进行，有起步前准备、起步、加速、换挡、减速、停车、倒车、行驶位置和行驶路线的选择等。项目驾驶在规定场地内进行，主要培养在实际道路上控制车辆的能力。模拟驾驶在驾驶模拟器上进行，主要培养学员对城市街道等不同驾驶环境和跟车速度的感知能力，是实际道路驾驶前的准备。

第三阶段教学内容为道路驾驶技能和安全文明驾驶常识，分为安全文明驾驶常识理论知识和实际操作。安全文明驾驶常识内容包括：安全文明驾驶操作要求、恶劣气象和复杂道路条件下的安全驾驶知识、爆胎等紧急情况下的临危处置方法以及发生交通事故后的处置知识等内容。实际操作内容包括：上车准备、起步、直线行驶、加减挡操作、跟车、变更车道、通过路口、靠边停车、通过人行横道、通过学校区域、通过公共汽车站、会车、超车、掉头、夜间行驶、模拟驾驶等。第三阶段教学在实际道路上进行，主要是让学员掌握安全文明驾驶知识，具备对车辆综合控制能力；了解行人、非机动车的动态及险情预测和分析方法；熟练掌握一般道路和夜间驾驶方法，能够根据不同的道路状况安全驾驶;形成自觉遵守交通法规、有效处置随机交通状况、无意识合理操纵车辆的能力。

4 《大纲》对各种车型的学时要求

按照学时制要求,依据驾驶培训的规律和特点,规定了达到每一个教学项目所需的基本学时,每个学时规定为 1h(单人单车的实际学时)。研究证明,机动车驾驶学员每天培训时间过长,培训效果并不十分理想,根据教学规律和驾驶技能形成规律,最佳的时间安排是每个学员的理论培训与实际操作培训时间每天均不得超过 4 个学时。

《大纲》对不同车型的总学时和每个阶段的学时都做出了明确规定。

《大纲》规定的不同车型各阶段学时分配情况

车型或类别		C1	C2	C3	C5	B2	A3	C4 D/E/F	A1/B1	A2
总学时		78	78	56	78	118	120	48	82	88
第一阶段学时	理论	12	12	12	12	12	14	10	10	10
第二阶段学时	理论	2	2	2	2	2	2	2	2	2
	实际操作	24	24	12	24	52	51	12	34	38
第三阶段学时	理论	16	16	14	16	20	20	14	16	16
	实际操作	24	24	16	24	32	33	10	20	22
合计学时	理论	30	30	28	30	34	36	26	28	28
	实际操作	48	48	28	48	84	84	22	54	60

三 机动车驾驶培训教学日志

机动车驾驶培训教学日志分为 C1、C2、C5/C3 驾驶培训教学日志,B2/A2 驾驶培训教学日志,A3/A1、B1 驾驶培训教学日志,C4、D、E、F 驾驶培训教学日志。

1 教学日志的作用

使用教学日志是驾驶培训教学过程中的重要环节,是加强教学过程管理,规范教学行为,确保《大纲》落实到位的主要手段。教学日志能让学员了解每一次教学所要学习的项目、内容和学时,以及应达到的学习目标;学员通过对教学过程和教学效果进行签字确认,可以了解自己实际的学习效果,并监督教练员的教学行为。

使用教学日志可以使教练员更好地按照《大纲》的规定进行教学,规范自身教学行为,使教学规范化。驾驶培训机构教学管理人员能够全面检查教练员的教学过程和教学质量,客观评价教学效果,考核教练员的教学工作。教学日志可为行业管理人员对驾驶培训机构工作实施监督、检查提供重要依据,为签署培训记录、对驾驶培训机构和教练员进行质量信誉考核提供依据。

❷ 教学日志的使用

教练员在每次教学结束后,填写教学日志时,要按规定填写培训机构、学员姓名、车型、学时,真实的填写教学次数、教学项目、所用学时。每次教学完成后,教练员要客观真实地评价学员的学习效果,为下一次教学提出建议,并由教练员本人签字。学员本人也要签字确认。

在每一个阶段的理论和实际操作教学项目全部完成后,培训机构的考核员对学员进行阶段性考核,考核员根据考核情况填写考核意见并签字,决定学员是否可以进入下一阶段学习。在完成全部教学项目并经阶段考核合格后,驾驶培训机构负责人对教学日志所记录的教学情况和培训结果进行审核,签注审核意见并盖章。确保所有填写内容的真实性、有效性,是使用教学日志的关键。

❸ 教学日志的填写

每个阶段的教学日志都是根据《大纲》的规定设置的,所有的空格部分都要按设置的项目填写。

(1)培训机构名称:学员学习培训机构的名称。

(2)学员姓名:参加培训的学员的姓名。

(3)车型:学员申请的车型。

(4)次数:学员参加学习的次数。

(5)日期:学员参加学习的日期。

(6)教学项目:规定学习的理论或实际操作训练项目的序号。

(7)所用学时:学员每次理论学习或驾驶训练所用的时间。

(8)学员签字:参加理论学习或实际操作训练的学员签名。

(9)教练员评价及签字:教练员对学员当次学习情况的评价、签字确认。

(10)阶段考核意见:考核学员是否完成本阶段的学习,能否进入下一阶段学习。考核成绩不合格的,要填写补训的内容和学时,教练员要签字确认。

以 C1、C2、C5/C3 驾驶培训教学日志为例,填写如下:

第一阶段教学日志:

			车型:C1、C2、C5/C3 学时:78/56 每学时为 1 小时
培训机构名称:√		学员姓名:√	车型:√
第一阶段 　　学时:12/12		阶段目标:了解机动车基本知识,掌握道路交通安全法律、法规及道路交通信号的规定。	

续上表

	教学项目	教学目标		
理论知识 学时:12/12	1.机动车基本知识 2.法律、法规及道路交通信号	1.熟练掌握法律、法规及道路交通信号相关规定和要求 2.掌握车辆主要安全装置、驾驶操纵机构的作用 3.了解机动车基本结构知识、车辆性能、车辆运行材料知识		
次数/日期	1/√	2/√	3/√	4/√
教学项目	√	√	√	√
所用学时	√	√	√	√
学员签字	√	√	√	√
教练员评价及签字	√	√	√	√

第一阶段考核意见:√

考核员签字:√
√年√月√日

注:表中所有打"√"处都要按规定填写。

第二阶段教学日志:

第二阶段 学时:26/14	阶段目标:掌握基础的驾驶操作要领,具备对车辆控制的基本能力;熟练掌握场地和场内道路驾驶的基本方法,具备合理使用车辆操纵机件、正确控制车辆运动空间位置的能力,能够准确地控制车辆的行驶位置、速度和路线。

	教学项目	教学目标		
理论知识 学时:2/2	1.基础驾驶 2.场地驾驶	1.掌握基础驾驶操作的要领与作用 2.熟知速度控制、转向控制、空间位置控制对安全行车的影响	日期	√
			教学项目	√
			所用学时	√
			学员签字	√
			教练员评价及签字	√
实际操作 学时:24/12	教学项目	教学目标		
	1.基础驾驶 2.场地驾驶 3.综合驾驶及考核	1.掌握正确的上、下车动作及驾驶姿势要领 2.熟练掌握操纵装置的操作要领 3.掌握行车前车辆的检查与调整方法 4.掌握上下车观察、起步、变速、换挡、停车、倒车的驾驶方法 5.掌握判断安全状况,保持车辆沿正确的位置和路线行驶的方法 6.掌握倒车入库、坡道定点停车和起步、侧方停车、曲线行驶、直角转弯驾驶的方法 7.掌握通过人行横道、路口、学校区域、居民小区、公交车站、医院、商店、铁路道口等操作要领 8.掌握50km/h或70km/h车速下的跟车行驶要领 9.独立在场内安全驾驶车辆 10.综合运用本阶段的所学内容,熟练完成场地驾驶科目		

续上表

次数/日期	1/√	2/√	3/√	4/√	5/√	6/√
教学项目	√	√	√	√	√	√
所用学时	√	√	√	√	√	√
学员签字	√	√	√	√	√	√
教练员评价及签字	√	√	√	√	√	√
次数/日期	7/√	8/√	9/√	10/√	11/√	12/√
教学项目	√	√	√	√	√	√
所用学时	√	√	√	√	√	√
学员签字	√	√	√	√	√	√
教练员评价及签字	√	√	√	√	√	√

第二阶段考核意见:√

考核员签字:√
√年√月√日

注:表中所有打"√"处都要按规定填写。

第三阶段教学日志:

第三阶段 学时:40/30	阶段目标:掌握安全文明驾驶知识,具备对车辆综合控制能力;了解行人、非机动车的动态特点及险情的预测和分析方法;熟练掌握一般道路和夜间驾驶方法,能够根据不同的道路交通状况安全驾驶;形成自觉遵守交通法规、有效处置随机交通状况、无意识合理操纵车辆的能力。

	教学项目	教学目标
理论知识 学时:16/14	1.安全、文明驾驶 2.恶劣气象和复杂道路条件下的安全驾驶 3.紧急情况下的临危处置 4.发生交通事故后的处置 5.典型事故案例	1.熟练掌握安全、文明礼让知识,具备在实际道路辨识、遵守各类道路交通信号的能力 2.掌握雨天、冰雪道路、雾天、大风天气、泥泞道路、涉水、施工道路、铁路道口、山区道路、夜间、高速公路和通过桥梁、隧道的安全驾驶方法 3.熟知险情的预测和分析方法,紧急情况避险知识和高速公路紧急避险方法 4.熟知事故处置原则,掌握常用事故现场处置方法 5.分析道路交通典型事故案例,判断事故发生原因

次数/日期	1/√	2/√	3/√	4/√
教学项目	√	√	√	√
所用学时	√	√	√	√
学员签字	√	√	√	√
教练员评价及签字	√	√	√	√

续上表

教学项目		教学目标
实际操作 学时:24/16	1.起步 2.直线行驶 3.换挡 4.跟车 5.变更车道 6.靠边停车 7.通过路口 8.通过人行横道 9.通过学校区域 10.通过公共汽车站 11.会车 12.超车 13.掉头 14.夜间驾驶 15.行驶路线选择 16.模拟驾驶 17.综合驾驶及考核	1.掌握起步前检查、调整、观察的要领和安全平稳起步的驾驶方法 2.掌握根据道路情况合理控制车速、保持直线行驶,跟车距离适当,行驶过程中适时观察内、外后视镜的驾驶方法 3.掌握根据道路交通状况和车速,合理加减挡,及时、平顺换挡的驾驶方法 4.掌握合理控制跟车速度、保持安全跟车距离的安全驾驶方法 5.掌握变更车道时观察、判断车辆安全距离,控制行驶速度、使用灯光信号的安全驾驶方法 6.掌握靠路边顺位停车、S形倒车入位、L形倒车入位的操作方法 7.掌握路口合理观察交通情况,直行、向左右转弯安全通过路口的驾驶方法 8.掌握通过人行横道、学校区域、公共汽车站的安全驾驶方法 9.掌握会车、同向超车、借道超车、掉头的安全驾驶方法 10.掌握夜间安全驾驶与灯光的使用方法 11.按照自行选择的行驶路线,在一般道路上独立地安全驾驶 12.掌握驾驶陋习、常见违法行为的综合分析与判断的方法 13.掌握模拟雨天、雾天、冰雪路面、泥泞道路、涉水等恶劣条件下的安全驾驶要领和方法 14.模拟山区道路、高速公路的安全驾驶要领和方法 15.在实际道路上熟练地驾驶所学准驾车型;掌握安全文明驾驶赏识和驾驶行为综合分析与判断方法

次数/日期	1/√	2/√	3/√	4/√	5/√	6/√
教学项目	√	√	√	√	√	√
所用学时	√	√	√	√	√	√
学员签字	√	√	√	√	√	√
教练员评价及签字	√	√	√	√	√	√
次数/日期	7/√	8/√	9/√	10/√	11/√	12/√
教学项目	√	√	√	√	√	√
所用学时	√	√	√	√	√	√
学员签字	√	√	√	√	√	√
教练员评价及签字	√	√	√	√	√	√

第三阶段考核意见:√
考核员签字:√ √年√月√日

培训机构 审核意见	√ (盖章) √年√月√日

注:表中所有打"√"处都要按规定填写。

单元 2　驾驶理论知识

模块 5　机动车基本知识

学员在接触汽车前,要先学习一些车辆结构常识和运行材料知识,让学员熟悉车辆主要安全装置和驾驶操纵部件的作用,这对学习汽车驾驶是十分重要的。如果不了解车辆的基本知识,驾驶汽车时往往会因为缺乏专业知识而导致失误,甚至会发生危险。

一　车辆结构常识

车辆结构是驾驶汽车前需要学习的最基本常识,了解汽车的基本构成,发动机的基本工作原理及底盘、电气设备的作用,对学员学习驾驶技能及掌握正确的操作方法是十分必要的。

1　汽车的基本构成

汽车主要由发动机、底盘、车身和电气设备四部分组成。发动机产生的动力,通过离合器、变速器、万向传动轴和差速器传给驱动车轮,驱动汽车行驶。

根据发动机和驱动车轮的位置,汽车分为:发动机前置后轮驱动(FR)、发动机前置前轮驱动(FF)、发动机后置后轮驱动(RR)、发动机前置四轮驱动(4WD)。

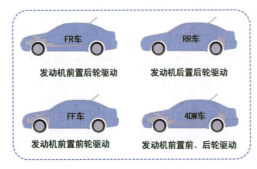

2　汽车发动机

汽车发动机将燃料燃烧产生的热能转化为机械能,为汽车行驶提供动力。发动机按所用燃料区分,主要有汽油发动机、柴油发动机和气体燃料发动机三类。

发动机的工作循环包括进气、压缩、做

功、排气四个过程。四冲程发动机曲轴旋转两周、活塞往复四个冲程完成一个工作循环。小型汽车多采用四冲程的汽油发动机,大型汽车多采用四冲程的柴油发动机。

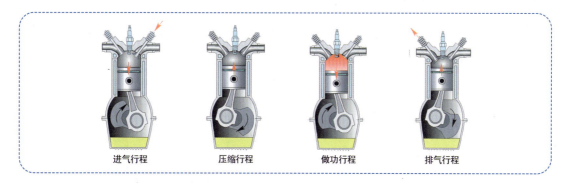

进气行程　　压缩行程　　做功行程　　排气行程

3 汽车底盘

汽车底盘主要由传动系(包括离合器、变速器、万向节、传动轴和差速器等)、行驶系(包括车架、车桥、悬架和车轮)、转向系和制动系等组成。发动机输出的动力,被传动系接受后,将动力传递给行驶系,行驶系再将接受的动力转化为驱动力,驱动汽车行驶。

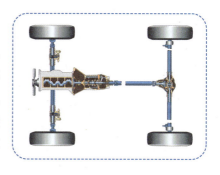

4 汽车电气设备

汽车电气设备主要由蓄电池、发电机、照明与信号装置、仪表装置、刮水器与洗涤器、起动系及点火系等组成。

二 车辆主要安全装置

车辆的安全装置主要有安全头枕、安全带、安全气囊、防抱死制动系统、儿童安全锁、仪表装置、照明与信号装置等。

1 安全头枕

座椅上安全头枕的主要作用是当汽车被追尾时,有效保护驾驶员和乘员的颈椎。调整安全头枕高度时,要保持头枕中心与后脑中心平齐,才能发挥保护作用。

2 安全带

座椅安全带的作用是在汽车发生碰撞或紧急制动时,固定驾乘人员位置,减轻对驾乘人员的伤害。驾乘人员在汽车行驶前,系好安全带是最有效的自我保护方法。

3 安全气囊

安全气囊是一种辅助保护装置。汽车发生碰撞时,安全气囊迅速充气膨胀,在驾驶员、乘员与仪表板之间形成一个气垫,从而减轻人体受伤害的程度。

4 防抱死制动系统

汽车紧急制动时,防抱死制动系统(ABS)可防止车轮抱死,最大限度地发挥制动器效能,在提供最大制动力的同时能使车前轮保持转向能力,消除制动过程中的跑偏、甩尾等不稳定状态,获得良好的制动效果。

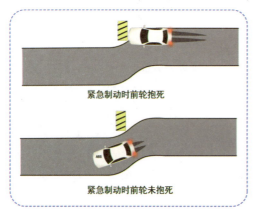

安装防抱死制动系统(ABS)的车辆紧急制动时,可用力踏制动踏板,但在紧急制动的同时转向,车辆也可能发生侧滑。另外,不要依赖防抱死制动系统(ABS)缩短制动距离,尤其是在冰雪路面上紧急制动时,防抱死制动系统(ABS)无法有效缩短制动距离。

5 儿童安全座椅

儿童安全座椅是一种系于汽车座位上,供儿童乘坐且有束缚设备,同时能在汽车发生碰撞时,束缚儿童,最大限度地保障儿童安全的装置。儿童安全座椅一般要单独购买和安装。

6 儿童安全锁

儿童安全锁是保护儿童的专用安全装置。安全锁在锁止位置时,在车内无法打开车门,只能在车外用门把手开启。儿童安全锁可防止车辆行驶中或紧急停车时,儿童自己打开车门发生危险。

模块6 　机动车行驶理论知识

教练员掌握丰富的车辆专业知识和驾驶理论知识,对于指导驾驶教学十分重要。教练员熟知汽车行驶的基本原理,是完成驾驶教学任务的内在要求。

一　汽车行驶的作用力

汽车从起步进入正常行驶一直到停车,整个过程中都要受到多种力的作用,而每一种力的作用都将影响和决定汽车的运动状态。

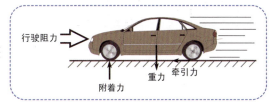

1　汽车牵引力

汽车牵引力是发动机输出的动力通过变速器、传动系统到达驱动轮,驱动轮相对于

路面滚动,形成推动汽车前进的动力。汽车起步时,发动机输出的转矩经传动系统传至驱动轮,使驱动轮轮胎支撑面上产生沿地面向后的作用力,同时地面给驱动轮一个反作用力,这个反作用力推动汽车前进,即牵引力。汽车在任何情况下保持匀速或加速行驶,其牵引力的大小必须大于或等于汽车行驶总阻力。牵引力的大小取决于发动机的功率和变速器挡位的传动比。

2　汽车的滚动阻力

汽车的滚动阻力是车轮在地面上滚动时所产生阻力的总称。滚动阻力主要是由于轮胎和路面的变形而产生,由以下几种阻力组成:轮胎沿路面滚动时,轮胎变形所引起的阻力;路面变形所引起的阻力;路面不平整所引起的冲击阻力;轮毂轴承的摩擦力。滚动阻力大小与汽车总质量、行驶速度、地面情况、轮胎结构、轮胎材料、轮胎气压、行进路线等因素有关。轮胎在路面上滚动过程中,在重力的作用下,反复与地面摩擦,会引起轮胎变形,产生阻力。汽车总质量大、轮胎气压小、行驶速度高、路面的变形大,路面不平整和弯道行驶等,都会加大轮胎与地面的摩擦,使滚动阻力增加。汽车的滚动阻力是各车轮滚动阻力之和,作用在左、右车轮上的阻力一般是相等的,而前、后轮的滚动阻力则有所差别。

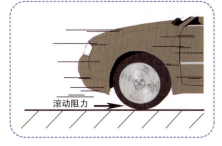

3　汽车的空气阻力

汽车的空气阻力是指汽车与空气间形成相对运动,空气作用在汽车上沿其行驶方

向上的分力。空气阻力可分为摩擦阻力和压力阻力两大部分。作用在汽车外表面上的法向压力的合力在其行驶方向上的分力,称为压力阻力。具有黏度的空气对汽车表面的摩擦作用产生的阻力,称为摩擦阻力。

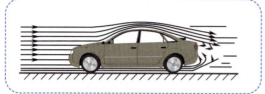

汽车行驶时,其周围气流的速度和方向随车身表面凹凸情况而变化,气流作用于车身表面的压力也随之变化,形成作用在车身前部的压力大于车身后部的压力,并在车身后部等处由于空气变得稀薄而引起涡流产生吸力,产生压力阻力。

汽车空气阻力的大小与汽车的迎风面积、行驶速度、流线型程度及风向有关;迎风面积越大,空气阻力越大;车速越高,空气阻力越大;汽车外形的流线型程度越好,迎风面积越小,空气阻力就越小;逆风行驶时空气阻力大,顺风行驶时空气阻力小;随着现代汽车行驶速度的普遍提高,改进车身外形设计,是降低空气阻力的有效途径。

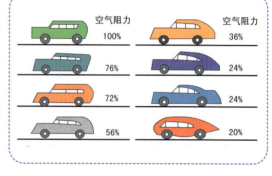

❹ 汽车的上坡阻力

汽车的上坡阻力是指汽车上坡行驶时,汽车重力沿坡道的分力。汽车上坡行驶时,由于重力的作用分为两个分力,一个分力垂直与路面,另一个分力则沿坡道与路面平行,方向与汽车行驶方向相反,阻碍上坡行驶,即坡道阻力。

❺ 汽车的加速阻力

汽车的加速阻力是汽车加速行驶时,需要克服其自身质量加速运动时产生的惯性力。汽车由静止起步或加速行驶时,产生的惯性力作用方向与汽车的行驶方向相反,大小与汽车的总质量、行驶速中加速度的大小成正比;汽车减速时,则产生惯性助力,推动汽车行进;汽车匀速行驶时,惯性力为零。

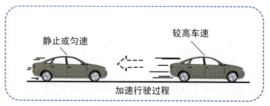

❻ 汽车的附着力

汽车的附着力是指地面对轮胎切向反作用力的极限值,简言之就是抵抗车轮在路面上产生滑动的能力。附着力的大小与驱动轮对路面的附着质量、路面状况及轮胎的结构有关。负荷较重的驱动轮,产生的附着力较大;干实平整的路面比湿滑、冰雪、泥泞的路面附着力大;表面花纹细而浅的轮胎在坚硬路面上附着作用较好,表面花纹宽而深的轮胎在松软的路面上附着作用较好;坚硬路面上适当降低轮胎气压或松软路面上提高轮胎气压,都可获得较大的附着力。

7 汽车行驶的条件

汽车行驶的必要条件是汽车牵引力必须大于或等于行驶总阻力(滚动阻力、上坡阻力和空气阻力之和),但这不是汽车行驶的充分条件。牵引力只有在驱动轮与地面不发生滑转时才能实现,即汽车行驶除受驱动条件制约以外,还受轮胎与地面附着条件的限制。汽车的驱动条件与附着条件统称为汽车行驶的充分必要条件,即汽车行驶必须有大于或等于行驶阻力之和的牵引力,且牵引力的最大值只能等于或小于驱动轮的附着力。

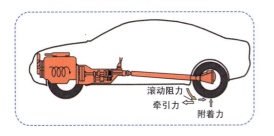

二 汽车的使用性能

汽车使用性能是指汽车能适应使用条件而发挥最大工作效能的能力。

1 汽车的动力性

汽车的动力性主要是指汽车发挥其运行能力的表现,即汽车在良好路面上直线行驶时的加速性能以及所能达到的最高速度等,通常以汽车的加速性能、最高车速和最大爬坡能力来表示。汽车加速性能主要分原地起步加速性能和超车加速性能。加速性能常用距离—时间、速度—时间或加速度—时间表示。原地起步加速性能是指汽车由静止状态用低速挡起步并以最大加速度逐级连续换至最高挡后到达某一预定距离或车速所需的时间。超车加速性能是指汽车用最高速挡或次高速挡行驶从某一中间车速全力加速到某一高速时所需的时间。

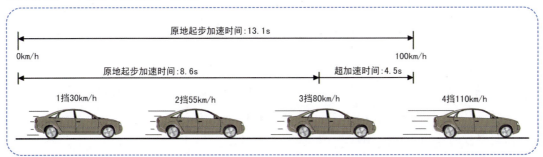

2 汽车的最高车速

汽车的最高车速是指无风条件下,汽车在平坦路面上行驶,行驶阻力与牵引力相平衡时达到的稳定车速;简言之,就是汽车在平直良好的路面上行驶所能达到的最大行驶速度。

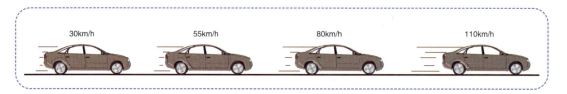

3 汽车的最大爬坡能力

汽车的最大爬坡能力是指汽车满载时,在干燥硬实的良好路面上使用最低速挡行驶所能爬上的最大坡度。坡度是指坡道的垂直高度与坡道水平长度的比值,通常用百分数表示。

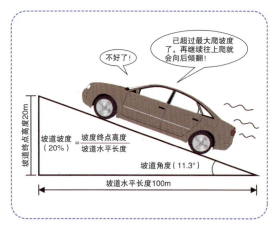

4 汽车的稳定性

汽车的稳定性是指汽车抵抗外界干扰保持行驶稳定而不发生倾覆和侧滑的能力。

汽车纵向稳定性是指汽车抵抗绕前、后轴倾覆的能力;汽车下陡坡使用紧急制动或高速行驶中突然撞到较大障碍物时,会发生向前纵向倾覆;汽车上坡起步过猛或行驶中猛然加速时,易向后纵向倾覆。

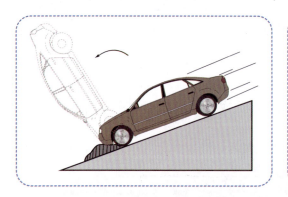
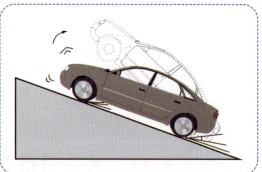

汽车横向稳定性是指汽车抵抗横向倾覆和向左(向右)侧滑的能力。汽车在横向坡度较大的道路上行驶或停车时,极易向一侧发生横向倾覆;汽车在弯道行驶时,由于离心力的作用,存在向一侧滑移的趋势,转弯或转向速度超过一定的限度,车辆会发生侧向滑移,严重时会引起横向倾覆。

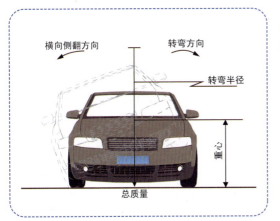 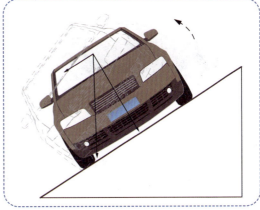

5 汽车的制动性

汽车的制动性是指汽车在行驶中能强制地降低行驶速度,在下坡时能控制汽车保持稳定的安全车速,并能可靠地使汽车停住的能力。评价汽车制动性的主要指标是制动减速度、制动时间和制动距离。

(1)制动减速度是指在制动过程中,加速度为负值,汽车单位时间内降低的行驶速度。

(2)制动时间是指制动时从踏下制动踏板开始到车辆完全停住所用的时间。

(3)制动距离是指在一定制动初速度下,汽车从驾驶员踏下制动踏板开始到停住为止所驶过的距离。

6 汽车的通过性

汽车的通过性是指汽车在额定装载质量条件下,能以足够的平均速度通过各种行驶条件差的路段和克服各种障碍行驶的能力。评价汽车通过性的主要技术指标有最小离地间隙、纵向与横向通过半径、最小转弯半径、接近角与离去角等。

(1)最小离地间隙是指汽车在满载且轮

胎气压标准的条件下,除车轮以外的最低点与地面之间的距离。离地间隙大的车辆,通过性较好。

(2)纵向通过半径是指汽车前后轮之间最低点与前、后两轮外圆相切的圆弧半径。轴距越短,车架越高,纵向通过半径越小。纵向通过半径小的车辆,通过性较好。

(3)横向通过半径是指汽车前桥或后桥的左右车轮内侧与车桥最低点相切的圆弧半径。轮距越小,前、后桥最低点离地距离越大,横向通过半径越小。横向通过半径小的车辆,通过性较好。

(4)最小转弯半径是指汽车转向过程中,当转向盘向左或向右转至极限位置时,外侧转向轮行驶的轨迹中心至转向中心的距离。转向轮转向角越大,轴距越短,转弯半径就越小。最小转弯半径小的车辆,转弯时所占的空间小,转弯灵活,通过性较好。

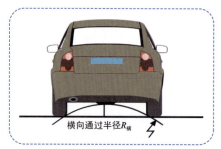
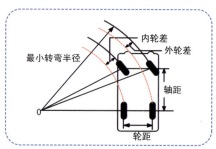

(5)接近角是指从汽车前端最低点向前轮外圆作切线与地面构成的夹角。车辆前悬越长,前保险杠越低,接近角就越小。接近角小的车辆,通过性较差。

(6)离去角是指从汽车后端最低点向后轮外圆作切线与地面构成的夹角。车辆后悬越长,后端离地距离越小,接近角就越小。离去角小的车辆,通过性较差。

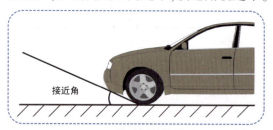
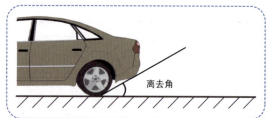

7 汽车的使用经济性

汽车的使用经济性,是指完成单位运输量所支付的最少费用的一种使用性能,是评价汽车营运经济效果的综合指标。影响使用经济性的因素主要有燃料经济性和润滑材料、轮胎的合理使用等。

(1)燃料经济性是指汽车以最少的燃料消耗完成单位运输工作量的能力,是汽车使用经济性的主要性能之一。燃料经济性的评价指标:单位行驶里程(100km)的燃料消耗量(L),称为百公里油耗;单位运输工作量(100t·km)的燃料消耗量(L),称为百吨公里油耗。提高燃料经济性的主要途径:车辆经常保持良好的技术状况和正常的发动机水温、机油温度,尽量使用高速挡保持经济车速行驶,合理利用行驶惯性进行滑行。

(2)合理使用润滑材料主要指发动机润滑油、汽车齿轮油、汽车润滑脂的正确选用与合理使用。合理使用润滑材料,对于减少摩擦阻力和零件磨损,延长机件使用寿命和工作可靠性,进而减少维修工作量及时间,提高利用率影响很大,可间接地影响运输生产率和运输成本。

(3)轮胎的合理使用包括轮胎的合理搭配、保持标准的气压和温度、严禁超载、合理控制车速、正确的驾驶操作等。轮胎是汽车的重要部件,其性能对汽车的动力性、制动性、行驶稳定性、平顺性和燃料经济性等都有直接影响。合理使用和维护轮胎,可降低轮胎磨损,防止不正常的磨损损坏,延长轮胎的使用寿命,降低运输成本,提高经济效益。

8 汽车行驶的平顺性

汽车行驶的平顺行是指汽车在一定速度范围内行驶时,能保证驾乘人员不会因车身振动而引起不舒服和疲劳的感觉,以及保持所运货物完整无损的性能。汽车行驶中,由于路面条件的差异,车轮不同程度地与路面产生冲击,造成车辆行驶系和传动系中作用力的大小、方向不断发生变化,使车辆不断振动。当车轮与不平路面发生冲击,车辆振动达到一定

程度时,会远远大于人体适应的振动频率和幅度,剧烈的振动对驾乘人员的身体机能以及运送货物的完整性均产生不利的影响,而且还直接影响到燃料经济性、车辆使用寿命、运输生产率及工作可靠性等。

提高汽车行驶平顺性的有效方法:维护好车辆减振装置,合理使用轮胎,行驶中根据道路条件正确选择行驶路线,适时控制车速,尽量减少车辆振动。

模块7 安全驾驶理论知识

道路上的交通情况瞬息万变,错综复杂。让驾驶学员掌握一般道路条件下各种交通规律和安全驾驶知识,正确观察、分析、判断和处理道路交通情况,有利于安全驾驶车辆。

一 转向信号灯的使用

正确使用转向灯是安全驾驶的重要环节,掌握不同情况下转向灯的使用要求和作用,能够有效避免交通事故的发生。

驾驶操作	要求和作用
1.起步	起步前,开启左转向指示灯,告知后方车辆及行人在超越时做好避让准备。平稳起步安全驶入正常行驶路线后,关闭左转向指示灯
2.靠边停车	停车前,开启右转向指示灯,提示后方车辆及行人准备停车。平稳靠边停车后,关闭右转向指示灯
3.超车	超车前,开启左转向指示灯,提示前后方车辆本车有超车意图。超越后,开启右转向指示灯,提示被超车辆已完成超车。驶回正常行驶路线后,关闭右转向指示灯
4.让车	让车时,开启右转向指示灯,提示后车已准备让行。被超越后,开启左转向指示灯,驶回正常行驶路线后,关闭左转向指示灯
5.变更车道	向左(或向右)变更车道时,开启左(或右)转向指示灯,提示两侧车辆本车准备变更车道。进入正常行驶路线后,关闭左(或右)转向指示灯
6.通过交叉路口	交叉路口转弯时,距路口 50~100m 处开启转向指示灯,提示车辆和行人本车在路口的行驶方向。完成转弯正常行驶后,关闭转向指示灯
7.通过立交桥	距所进路口右侧匝道 50~100m 处,开启右转向指示灯,提示车辆本车意图进入匝道。进入路口正常行驶后,关闭右转向指示灯
8.通过环岛路口	进入路口,不用开启转向指示灯。出路口前,开启右转向指示灯,提示环岛内行驶的车辆本车意图驶出路口。驶出路口进入正常行驶后,关闭右转向指示灯
9.掉头	掉头时,开启左转向指示灯,提示车辆和行人意图掉头。完成掉头进入正常行驶路线后,关闭左转向指示灯

(1)发出转向信号必须提前,以便给其他车辆和行人留出充足的反应时间。

(2)能见度较低时,适当延长发出转向信号距离和时间。

(3)进入正常行驶后,及时关闭转向指示灯,以免使其他车辆和行人产生误解。

二 车速的控制

根据道路交通情况和限速标志控制车速,是驾驶汽车最频繁的操作。常用控制车速方法有:利用发动机牵阻作用控制车速、利用制动器控制车速、利用离合器半联动控制车速。要培养学员切记:机动车上道路行驶,不得超过限速标志标明的最高时速。在没有限速标志的路段,保持安全车速。

驾 驶 操 作	要 求 和 作 用
1. 弯道车速控制	驾驶汽车遇到弯道时,根据弯道路面的宽窄、弯度的大小、车型及装载情况选择行驶速度。进入弯道前,将车速降低到安全范围内,以防因车速过快驶离路面发生事故
2. 上坡车速控制	上坡控制车速,为了保证车辆有足够的动力上坡。上坡前,要根据坡道情况,适当提高车速。驶近坡顶要减速,并随时准备停车
3. 下坡车速控制	下坡控制车速,为了避免因车速过快或突然故障失去对车辆的控制。下坡要视坡道情况控制车速,下陡而长的坡道时以发动机牵阻制动为主,车轮制动器制动为辅控制车速

三 安全车距分析

驾驶员驾驶汽车行驶过程中,前后车间距过大,会影响车辆的正常行驶,间距过小,易发生追尾相撞事故。同车道行驶的机动车,后车应当与前车保持足以采取紧急制动措施的安全距离,驾驶汽车跟随前车行驶过程中,必须遵守这一规定。

1 前方安全间距

驾驶小型车辆跟随大型车辆行驶时,视线受阻,很难观察判断大车前方会出现的情况。因此,要加大与前车间距,注意观察前车制动灯、转向指示灯的变化,防止其突然减速停车;通过交叉路口时的车距,以能看清前方交叉路口交通信号灯为准。

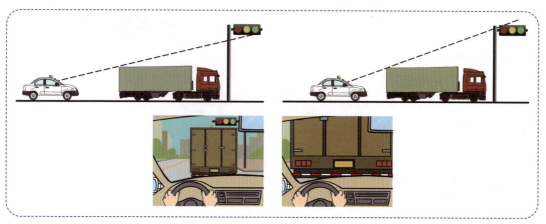

驾驶大型车辆跟随小型车辆行驶时,视线较好,能看到前方多个车辆的行驶情况。跟随小型车行驶,要注意小型车前方车辆的动态,及时采取预见性措施。同时要考虑到车辆性能的不同,停车制动距离存在差距,要保持足够的安全间距。

驾驶汽车在特殊气候或道路条件变差的环境行车时,可变因素较多,地面湿滑、视线受到影响、制动距离变长,都需要加大跟车时的安全间距。雨天、雾天、坡道、夜间行驶时,安全间距一般要比正常情况增大 1.5 倍;雪天、结冰路段行驶时,安全间距要比正常情况增大 3 倍。

2 后方安全车距

行车中要随时了解车后情况,如前方道路交通条件允许,可适当加大与后车的间距。遇到后车紧随不舍,无法加大行车距离时,可开启右转向指示灯,靠道路右侧行驶,并缓慢减速,让后车超越。

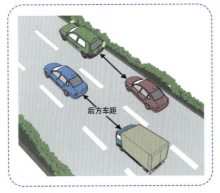

发现有跟随行驶的车辆时,要尽量增大与后车的距离,不要突然减速。制动减速时,要选通过后视镜观察是否有车辆跟随行驶。停车时,要提前开启右转向指示灯,以引起后车注意,并缓慢减速,尽量避免紧急制动,防止后车追尾。

3 侧向安全车距

驾驶汽车与对向来车交会、超越同向行驶的车辆或避让障碍时,保持侧向安全间距,能有效避免剐蹭事故。侧向安全间距的大小,要根据两车的行驶速度确定,行驶速度越高,车辆的侧向摆动越大,侧向安全间距应适当加大。当视线不良、道路较窄、转弯路段以及路面附着力较小而现场条件又不允许留有较大的侧向间距时,一定要降低车速,谨慎通过。

驾驶汽车在正常的路面遇静止障碍物时,可保持较小的侧向间距通过。车速慢时,侧向间距可适当小一些,随着车速的增快要加大侧向间距。遇到运动中的障碍物,特别是运动不稳定的自行车、摩托车、畜力车、三轮车、拖拉机和行人时,要适时当加大侧向间距。根据车速的不同与自行车、二轮摩托车的侧向间距一般为 1.0~1.8m,与三轮车、拖拉机、畜力车侧向间距为 0.8~1.4m;与行人的侧向间距应保持 1.0~1.5m。

4 上部安全空间

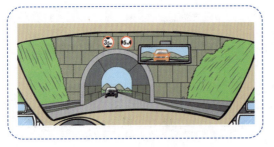

行车中上部空间的安全往往容易被疏忽,随时注意车辆的上部空间,能预防因疏忽而发生上部剐蹭事故。

隧道(涵洞、立交桥)的高度,决定了车辆的最高通过限度,判断好上部的安全空间,才能保证车辆安全通过。在通过隧道

(涵洞、立交桥)时,要提前观察限制高度的交通标志,确定是否安全通过。限制高度与装载高度相近时,要减速慢行,准确判断,必要时停车观察。

非常狭窄且倾斜或不平的路段,会造成车辆向一侧倾斜,车速过快会因路面倾斜使车辆上部与障碍物相撞。行车中要注意路面倾斜或不平,及时减速缓慢通过。

路边伸向路中的电线、树枝、标志牌或广告牌等低空障碍物,会因车辆靠路一侧行驶时剐碰顶部。行车中要注意低空障碍物,必要时停车观察,防止发生顶部碰撞和剐蹭。

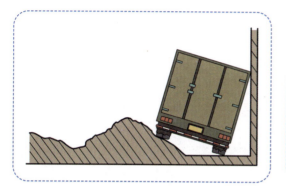

5 下部安全空间

汽车的下部空间,一般与车辆的最小离地间隙有直接关系。离地间隙大,汽车的下部空间大;离地间隙小,汽车的下部空间也就变小。根据车辆的最小离地间隙来判断下部安全空间,可避免在跨越障碍物或在凹凸路面行驶时发生底部碰撞或陷车。不同车辆的最小离地间隙有所区别,车辆最低的突出部分与路面间距,决定了车辆的最小离地间隙。只有正确判断离地间隙,才能确定下部的安全空间。

驾驶汽车在道路上遇有石块等凸起的障碍物时,如果障碍物高出车辆的最小离地间隙,就会发生底部碰撞。遇到较高的凸起障碍物时,只要路面及交通条件允许,最安全的办法是绕行通过。

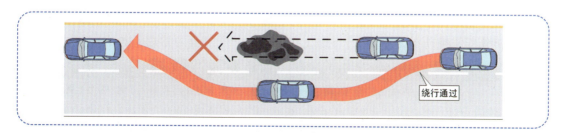

遇到拱形障碍物时，要考虑到车辆的通过性。如果障碍物高度超过了车辆的通过能力，会发生托底，影响车辆通过，甚至出现翘板现象而将车两头担起无法通过。遇无绕行条件的障碍物时，一定要降低车速，仔细观察其高度，必要时停车确认安全后再通行。

四　机动车动态分析

机动车具有行驶速度高、动态变化快等特点。在行车中，要随时注意观察各种机动车的动态，注意机动车的制动灯、转向指示灯及车速的变化，保持安全间距，视情况及时调整行车路线和行驶速度。对有可能出现的情况，做出预先估计，提前采取防范措施，确保行车安全。

车　型	动　态　特　点　分　析
1.小型车辆	具有体积小、轻便灵活，功率较大，加速性、制动性和操纵稳定性好等特点；往往容易出现高速行驶、遇车就超、随意停车等现象
2.出租汽车	出租车驾驶员主要精力用于寻找路边乘客，易忽视周围交通情况强行超越，不按规定变更车道，甚至违章停车
3.大型货车	具有车身长、载质量大、重心高、制动距离长、内轮差大等特点；载货后，行驶灵活性差，不能及时避让，有的车辆长时间占道行驶，不主动让车
4.大型客车	载客多，起步慢，停站多；车站（点）停车上下乘客时，车前、车后容易出现横穿的行人或非机动车；炎热季节，无空调装置的车辆常有乘客将头或手伸出车厢外
5.特种车辆	执行任务时，鸣警报器，不受行驶速度、行驶路线、行驶方向和交通信号灯的限制
6.教练车	起步不平稳，往往起步后会突然驶向路中；行驶中车速忽快忽慢，行驶线路时而偏左时而偏右，易出现紧急制动；路口起步的动作迟缓，行驶犹豫，容易造成熄火
7.摩托车	体积小、速度快，加速性能好，机动性强，稳定性差，安全保护性能差，具有自行车与机动车的双重特点；驾驶员因戴头盔而影响视野与听觉，经常争道抢行，左、右违章超车

五　非机动车动态分析

非机动车包括人力车、自行车（电动自行车）、畜力车等，其动态特点各有不同，要让学员学会分析非机动车动态特点，有助于在今后的学习过程中将理论与实际相结合。

非机动车	动　态　特　点　分　析
1.人力车	人力推拉为动力，结构简单，速度缓慢，起步困难，避让车辆不及时，车体容易发生横转
2.自行车	灵活、方便、体积小、稳定性差；不同的骑车人动态各有特点；主要是行车轨迹曲折，干扰性大
3.畜力车	车速较慢，控制被动，往往结队而行；遇到意外刺激时，易发生"惊车"

六 行人动态分析

道路上的行人各有差异,动态更是千变万化。从年龄上可分为老年人、青年人、儿童等;从职业上可分为工人、农民、学生等。行车中要掌握各类行人的特点,正确分析其动态,无论遇到何种情况,都要观察清楚,判断准确,及时果断地采取相应措施,确保安全。

行 人	动 态 特 点 分 析
1. 正常行人	一般靠道路右侧行走,看到车辆驶来或听到汽车行驶声、喇叭声不慌乱,能及时避让,顺行的行人有的会回头环视
2. 无经验的行人	发现车辆驶来,急忙避让到路边;车辆临近时,左右徘徊,会突然跑到道路另一边;横过道路时,顾此失彼,只注意避让一侧车辆而忽视避让另一侧车辆
3. 赶牲畜行走的行人	遇到牲畜扰动时,为了保护牲畜,会不顾来车和危险,冲到路中间进行驱赶
4. 挑担的行人	挑担或扛长把农具的行人,听到车辆行驶声,往往只顾避让身体,而忽视担子或农具横出
5. 躲避灰尘的行人	风、尘天气,为躲避尘土在车辆临近时会突然跑向上风处
6. 躲避泥水的行人	为避免泥水溅到身上,躲向道路干燥的一侧;雨天处于下风处和水坑边的行人,为躲避泥水而突然横穿道路
7. 老年人	行动迟缓,耳目不灵,避让时动作缓慢
8. 儿童	活泼好动,缺乏交通经验,动向无规律,不懂车辆的危险性;常在道路上追逐玩耍,遇车辆驶来四散乱跑;故意不让路,甚至追逐车辆
9. 沉思中的行人	沉思或注意力高度集中的行人,单独行走,除两腿的机械移动外,对外界的一切都置若罔闻
10. 盲人	听觉一般较灵敏,听到喇叭声就急忙避让,但不能清楚地确定自己所避让的程度
11. 聋哑人	与正常人的外表没有区别,但听不见外界声音,对喇叭声或汽车行驶声毫无反应
12. 雨天行人	突遇暴风雨来临时,无避雨工具的行人埋头奔跑,争道抢行,目标不一,方向不定;撑雨伞和穿雨衣的行人,视线和听觉受到影响,不易发现驶来的车辆
13. 冬天行人	戴棉帽或穿大衣的行人,视线受限,听觉受影响,不能及时发现行驶的车辆

单元3 教学专用知识

模块8 常用教学手段与教学方法

教学手段和教学方法是教练员和学员为了实现共同的教学目标,共同完成教学活动,在教学过程中运用的手段与方式的总称。教练员在教学中恰当地选择教学手段和教学方法,可以有效地提高教学效果和教学质量。

一、常用教学手段

1. 多媒体教学

多媒体教学是指利用多媒体教学设备,把教学内容通过文字、图形、图像、声音、动画生动和直观地展现出来,使枯燥抽象的学习内容变得直观易懂,可充分调动学员的听觉、视觉和思维,提高学员的注意力和学习兴趣,增强学员对教学内容的理解。

利用多媒体教学设备可将教学内容在较大的空间进行展示,同时满足数量较多的学员同时学习的需求。运用多媒体设备进行教学是理论课堂教学的最佳教学形式,可以充分发挥科技手段优势,达到生动的教学效果,保证教学质量和提高教学效率。

《大纲》明确要求,在进行第一阶段和第三阶段理论知识教学时应当采用多媒体设备进行教学。因此,教练员应当熟练运用多媒体教学设备进行授课,课前要紧扣《大纲》,根据教学内容和各阶段的教学要求认真进行备课,搜集与教学紧密联系的素材,合理地将教学内容以录像、教学软件、多媒体课件等形式进行展现,突出教学重点和难点。

2 教学磁板教学

教学磁板可以通过电子笔直接书写、擦除、标画讲解对象,控制多媒体动画、视频、声音等,可以存储、打印或通过电子邮件发送教学内容。教学磁板可以任意组合各种交通场景,模仿真实路况、场内道路驾驶场景,模拟汽车行驶、记录行驶轨迹、讲解行驶过程,模拟各种道路交通环境、模拟事故案例等教学。

教学过程中,教练员可以利用磁板软件所包含的交通元素灵活组建交通场景,针对配置好的交通场景,设置各种问题,模拟出各种交通行为的后果,发挥教学磁板的最佳效果,增强学员对知识的理解和应用,提高学员学习的主动性。

3 驾驶模拟器教学

驾驶模拟器是一种驾驶训练教学设备,它利用虚拟现实仿真技术营造出一个虚拟的驾驶训练环境,学员通过模拟器的操作部件与虚拟的环境进行互动。驾驶模拟器几乎完全"模拟"真实学车环境,能够消除驾驶初学者的恐惧心理,适时规范学员的操作,为驾驶培训提供有力帮助。

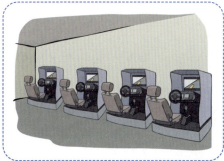

驾驶模拟器能模拟各种道路场景,在视觉、听觉和操作感觉上为学员提供一种实际操作训练的仿真环境,能够训练和提高学员基本驾驶操作技能和心智技能。使用驾驶模拟器训练,学员心情比较放松,学习动作快。采取驾驶模拟器训练与实际操作训练相结合的培训模式,能够提高学员培训的效率,克服实际操作训练的局限性,对"恶劣条件下的驾驶"、"山区道路驾驶"等教练员难以组织的教学项目进行训练,同时还可以节约能源、降低成本,提高教学的安全性。

驾驶模拟器主要用于学员培训初期的规范操作以及实际操作训练中难以组织的特殊道路交通环境训练等,如《大纲》第二阶段基础驾驶教学项目、第三阶段模拟驾驶项目。使用驾驶模拟器教学,教练员需要了解学员的训练情况,及时纠正学员所犯的错误。每次训练结束后,教练员应当向学员讲评训练情况,让学员了解训练的难点和容易出现的错误。教练员还要引导学员在训练过程中端正训练态度,并根据《大纲》的要求,分阶段使用模拟器进行教学。

4 教学教具教学

教学教具主要用于第一阶段"机动车基本知识"和"法律、法规及道路交通信号"等教学项目。使用教学教具的教学项目一般学员理解难度较大，教练员讲解时要有针对性，注意解说的顺序，根据结构，按照工作流程和组成部位进行讲解，以便在短时间内完成教学任务，达到预期的教学目标。以使用安全带体验装置教学为例，车辆安全带体验装置是让体验者体验车辆碰撞事故的危害和车辆碰撞瞬间安全带对体验者的安全保护作用，目的是提高体验者的交通安全意识，尤其是促进体验者养成遵守交通规则和系好安全带的习惯。

在使用车辆安全带体验装置时，一方面教练员要做好学员体验活动的组织工作，防止意外事故的发生；另一方面，体验装置模拟的碰撞速度要合适，确保碰撞速度既具有较好的碰撞真实感，又不会对体验者造成健康伤害。

二、常用教学方法

教练员在教学中要根据教学项目、教学内容、教学目标、学员特点和教学条件等因素灵活地、创造性地选择和使用教学方法，并通过观察，了解教学效果和学员的反应，不断调整教学方法，以达到教学效果的最优化。

1 讲授教学法

讲授教学法是指教练员用讲解、述说等形式向学员系统地传授知识的教学方法，属于教练员和学员之间"传授—接受"式的教学方法。运用讲授教学法，教练员可以通过合乎逻辑的分析、生动形象的描述、启发诱导式的疑问设置，使学员在短时间内获得较全面、系统的知识。

讲授教学法主要有讲解、述说两种方式。讲解是指教练员针对某个教学主题，向学员作解释和说明。讲解过程中，教练员要做到表述条理清晰，语言表达要让学员能够听懂，并且易于接受。此外，教练员在讲解之前，要说明所讲解内容的教学目的。教练员可通过讲述亲身经历、见闻或现实生活中发生的事情，让学员产生身临其境的感觉，产生也曾有过类似经历的联想，并将这个主题铭记在心。

讲授教学法在驾驶培训教学中，主要应用于理论课教学和驾驶辅导教学，特别是对于内在逻辑性强或需要做总体概况介绍、关联分析和说明的教学内容，采用讲授教学法进行教学非常有效。

在讲授教学内容前,教练员要熟练掌握《大纲》和教材中的教学重点、难点,熟知学员必须掌握的基础知识和教材的重点内容,熟知学员难以理解和掌握的知识、内容。课前根据教学内容,认真进行备课。

在讲授时,要抓住教学重点和难点,突出主题,做到语言流畅、生动有趣、条理清楚、层次分明、具有启发性;要善于激发学员的兴趣,增强学员学习的主动性;适当运用直观的教学手段,如运用多媒体课件教学,可以使教学内容深入浅出,便于学员理解。

❷ 演示教学法

演示教学法是指教练员在教学过程中通过展示实物、教具、录像或多媒体动画等,使学员获得知识、巩固知识的方法。

演示教学法可以将抽象的教学内容具体化。演示教学法可以提高学员对教学内容的感性认识,使学员更容易理解和牢固地掌握原理、规律等理论知识;有助于培养学员的观察能力和思维能力,激发学员的学习兴趣,调动学员的学习积极性。

演示教学是以直观感知为主的教学方法,适合运用于抽象内容的教学。教练员要根据教学内容和教学目标选取合适的演示工具,并在课前预演。演示过程中,教练员配合演示进行讲解,要注意演示速度,尽量让学员都能看清楚演示过程。每次演示的时间不宜过长,否则容易造成学员的注意力不集中。演示教学过程中,教练员要提出明确的观察要求,让学员带着问题观察,引导学员把注意力集中于演示内容的主要方面。

❸ 自学辅导教学法

自学辅导教学法是指学员在教练员的指导和帮助下,自学教材、参考资料,以获得知识和提高技能的教学方法。

自学辅导教学法可以有效提高学员的自学能力,使学员养成良好的自学习惯。运用自学辅导教学法,需要教练员对教学内容和科目先进行分析、整合,指导学员明确自学的内容,以便学员能更好地进行自学。

自学辅导教学法主要用于《大纲》要求掌握,但是教练员在教学过程中不能一一教到的教学内容。自学辅导教学法教学,关键是在学员自学内容的选取上要有一定的系统性和针对性,并非所有教学内容都适用。教练员必须对《大纲》和教材有一个全面和系统的把握和理解,对于适合使用自学辅导法的教学内容,预先要有清楚的认识。同时,教练员不仅要考虑到教学内容的难度和教学目标,还要考虑到学员现有的知识结构和学习能力。教练员要围绕驾驶培训的教学目标,对学员自学的内容进行有效的指导,增强学员学习的自觉性和积极性。

4 讨论教学法

讨论教学法是一种以案例为基础的教学方法,即围绕一定的培训目的,把实际发生的真实情景进行典型化处理,形成供学员思考分析和判断的案例,通过独立研究和相互讨论的方式,来提高学员分析问题和解决问题能力的一种方法。

学员在教练员的指导下参与讨论有代表性的典型案例,在对案例的阅读、思考、分析、讨论中,建立起一套适合自己的完整而又严密的逻辑思维方法和思考问题的方式,可提高自身分析问题、解决问题的能力。讨论教学的目的不在于案例中问题答案的正确与否,而在于启发学员独立自主地去思考、探索,注重培养学员独立思考能力,启发学员建立一套分析、解决问题的思维方式。

讨论教学前,教练员可先让学员阅读案例材料,查阅各种指定的资料和读物,搜集必要的信息,引导学员积极地思索并初步形成关于案例中问题的原因分析和解决方案。同时,教练员可以在这个阶段给学员列出一些思考题,让学员针对性地开展讨论准备。在组织讨论前,教练员将学员划分成几个小组,小组成员要多样化,这样在准备和讨论时,表达不同意见的机会就多些,学员对案例的理解也就更深刻。

讨论时,各个小组派出代表,发表本小组对于案例的分析和处理意见。发言完毕之后发言人要接受其他小组成员的讯问并做出解释,小组的其他成员也可以代替发言人回答问题。教练员充当组织者和主持人的角色,发言和讨论的目的是拓展和深化学员对案例的理解程度。教练员可以根据学员的发言,提出几个意见比较集中的问题和处理方式,组织各个小组对这些问题和处理方式进行重点讨论,引导学员探讨合理的解决方案。

在小组集中讨论完成之后,教练员要留出一定的时间让学员自己思考和总结,可以总结规律和经验,也可以总结获取这种知识经验的方式。教练员还可以让学员以书面的形式做出总结,加深学员的体会和对案例及案例所反映出来的各种问题的认识。

5 示范教学法

示范教学法是教练员按照学员操作技能的形成规律,遵循由易到难、由简到繁、循序渐进的原则,通过对训练科目动作的分析,将其分解为若干相互衔接的简单基本动作,向学员进行讲解、示范,让学员在熟练掌握基本动作的基础上,进行协调训练而形成连贯动作,最后熟练掌握动作,并形成动作定势的教学方法。

示范教学法是教练员通过自己的讲解和示范,让学员理解和模仿,使学员对动作获得感性的认识。在教学过程中,教练员先给学员做示范动作,学员在旁边观察、理解,然后加以模仿,通过反复练习掌握动作要领。

示范教学法是教练员在实际操作教学中常用的方法之一,主要的形式有连贯动作示范、分解动作示范、对比动作示范。

连贯动作示范是教练员将《大纲》中某个训练项目动作进行完整的、连贯的示范。如:对倒车入库操作进行示范。

分解动作示范是教练员将某个复杂的训练项目动作分解成为若干相互衔接的简单动作,分别向学员进行示范。如:在对学员进行倒车训练时,教练员可将操作动作分解成在车辆静止状态下的倒车驾驶姿势示范和在倒车过程中控制车辆接近倒车目标的示范。

对比动作示范是教练员将学员练习时经常出现的错误操作动作和正确的操作动作分别进行示范,使学员能够直观、清晰地进行观察和对比,从而促进学员理解并掌握正确操作方法。如:在进行转向盘操作教学时,教练员将"掏方向"、"窜方向"等错误操作动作和正确操作转向盘的操作动作进行对比示范。

示范动作和要领讲解是相辅相成的。在开始训练时,教练员首先要向学员说明本次训练的项目、内容、基本要求,训练的难点和训练安排,并对复杂动作进行合理分解,帮助学员了解本次训练的内容和应达到的目标,领会动作要领,建立正确的操作技术概念。在给学员讲解动作要领时,教练员应介绍动作的名称、作用、基本原理和技术要求等,抓住操作要点和规范,并指出学员操作中易犯的错误。教练员讲解的主要形式有集体讲解、单独讲解、车上讲解、车下讲解。

6 模拟教学法

模拟教学法是利用某种教学手段创造一种情境,让学员在这种情境下反复练习,进而获得驾驶知识和驾驶技能的方法。模拟教学法包括模拟设备教学、模拟情境教学、模拟场地教学。

模拟教学过程安全,可避免学员因操作失误产生不安全的后果。采用情景模拟教学,使学员获得感性认识,并在一定程度上形成经验,能帮助学员更牢固地掌握知识,使理论紧密地联系实际。模拟教学法是一种以教学手段和教学环境为目标导向的行为引导型教学模式,学员通过模拟角色、模拟操作程序等,达到理论与实际操作的统一。

模拟教学法是在教练员的指导下,通过使用模拟设备、多媒体动画模拟软件,让学员在接触和感受近似于真实驾驶环境和条件中进行操作,以提高学员的技能,常用于实际操作训练,也用于一些理论课教学。模拟教学法主要用于学员的基本动作训练、恶劣条件下的驾驶训练等教学项目。

模拟教学法应用注意事项:

(1)教练员对学员的训练进行监督,发现错误及时纠正。

(2)教练员对学员的训练效果进行评价,及时调整训练。

(3)教练员要培养学员良好的安全意识,引导学员在训练过程中形成严肃、认真的训练态度,避免不良习惯的养成。

7 练习教学法

练习教学法是在教练员的指导下,为了巩固知识、形成驾驶技能而让学员进行反复训练的教学方法。学员通过连续独立的训练,运用已具备的知识解决有关问题,掌握驾驶技能,养成良好习惯。

动作练习是学员通过不断练习、模仿动作使认识观念与感官肌肉经常性协调配合,最终形成习惯性动作,进而转化成熟练的驾驶技能,并运用自如。

练习教学法可用于《大纲》中实际操作的各个教学项目。教练员要让学员明确练习的目的和要求,掌握与练习相关的基本知识。练习时,教练员要指导学员系统地练习,循序渐进,先求操作动作准确性,再求操作动作速度,每次练习时间和次数要适量。

练习教学法需要重复性地记忆或者操作,学员容易对学习过程感到枯燥乏味。教练员组织练习要顾及个体差异,因材施教,实时监督并加以适当指导,发现学员出现错误时,要及时纠正。每次练习完成后,教练员应当及时对练习效果做出评价,使学员了解训练的效果。

8 复习教学法

复习教学法是学员通过综合训练,综合运用和检验所学的知识和技能,尽可能确保技能掌握速度达到培训要求的教学方法。

复习教学法是教练员对学员训练效果的一种阶段性总结。学员训练完成一个阶段后,教练员应及时对学员进行考核,以便了解学员的训练效果,确定学员能否转入下一个阶段的训练,或者在下一个阶段训练中还需要做哪些改进,从而实现教学阶段协调性与持续性。

复习教学法能巩固所学的知识,提高训练的准确性。学员通过阶段行动综合训练,可以认识到自己的不足,以便在后续阶段提高训练的针对性,做到有的放矢。通过阶段性的综合训练复习已经学过的科目,学员可以巩固所掌握的知识并在大脑中形成深刻记忆,将所学过的东西长期存储到大脑中并由此将机械动作转变成下意识的动作。

《大纲》把学员的驾驶培训分为三个阶段,并在每个阶段规定了一定学时的综合复习及考核。教练员可根据《大纲》的安排,在每个阶段结束或者每个训练科目结束时,结合先进教学手段,采用复习教学法。

教练员选择综合复习的时间要适当,每次综合复习完成之后,要进行分析,以便在下一个阶段中能有针对性地进行训练。综合复习的内容要与学员培训的目的和要求吻合。

9 纠错教学法

纠错教学法是指教练员为纠正学员在驾驶汽车时出现的错误而采用的教学方法。教练员及时纠正学员驾驶错误,对提高培训效率,保证培训质量、保证训练安全,降低培训成本具有重要作用。

学员在练习时出现的错误主要表现在驾驶技能错误和驾驶行为错误两个方面。驾驶技能错误指的是操作动作错误。驾驶行为错误指的是违反道路交通安全法律法规的行为。纠错要分三个步骤进行,即:指出错误现象、分析出错原因、讲解纠错方法。如果驾驶技能错误不能得到及时纠正,会影响教学质量,错误重复多次会形成顽疾动作。如果驾驶行为错误不能得到纠正,学员就不会养成遵章守纪的驾驶习惯,这样即使学员通过考试,还是会留下安全隐患,难免发生交通事故。教练员不仅要纠正学员在技能上的错误,更要纠正学员行为上的错误,使学员牢固树立守法意识、安全意识和文明意识。

模块9　驾驶培训教学计划

驾驶培训教学计划是驾驶培训教学课程设置的整体规划,教练员在教学中要根据总的教学计划,制订具体的教学计划,按照教学计划开展教学工作。

一　驾驶培训总计划

机动车驾驶培训机构要依据《大纲》制订详细的驾驶培训总计划,内容包括培训目标、培训对象、课程设置和顺序、培训方式、教学方法、培训时间与学时分配、阶段考核等。

1 培训目标

学员通过驾驶培训,掌握道路法律、法规及规章,掌握道路交通安全法律、法规及道路交通信号的规定,掌握安全文明驾驶知识,具备对车辆综合控制的能力,了解机动车基本知识,具备独立操作技能,具有良好的职业道德,达到安全文明驾驶的水平。

2 培训对象

符合机动车驾驶证申请条件,报名参加机动车驾驶培训的学员。

3 课程设置和顺序

(1)第一阶段:机动车基本知识、道路交通安全法律法规和相关知识。

(2)第二阶段:基础驾驶和场地驾驶。

(3)第三阶段:实际道路驾驶和安全文明驾驶常识。

4 教学要求

(1)第一阶段:让学员了解机动车基本知识,掌握道路交通安全法律、法规及道路交通信号的规定。

(2)第二阶段:让学员掌握基础的驾驶操作要领,具备对车辆控制的基本能力;使学员熟练掌握场地和场内道路驾驶的基本方法,具备合理使用车辆操纵机件、正确控制车辆运动空间位置的能力,能够准确地控制车辆的行驶位置、速度和行驶路线。

(3)第三阶段:让学员掌握安全文明驾驶知识,具备对车辆综合控制的能力;让学员了解行人、非机动车的动态特点及险情的预测和分析方法;让学员熟练掌握一般道路和夜间驾驶方法,能够根据不同的道路交通状况安全驾驶;让学员形成自觉遵守交通法规、有效处置随机交通状况、无意识合理操纵车辆的能力。

5 培训方式

按照"保证质量、方便学员"的原则,采取学时制预约学时培训或预约计时收费培训方式。

6 教学方法

(1)理论教学借助电教设备、实物、挂图、示教板等,采用课堂多媒体讲授、情景模拟、实物演示等相结合的教学方法,突出重点、联系实际,力求直观、形象、生动。

(2)驾驶操作教学借助教练车、驾驶模拟器等教学设备,采用教练车练习、模拟驾驶等相结合的方法,教练员讲解和示范,重点指导学员操作,突出重点,联系实际,强化培养学员的安全意识、文明礼让意识和安全驾驶技能。

7 培训时间与学时分配

培训时间按学时计算,每学时为1h。每个学员每天的培训时间不得超过4个学时。学时分配遵守《大纲》对不同车型每个阶段的学时规定。教练员无论采取何种培训方式,必须达到《大纲》规定学时。

8 阶段考核

每个阶段培训结束后,考核员对学员的学习效果进行考核,检查教学质量,评定学员学习成绩,填写培训记录。第三阶段考核结束后,考核合格学员领取结业证书。

二 驾驶培训阶段教学计划

驾驶培训教练员要依据《大纲》和教学总计划,制订详细的驾驶培训阶段教学计划,内容包括教学项目、授课内容、教学重点、课时安排等。

1 第一阶段教学计划

第一阶段教学为理论知识教学,主要设计了3个教学项目:机动车基本知识、法律法规及道路交通信号、综合复习及考核。

本阶段教学重点是让学员在理解的基础上掌握车辆操纵机构、车辆主要安全装置、机动车驾驶证申领与使用、道路通行规则、驾驶行为要求、交通事故处理等知识。

教练员应结合本阶段的教学项目内容和目标,根据"了解、熟悉、掌握、熟练掌握"等不同学习要求对教学内容进行分类,采取集中授课与学员自学相结合的方式,合理制订教学计划和安排课时。

《大纲》在本阶段为申请 C1、C2 车型的学员共安排了 12 个培训学时,教练员可每天安排 4 个学时的集中教学,分 3 天完成本阶段的教学任务。

第一阶段教学计划表(C1、C2 车型)

课程类别	课程项目	课程内容	第一天	第二天	第三天	总学时
理论课	机动车基本知识	车辆结构常识	1	—	—	1
		车辆主要安全装置		—	—	
		驾驶操纵机构	1	—	—	1
		车辆性能		—	—	
		车辆检查和维护	1	—	—	1
		车辆运行材料		—	—	
理论课	法律、法规及道路交通信号	机动车驾驶证申领与使用	1	—	—	1
		道路交通信号	—	1	—	1
		道路通行规则	—	3	—	3
		驾驶行为	—	—	1	1
		违法行为处罚	—	—	2	1
		机动车登记	—	—	1	1
		交通事故处理	—	—		
		合计学时	4	4	4	12

2 第二阶段教学计划

第二阶段教学分为理论知识培训和实际操作训练两个部分,其中,理论知识培训的目的是为了有效地指导学员参加实际操作训练。实际操作训练部分结合驾驶技能形成规律及驾驶考试的要求,设计了 3 个教学项目:基础驾驶、场地驾驶、综合驾驶及考核。

本阶段教学主要是让学员系统地接受基础驾驶训练和场地驾驶科目训练,掌握基本的车辆操控要领,掌握场地和场内道路驾驶方法,具有准确控制车辆的行驶位置、速度和路线的能力,能够在场内道路独立驾驶。

让学员掌握正确的驾驶操作要领,能够准确地控制车辆的行驶速度、方向和位置,是本阶段的培训难点。教练员需要根据不同学员的学习特点和学习进度合理安排训练内容,充分运用讲解、示范等教学方法。在培训过程中,教练员需要注意对学员安全意识和良好驾驶操作习惯的培养。

《大纲》在本阶段为申请 C1、C2 车型的学员共安排了 26 个学时,其中,理论知识为 2 个学时,实际操作训练为 24 个学时。学员参加实际操作训练前,教练员要介绍模拟驾驶和场内驾驶操作训练的内容和要求,2 个学时的理论知识要结合实际训练时讲解,基础驾驶训练要在驾驶模拟器上进行。

学员根据自身的实际情况,按照教学计划预约基础驾驶训练和场内驾驶操作培训学时。

③ 第三阶段教学计划

第三阶段教学分为理论教学和实际道路训练两个部分,其中,理论教学的目的是为了让学员掌握安全文明驾驶常识,指导学员开展实际道路驾驶训练。实际道路驾驶训练的目的是培养学员的车辆综合控制能力,使学员掌握一般道路和夜间驾驶方法,能够根据不同的道路交通状况安全驾驶,养成自觉遵守交通法规习惯,提高有效处置随机交通状况和无意识合理操纵车辆的能力。

第二段教学计划表(C1、C2 车型)

课程类别	课程项目	课程内容	第一天	第二天	第三天	第四天	第五天	第六天	第七天	总学时
理论指导	基础驾驶	基础驾驶操作规范	1	—	—	—	—	—	—	1
实际操作	基础驾驶	驾驶姿势	1	—	—	—	—	—	—	1
		操纵装置的操作	1	—	—	—	—	—	—	1
		行车前车辆检查与调整	1	—	—	—	—	—	—	1
理论指导	场地驾驶	场地驾驶知识	—	—	—	—	—	1	—	1
实际操作	场地驾驶	上、下车动作	—	1	—	—	—	—	—	1
		上车前的观察	—	0.5	—	—	—	—	—	0.5
		下车前的观察	—	0.5	—	—	—	—	—	0.5
		起步、停车	—	2	—	—	—	—	—	2
		变速、换挡、倒车	—	—	2	—	—	—	—	2
		行驶位置和路线	—	—	1	—	—	—	—	1
		曲线行驶	—	—	1	—	—	—	—	1
		直角转弯	—	—	—	1	—	—	—	1
		侧方停车	—	—	—	—	2	—	—	2
		倒车入库	—	—	—	1	2	—	—	3
		坡道定点停车和起步	—	—	—	—	1	—	—	1
		模拟城市街道驾驶	—	—	—	—	1	1	—	2
		跟车速度感知	—	—	—	—	—	1	—	1
		独立驾驶	—	—	—	—	—	1	—	1
		综合驾驶及考核	—	—	—	—	—	—	2	2
		合计学时	4	4	4	4	4	4	2	26

本阶段要求教练员将实际道路驾驶和安全文明常识相结合进行教学。道路训练结束后,教练员对学员进行安全文明驾驶常识考前辅导,让学员在学习道路驾驶技能的同

时学习安全文明驾驶知识，提高安全意识，养成良好的驾驶习惯，掌握驾驶技能，完成独立驾驶前的全部学习，达到合格驾驶员的标准。

《大纲》在本阶段为申请 C1、C2 车型的学员共安排了 40 个学时，其中，理论知识培训为 16 个学时，实际操作训练为 24 个学时。其中，16 个学时主要用于安全文明驾驶常识考前辅导。

学员根据自身的实际情况，按照教学计划预约实际道路驾驶操作培训学时。

第三段教学计划表（C1、C2 车型）

课程类别	课程项目	学时 / 课程内容	第一天	第二天	第三天	第四天	第五天	第六天	第七天	第八天	第九天	第十天	总学时
实际操作	起步	起步操作	2	—	—	—	—	—	—	—	—	—	2
	直线行驶	直线行驶控制		—	—	—	—	—	—	—	—	—	
		行驶速度控制		—	—	—	—	—	—	—	—	—	
		安全距离控制		—	—	—	—	—	—	—	—	—	
	换挡	加挡操作		—	—	—	—	—	—	—	—	—	
		减挡操作		—	—	—	—	—	—	—	—	—	
	会车	安全会车	1	—	—	—	—	—	—	—	—	—	1
	跟车	跟车距离控制	1	2	—	—	—	—	—	—	—	—	3
		跟车速度控制											
	变更车道	安全变更车道											
	超车	同向超车	—	—	2	—	—	—	—	—	—	—	2
		借道超车											
	靠边停车	顺位停车	—	—	—	—	—	—	—	—	—	—	
		S 形倒车入位				1							1
	通过路口	L 形倒车入位											
		直行通过路口											
		路口左转弯	—	—	2	—	—	—	—	—	—	—	2
	通过人行横道	路口右转弯											
	通过学校区域	安全通过人行横道	—	—	—	1	—	—	—	—	—	—	1
	通过公共汽车站	安全通过学校区域	—	—	—	—	1	—	—	—	—	—	1
	掉头	安全通过公共汽车站	—	—	—	—	—	1	—	—	—	—	1
	夜间驾驶	安全掉头	—	—	—	—	—	—	1	—	—	—	1
	行驶路线选择	夜间安全驾驶与灯光的使用	—	—	—	—	—	1	1	—	—	—	2
		自行选择行驶路线	—	—	—	—	—	—	—	1	—	—	1
	模拟驾驶	驾驶行为综合分析与判断	—	—	—	—	—	—	2	—	—	—	2
		恶劣条件下的驾驶	—	—	—	—	—	—	—	1	—	—	1
		山区道路驾驶											
	考核	高速公路驾驶	—	—	—	—	—	—	—	1	—	—	1
		综合驾驶	—	—	—	—	—	2	—	—	—	—	2

续上表

课程类别	课程项目	课程内容	第一天	第二天	第三天	第四天	第五天	第六天	第七天	第八天	第九天	第十天	总学时
理论知识	安全、文明驾驶	安全驾驶	—	—	—	—	—	—	2	—	—	—	2
		文明礼让	—	—	—	—	—	—	2	—	—	—	2
		常见交通标志、标线和交警手势辨识	—	—	—	—	—	—	—	2	—	—	2
	恶劣气象和复杂道路条件下的安全驾驶	雨天驾驶	—	—	—	—	—	—	—	—	—	—	—
		冰雪道路驾驶	—	—	—	—	—	—	—	—	—	—	—
		雾天驾驶	—	—	—	—	—	—	—	—	—	—	—
		大风天气驾驶	—	—	—	—	—	—	—	—	—	—	—
		泥泞道路驾驶	—	—	—	—	—	—	—	—	—	—	—
		涉水驾驶	—	—	—	—	—	—	—	—	—	—	—
		施工道路驾驶	—	—	—	—	—	—	—	2	2	—	4
		通过铁路道口	—	—	—	—	—	—	—	—	—	—	—
		山区道路驾驶	—	—	—	—	—	—	—	—	—	—	—
		通过桥梁	—	—	—	—	—	—	—	—	—	—	—
		通过隧道	—	—	—	—	—	—	—	—	—	—	—
		夜间驾驶	—	—	—	—	—	—	—	—	—	—	—
		高速公路驾驶	—	—	—	—	—	—	—	—	—	—	—
	紧急情况下的临危处置	险情的预测与分析	—	—	—	—	—	—	—	—	2	—	2
		紧急情况避险知识											
		高速公路驾驶紧急避险											
	发生交通事故后的处置	事故处置原则 事故现象处置	—	—	—	—	—	—	—	—	—	2	2
	典型事故案例	违法行为综合判断与案例分析	—	—	—	—	—	—	—	—	—	2	2
		合计学时	4	4	4	4	4	4	4	4	4	4	40

模块 10　驾驶培训教案编写方法

编写教案,是驾驶培训教练员进行教学的基本功,是保证教学质量的一项重要工作。编写教案的过程,是教练员对教学内容进行消化并加工提炼的过程。教练员只有认真编写教案,才能充分发挥自己的教学水平。

一 理论教案的编写

理论教学主要在教学第一阶段和第三阶段，理论教案编写要紧扣《大纲》规定的教学内容和教学要求，遵守教案的编写规范，按照教案编写原则、格式和教学规律进行编写。教练员编写理论教案，要突出重点，增强针对性，不仅要涵盖考试大纲的考试要点，还要拓宽教学的知识面，将守法教育和安全意识教育贯穿始终。

1 编写内容

（1）教学科目：教学大纲中设置的理论教学内容；
（2）教学学时：教学大纲中规定的理论教学学时及学时分配；
（3）教学目的：考试大纲理论考试目标中所要完成的理论教学任务；
（4）教学要求：教学大纲理论教学目标中需要熟悉、掌握、了解的理论知识；
（5）教学内容：考试大纲规定的考试要点，统编教材中教学知识点和具体授课内容；
（6）重点难点：教学中的关键性问题、重点内容和难理解知识；
（7）教学方法：授课时采用的具体教学方法；
（8）教学工具：讲课使用的教学工具、设备。

2 教案编写实例

教学科目	主要安全装置	教学学时	1
教学目的	让学员正确认识安全装置的作用，培养学员安全驾驶的意识		
教学要求	使学员熟悉各主要安全装置的配置，掌握各主要安全装置的作用		
教学内容	一、汽车主动安全装置 1. 防抱死制动系统（ABS） 2. 巡航控制系统 3. 缓速器 4. 间距检测 二、汽车被动安全装置 1. 安全头枕 2. 安全带 3. 安全气囊 4. 指示灯、喇叭 5. 仪表、危险报警闪光灯		
重点难点	汽车主动安全装置、被动安全装置对驾乘人员的安全保护作用		
教学方法	理论教练员课堂讲解		
教学工具	多媒体课件		

教学科目	道路交通信号	教学学时	2
教学目的	让学员识别道路交通信号种类和作用，培养学员遵守道路交通信号的安全意识		
教学要求	使学员熟练掌握道路交通信号的种类和作用		

续上表

教学内容	一、交通信号灯 1. 红灯 2. 绿灯 3. 黄灯 4. 车道信号灯 5. 箭头信号灯 6. 黄色闪光警告信号灯 7. 道路与铁路平面交叉道口信号灯 二、交通标志 1. 警告标志 2. 禁令标志 3. 指示标志 4. 指路标志 5. 旅游区标志 三、交通标线 1. 指示标线 2. 禁止标线 3. 警告标线 四、交通警察手势 1. 停止信号 2. 直行信号 3. 左转弯信号 4. 左转弯待转信号 5. 右转弯信号 6. 变道信号 7. 减速慢行信号 8. 示意车辆靠边停车信号
重点难点	道路交通信号的识别
教学方法	理论教练员讲解
教学工具	多媒体课件

二 实际操作教案的编写

实际操作教学主要在教学第二阶段和第三阶段,实际操作教案编写要紧扣《大纲》规定的教学内容和教学要求,遵守教案的编写规范,按照教案编写原则、格式和教学规律进行编写。编写实际操作教案,要突出重点,增强针对性,内容既要涵盖考试大纲的考试要点,还要将安全常识与实际道路驾驶训练紧密结合,强化守法驾驶、规范操作、安全文明行车。

1 编写内容

(1) 教学科目:教学大纲中设置的模拟或实际操作教学内容;
(2) 教学学时:教学大纲中规定的实际操作教学学时;
(3) 教学目的:考试大纲设置的实车考试目标中,所要完成的驾驶教学任务和培养目标;
(4) 教学要求:教学大纲设置的实际操作教学目标中,需要掌握的驾驶技能和相关安全知识;

（5）教学内容：考试大纲的考试要点和教材中驾驶训练的具体项目、方法和内容；

（6）重点难点：驾驶教学中关键性驾驶操作重点和难以掌握的驾驶要领和动作；

（7）教学方法：驾驶训练时采用的具体教学方法；

（8）教学工具：实际驾驶教学使用的教学工具和设备。

2 教案编写实例

教学科目	上车准备与起步	教学学时	3
教学目的	培养学员进行安全检查、调整、平稳起步的能力		
教学要求	使学员熟练掌握上车前的检查、上车后的调整、安全平稳起步的操作方法		
教学内容	一、上车前的检查与调整 1. 上车前的检查 2. 上车后的调整 二、起步 1. 起步前的准备 2. 起步操作		
重点难点	1. 起步前的观察 2. 安全平稳起步		
教学方法	讲解、示范、模拟练习、教练员指导		
教学工具	模拟器		

教学科目	夜间安全驾驶	教学学时	2
教学目的	培养学员夜间在实际道路行驶中根据各种照明情况和道路情况正确使用灯光的能力		
教学要求	使学员掌握夜间起步、会车、超车、通过急弯、通过坡路、通过拱桥、通过人行横道或者没有交通信号灯控制的路口时正确使用灯光的驾驶方法		
教学内容	一、灯光和信号装置的作用 1. 灯光的作用 2. 信号装置的作用 二、夜间起步、会车、超车时灯光的使用和驾驶方法 1. 起步时灯光的使用和驾驶方法 2. 会车时灯光的使用和驾驶方法 3. 超车时灯光的使用和驾驶方法 三、夜间通过急弯、坡路、通过拱桥灯光的使用和驾驶方法 1. 通过急弯灯光的使用和驾驶方法 2. 通过坡路灯光的使用和驾驶方法 3. 通过拱桥灯光的使用和驾驶方法 四、通过人行横道和没有交通信号灯控制的路口灯光的使用和驾驶方法 1. 通过人行横道灯光的使用和驾驶方法 2. 在没有交通信号灯控制的路口灯光的使用和驾驶方法		
重点难点	1. 正确使用灯光和信号装置 2. 对路面的识别和判断 3. 夜间驾驶方法		
教学方法	教练员随车讲解、指导		
教学工具	教练车		

单元 4　交通安全法律法规知识

 模块 11　驾驶证申领与使用

驾驶员依法取得机动车驾驶证后,方可上道路驾驶机动车。驾驶员驾驶机动车上路,要随身携带机动车驾驶证,按照驾驶证载明的准驾车型驾驶机动车。驾驶员驾驶证丢失、损毁、超过有效审验期、被依法扣留或暂扣的,不得驾驶机动车。

一　驾驶证申领

符合公安部门规定的驾驶许可条件的人,都可以申请机动车驾驶证。机动车驾驶证申请人,须经过公安机关交通管理部门考试合格后,取得相应类别的机动车驾驶证。

有哪些违法情形的人不能申请机动车驾驶证?

(1)3 年内有吸食、注射毒品行为或者解除强制隔离戒毒措施未满 3 年,或者长期服用依赖性精神药品成瘾尚未戒除的;

(2)造成交通事故后逃逸构成犯罪的;

(3)饮酒后或者醉酒驾驶机动车发生重大交通事故构成犯罪的;

(4)醉酒驾驶机动车或者饮酒后驾驶营运机动车依法被吊销机动车驾驶证未满 5 年的;

(5)醉酒驾驶营运机动车依法被吊销机动车驾驶证未满 10 年的;

(6)因其他情形依法被吊销机动车驾驶证未满 2 年的;

(7)驾驶许可依法被撤销未满 3 年的;

(8)法律、行政法规规定的其他情形;

(9)未取得机动车驾驶证驾驶机动车,被依法处罚,在规定限期内的。

第一部分／单元4 交通安全法律法规知识

1 机动车驾驶学习

在道路上学习驾驶技能，要使用教练车，由教练员随车指导，按照公安机关交通管理部门指定的路线、时间进行，与教学无关的人员不得乘坐教练车。学员在学习驾驶过程中有道路交通安全违法行为或者造成交通事故，由教练员承担责任。

驾驶员初次申领机动车驾驶证和增加准驾车型后的 12 个月为实习期。在实习期内驾驶机动车时，车身后部要粘贴或者悬挂统一式样的实习标志。

2 驾驶证考试要求

机动车驾驶员考试内容分为道路交通安全法律、法规和相关知识考试科目(以下简称"科目一")、场地驾驶技能考试科目(以下简称"科目二")、道路驾驶技能和安全文明驾驶常识考试科目(以下简称"科目三")。

机动车驾驶员考试顺序按照科目一、科目二、科目三依次进行，前一科目考试合格后，方准参加后一科目的考试。科目三道路驾驶技能考试合格后，方准参加安全文明驾驶常识考试。

二 驾驶证使用

驾驶证的使用主要包括：发证、换证、补证、违法记分、审验、体检、注销等内容。

1 发证、换证、补证

机动车驾驶申请人考试合格后，在接受不少于 0.5h 的交通安全文明驾驶常识和交通事故案例警示教育，并参加领证宣誓仪式后，当日核发机动车驾驶证。属于申请增加准驾车型的，交回原机动车驾驶证。

驾驶员在机动车驾驶证的 6 年有效期内，每个记分周期均未记满 12 分的，换发 10 年有效期的机动车驾驶证；在机动车驾驶证的 10 年有效期内，每个记分周期均未记满 12 分的，换发长期有效的机动车驾驶证。

驾驶员在机动车驾驶证有效期满前 90 日内，向机动车驾驶证核发地车辆管理所申请换证。机动车驾驶证记载的机动车驾驶员信息发生变化时，要在 30 日内到机动车驾驶证核发地车辆管理所申请换证。

2 违法记分

公安交通管理部门对驾驶员的交通违法行为除依法给予行政处罚外，实行累积记分制度。道路交通安全违法行为累积记分，从机动车驾驶证初次领取之日起计算，一个周期(即记分周期)为 12 个月，满分为 12 分。一次有两个以上违法行为记分的，分别计算，累加分值。

一个记分周期内记分未达到 12 分，所处罚款已经缴纳的，记分予以清除；记分虽未达到 12 分,但尚有罚款未缴纳的,记分转入下一记分周期。驾驶员在一个记分周期内累积记分达到 12 分的,公安机关交通管理部门依法扣留机动车驾驶证。

驾驶员在一个记分周期内累积记分达到 12 分的,在 15 日内到驾驶证核发地或者违法行为地公安机关交通管理部门参加为期 7 日的道路交通安全法律法规和相关知识学习并重新考试。考试合格后,记分予以清除,发还机动车驾驶证;考试不合格,继续参加学习和考试。拒不参加学习,也不接受考试的驾驶员,公安机关交通管理部门将公告其机动车驾驶证停止使用。

驾驶员在一个记分周期内有两次以上达到 12 分或者累积记分达到 24 分以上时,车辆管理所在道路交通安全法律、法规和相关知识考试合格后 10 日内,按照驾驶证载明的最高准驾车型进行道路驾驶技能考试。

模块 12 道路通行规则

道路通行规则是第一阶段(科目一)教学的内容,教练员要熟知通行规则的核心内容,能系统地讲解法律法规的有关规定,让学员明确学习通行规则的重要性。教学中,要求学员记牢相关的法律法规,熟知关键的内容和条文。

一 遵守交通信号

理解和掌握交通信号的作用和规定,是法律法规教学的主要内容。我国实行统一的道路交通信号,道路交通信号包括交通信号灯、交通标志、交通标线和交通警察手势信号。

1 各行其道

道路划分为机动车道、非机动车道和人行道的路段,机动车、非机动车和行人实行分道行驶。在没有划分行车道的道路上,机动车在道路中间通行。道路上划设专用车道标线的路段,只准许规定的车辆在专用车道内通行,其他车辆不准进入专用车道行驶。

2 交通信号灯

交通信号灯有红、黄、绿三种颜色。红灯亮表示禁止通行,绿灯亮表示准许通行,黄灯亮表示警示。

路口直行遇到红色信号灯亮时,要停在路口停止线以外。右转弯时在不妨碍被放行车辆、行人通行的情况下,可以通行。绿色箭头灯亮的车道,允许车辆按箭头指示方向通行;红色叉形灯亮或箭头灯亮的车道,禁止车辆进入;驾驶机动车要选择绿色箭头灯亮的车道行驶。方向指示信号灯红色箭头灯亮时,箭头指示方向的路口,禁止车辆通行。

路口绿色信号灯亮时,准许车辆通行。但是,转弯车辆不能妨碍被放行的直行车辆、行人通行。方向指示信号灯绿色箭头灯亮时,允许车辆按箭头指示方向,分别选择左转弯、直行、右转弯车道行驶。

路口黄色信号灯亮时,已经越过停止线的车辆可以继续通行,没有越过停止线的车辆不得进入路口,更不得加速抢行通过交叉路口。遇到黄色闪烁警告信号灯持续闪烁时,要减速注意瞭望,确认安全后通过。

铁路道口两个红灯交替闪烁或一个红灯亮时,车辆要停在道口停止线以外等待,不得加速通过道口。铁路道口红灯熄灭时,允许车辆通行,但不得加速通过道口。

3 交通标志

交通标志有警告标志、禁令标志、指示标志、指路标志、旅游区标志、作业区标志、辅助标志、告示标志8种。

标志名称	作用	图例	标志名称	作用	图例
警告标志	警告车辆驾驶员、行人前方有危险,谨慎通过		旅游区标志	提供旅游项目类别、具代表性的符号及前往各旅游景点的指引	
禁令标志	表示禁止、限制及相应解除的含义,车辆行人要严格遵守		作业区标志	通告道路交通阻断、绕行等情况	
指示标志	表示指示车辆、行人行进的含义,车辆、行人要遵循		辅助标志	附设在主标志下方的辅助说明	
指路标志	表示道路信息的指引,为驾驶员传递道路方向、地点、距离信息		告示标志	解释、指引道路设施、路外设施或者告示有关道路法律、法规的内容	

4 交通标线

交通标线按功能可分为指示标线、禁止标线、警告标线。

标志名称	作用	图例
指示标线	指示车行道、行车方向、路面边缘、人行道、停车位、停靠站及减速丘等	

续上表

标志名称	作 用	图 例
禁止标线	告示道路交通的遵行、禁止、限制等特殊规定	
警告标线	促使车辆驾驶员、行人了解道路上的特殊情况,提高警觉,准备应变防范措施	

5 交通警察手势信号

交通警察手势信号有停止信号、直行信号、左转弯信号、左转弯待转信号、右转弯信号、变道信号、减速慢行信号、示意车辆靠边停车信号 8 种。

在夜间没有路灯、照明不良或者遇有雨、雪、雾、沙尘、冰雹等低能见度天气条件下,执勤交通警察用右手持指挥棒,按照手势信号指挥。当交通警察手势信号与信号灯不一致时,按交通警察手势信号行驶。

二 遵守通行规定

在道路上驾驶机动车行驶,要严格遵守交通安全法律法规,按照通行规则行驶。任何违反《中华人民共和国道路交通安全法》的行为,都属于违法行为。驾驶机动车在道路上违反道路通行规则,就必须接受相应的处罚。对违法驾驶造成重大交通事故构成犯罪的驾驶员,依法追究刑事责任。

1 灯光的使用规定

驾驶机动车向左转弯、向左变更车道、准备超车、驶离停车地点或者掉头时,提前开启左转向灯。

向右转弯、向右变更车道、超车完毕驶回原车道、靠路边停车时,提前开启右转向灯。

驾驶机动车在雨、雪、沙尘、冰雹等低能见度情况下行驶时,开启前照灯、示廓灯和后位灯,但同方向行驶的后车与前车近距离行驶时,不得使用远光灯。雾天行驶时,开启雾灯、危险报警闪光灯、前照灯、示廓灯和后位灯,但同方向行驶的后车与前车近距离行驶时,不得使用远光灯。

夜间驾驶机动车在没有路灯、照明条件不良的情况下行驶时,开启远光灯、示廓灯和后位灯,但同方向行驶的后车与前车近距离行驶时,不得使用远光灯。夜间通过急弯、坡路、拱桥、人行横道、没有交通信号灯控制的路口或者超车时,交替使用远近光灯示意;在窄路、窄桥会车或遇行人、非机动车时,使用近光灯。

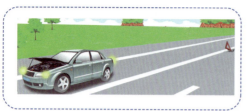

驾驶机动车在道路上发生故障或者发生交通事故,妨碍交通又难以移动时,按照规定开启危险报警闪光灯,并在车后来车方向50~100m处设置警告标志,夜间还应当同时开启示廓灯和后位灯。

驾驶机动车从匝道驶入高速公路,开启左转向灯,在不妨碍已在高速公路内的车辆正常行驶的情况下驶入加速车道。在高速公路遇雾、雨、雪、沙尘、冰雹天气,能见度小于200m时,开启雾灯、近光灯、示廓灯、前后位灯,能见度小于100m时,开启雾灯、近光灯、示廓灯、前后位灯、危险报警闪光灯。

驶离高速公路时,提前开启右转向灯,在不妨碍已在高速公路内的车辆正常行驶的情况下驶入减速车道,降低车速后驶入匝道。

2 限速通行规定

驾驶机动车上道路行驶,不得超过限速标志、标线标明的速度。当限速标志标明的车速与车道标线标明速度的规定不一致时,按照限速标志标明的车速行驶。

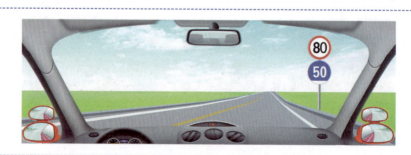

在没有限速标志、标线和道路中心线的城市道路上行驶时,最高速度为30km/h。在没有限速标志、标线和道路中心线的公路上行驶时,最高速度为40km/h。在没有限速标志、标线,且同方向只有一条机动车道的城市道路行驶时的最高速度为50km/h,公路上行驶时的最高速度为70km/h。

驾驶机动车在高速公路行驶时,最高车速不得超过120km/h,最低车速不得低于60km/h。在同方向有2条车道的最左侧车道车速不能低于100km/h;同方向有3条以上车道的最左侧车道车速不能低于110km/h,在中间车道行驶时,车速不能低于90km/h。

驾驶机动车遇雾、雨、雪、沙尘、冰雹、结冰天气,能见度在50m以内,进出非机动车道,通过铁路道口、急弯路、窄路、窄桥,在冰雪、泥泞的道路上行驶,掉头、转弯、下陡坡,最高行驶速度都不得超过30km/h。

3 交叉路口(铁路道口)通行规定

驾驶机动车通过交叉路口,要遵守交通信号,按照交通信号灯、交通标志、交通标线或者交通警察的指挥通过。通过没有交通信号的交叉路口时,要减速慢行,让行人和优先通行的车辆先行。在黄色闪光警告信号灯持续闪烁的路口,要减速慢行,确认安全后通过。

驾驶机动车通过没有交通信号的交叉路口,在进入路口前,减速慢行或停车瞭望,让右方道路的来车先行;路口右转弯让相对方向行驶的左转弯车辆先行,路口左转弯让对面直行的车辆先行,转弯靠路口中心点左侧转弯。在车道减少的路口,遇有前方机动车停车排队等候或者缓慢行驶的,要按"拉链法则"每条车道一辆车依次交替驶入。路口交通阻塞时,要依次停在路口以外等候。

驾驶机动车通过有交通信号或者管理人员的铁路道口时,要按照交通信号或者管理人员的指挥通行。在没有交通信号或者管理人员的铁路道口时,要减速或者停车观察,确认安全后以不超过30km/h的速度通过。道路与铁路平面交叉道口有两个红灯交替闪烁或者一个红灯亮时,要将车停在停止线以外等待,等红灯熄灭时通行。没有停止线的铁路道口,要停在距离道口50m以外。

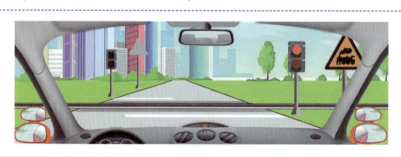

模块13　道路交通事故处理

道路交通事故分为财产损失事故、伤人事故和死亡事故。财产损失事故是指造成财产损失,尚未造成人员伤亡的道路交通事故。伤人事故是指有人员受伤,尚未造成人员死亡的道路交通事故。死亡事故是指有人员死亡的道路交通事故。道路交通事故的调查处理应当由公安机关交通管理部门负责。财产损失事故可以由当事人自行协商处理。

一　事故现场

1　事故现场应急处置

驾驶机动车在道路上发生交通事故时,驾驶员要立即停车,保护现场;在确保安全的原则下,立即组织车上人员疏散到路外安全地点,避免发生次生事故。因抢救受伤人员变动现场的,要标明位置。

2 事故报警

发生死亡事故、伤人事故的,或者发生财产损失事故且有下列情形之一的,驾驶员应当保护现场并立即报警:

(1)驾驶员无有效机动车驾驶证的;

(2)驾驶员有饮酒、服用国家管制的精神药品或者麻醉药品嫌疑的;

(3)机动车无号牌的;

(4)当事人不能自行移动车辆的;

(5)一方当事人离开现场的;

(6)有证据证明事故是由一方故意造成的。

发生财产损失事故且有下列情形之一,车辆可以移动的,驾驶员应当在确保安全的原则下采取现场拍照等方式固定证据后,将车辆移至不妨碍交通的地点后报警:

(1)当事人对事实及成因有争议的,或者对事实及成因无争议但协商损害赔偿未达成协议的;

(2)机动车无检验合格标志或者无保险标志的;

(3)碰撞建筑物、公共设施或者其他设施的。

载运爆炸品、易燃化学品以及毒害性、放射性、腐蚀性、传染病病原体等危险物品车辆发生事故的,当事人应当立即报警,危险物品车辆驾驶人员、押运人员应当按照危险化学品安全管理条例、道路危险货物运输管理规定以及有关操作规程的规定,采取相应的应急处置措施。

3 事故现场的强制撤离

交通警察适用简易程序处理道路交通事故时,在固定现场证据后,责令当事人撤离现场,恢复交通。拒不撤离现场的,予以强制撤离;当事人不能自行移动车辆的,交通警察应当将车辆移至不妨碍交通的地点。应当自行撤离现场而未撤离的,交通警察可以对驾驶员处以200元罚款;驾驶员有道路交通安全违法行为的,依法予以处罚。

二 自行协商事故处理

1 事故现场处置

机动车与机动车、机动车与非机动车发生财产损失事故,当事人应当在确保安全的原则下采取现场拍照等方式固定证据后,立即撤离现场,将车辆移至不妨碍交通的地点,再协商处理损害赔偿事宜。但发生死亡事故、伤人事故的,或者发生财产损失事故且需要保护现场并立即报警的情形除外。

2 自行协商程序

当事人自行协商达成协议的,制作道路交通事故自行协商协议书,并共同签名。自行协商协议书应当载明事故发生的时间、地点、天气、当事人姓名、驾驶证号或者身份证号、联系方式、机动车种类和车牌号码、保险公司、保险凭证号、事故形态、碰撞部位、当事人的责任等内容。

当事人自行协商达成协议的,可以采取当事人自行协商或到投保的保险公司、道路交通事故保险理赔服务场所办理损害赔偿事宜的方式,完成道路交通事故损害赔偿。

当事人自行协商达成协议后未履行的,可以申请人民调解委员会调解或者向人民法院提起民事诉讼。

模块 14　交通事故责任强制保险

在中华人民共和国境内道路上行驶的机动车的所有人或者管理人,应当依照《中华人民共和国道路交通安全法》的规定投保机动车交通事故责任强制保险。

一　保险责任对象及投保

1 机动车交通事故强制保险责任对象

机动车交通事故责任强制保险赔偿的责任对象是发生交通事故造成本车人员、被保险人以外的受害人的人身伤亡、财产损失,在责任限额内予以赔偿的强制性责任保险。

2 机动车交通事故强制保险费率

投保机动车交通事故责任强制保险后,被保险机动车无道路交通安全违法行为和未发生道路交通事故的,保险公司应当在下一年度降低其保险费率。多次发生道路交通安全违法行为、道路交通事故,或者发生重大道路交通事故的,保险公司应当加大提高其保险费率的幅度。在道路交通事故中被保险人没有过错的,不提高其保险费率。

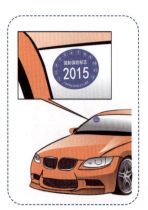

3 保险标志放置

被保险人应当在被保险机动车上放置保险标志,任何单位或者个人不得伪造、变造或者使用伪造、变造的保险单、保险标志。

二　赔偿

1 保险公司不承担赔偿责任的情形

发生道路交通事故后,造成受害人的财产损失,保险公司不承担赔偿责任的情形有：驾驶员未取得驾驶资格或者醉酒的、被保险机动车被盗抢期间肇事的、被保险人故意制造道路交通事故的。

2 强制保险的保险期限

机动车交通事故责任强制保险的保险期间为 1 年。境外机动车临时入境的、机动车临时上道路行驶的、机动车距规定的报废期限不足 1 年的、保监会规定的其他情形的，投保人可以投保短期机动车交通事故责任强制保险。

3 保险赔偿争议诉讼

被保险人与保险公司对赔偿有争议的，可以依法申请仲裁或者向人民法院提起诉讼。

三 罚则

1 上道路行驶车辆未投保交通事故责任强制保险的处罚

机动车所有人、管理人未按照规定投保机动车交通事故责任强制保险的，由公安机关交通管理部门扣留机动车，通知机动车所有人、管理人依照规定投保，处依照规定投保最低责任限额应缴纳的保险费的 2 倍罚款。

2 上道路行驶车辆未放置保险标志的处罚

上道路行驶的机动车未放置保险标志的，公安机关交通管理部门应当扣留机动车，通知当事人提供保险标志或者补办相应手续，可以处警告或者 20 元以上 200 元以下罚款。

单元5 驾驶培训教学

模块15 驾驶教学内容和方法

驾驶教学按照内容分为理论教学和实际操作教学两部分,按照考试科目分为三个科目,按照教学大纲分为三个阶段。每个阶段的教学都有具体的教学内容和教学重点。教练员要认真按照《大纲》的要求,进行每个阶段的教学,完成教学目标。

一 第一阶段教学

机动车驾驶培训第一阶段教学是驾驶教学的基础部分,教学重点是让学员系统地学习机动车基础知识、道路交通安全法律法规和道路交通信号,掌握交通安全法律法规和道路交通信号相关规定,养成遵章守法的驾驶习惯。

1 教学内容和重点

第一阶段的教学内容有机动车基本知识、法律法规及道路交通信号。机动车基本知识包括车辆的结构与性能、安全装置、操纵装置,检查与维护常识。法律法规、道路交通信号知识包括驾驶证申领与使用、道路通行规则、驾驶行为、违法行为处罚、机动车登记、交通事故处理等知识,道路交通信号并入道路通行规则。重点是通过交通法律法规的学习,让学员掌握相关的法律法规及交通信号规定,培养学员的守法意识,用于指导第二阶段和第三阶段的教学。

授课内容	教学重点
车辆结构常识	车辆的基本构成
车辆主要安全装置	车辆主要安全装置的配置; 仪表与报警灯、安全头枕、安全带、安全气囊、灯光、喇叭、防抱死制动系统的作用
驾驶操纵机构	转向盘、加速操纵装置、制动操纵装置、离合器踏板、变速器操纵杆、驻车制动操纵装置及其他操纵装置的作用

续上表

授课内容	教 学 重 点
车辆性能	车辆性能与安全行车的关系； 制动性能对安全行车的影响
车辆检查和维护	车辆日常检查和维护的基本内容
车辆运行材料	燃油、润滑油、冷却液、风窗玻璃清洗液等运行材料的使用常识
机动车驾驶证申领与使用	机动车驾驶证许可； 机动车驾驶证种类、准驾车型和有效期； 初次申领机动车驾驶证的车型、申请条件； 驾驶员考试内容、合格标准和考试要求； 驾驶证实习期； 发证、换证、补证、驾驶证注销； 记分制度，违法记分分值及考试； 驾驶证审验； 驾驶员体检
道路通行规则	道路交通信号灯的种类、识别和作用； 交通警察手势的种类、识别和作用
	道路交通标志的种类、识别和作用； 道路交通标线的种类、识别和作用
	灯光、喇叭的使用； 有划分车道的道路通行，没有划分车道的道路通行； 交叉路口通行； 避让行人和非机动车； 缓行、拥堵路段交替通行； 铁路道口及渡口通行
	机动车限速通行； 跟车与限制超车； 变更车道； 会车规定； 掉头与倒车； 漫水路、漫水桥通行
驾驶行为	驾驶员驾驶行为要求； 驾驶员对所驾车辆应负的安全责任； 避让特种车辆； 避让道路养护作业车辆； 机动车停车； 高速公路安全行驶； 高速公路故障车处置； 故障车警示要求

续上表

授课内容	教学重点
违法行为处罚	对道路交通安全违法的处罚种类； 简易程序处罚； 对涉机动车驾驶证违法的处罚； 对不正当手段取得驾驶证的处理； 对涉机动车号牌违法的处罚； 扣留车辆的情形； 扣留机动车驾驶证的情形； 驾驶机动车禁止行为； 对违反交通信号的处罚； 对酒后、吸毒、服药驾驶的处罚； 超员、超载违法处罚规定； 《中华人民共和国刑法》中关于交通肇事罪、危险驾驶罪、肇事逃逸罪等的规定
机动车登记	机动车注册、变更、转移、抵押、注销登记； 临时行驶车号牌； 机动车登记证书灭失、丢失或者损毁，机动车号牌、行驶证灭失、丢失或者损毁； 机动车检验
交通事故处理	事故现场处置，高速公路事故现场处置； 现场报警和处置； 自行协商事故处理； 事故现场的强制撤离

2 主要教学方法

第一阶段的教学主要是在课堂使用多媒体、实物、插图等形式进行理论教学。多媒体教学是驾驶员理论培训的主要教学形式，教学优势是采用情景教学方法和影视表现手法，使得课堂教学内容形象生动、丰富多彩，以喜闻乐见的形式，帮助学员接受和理解。多媒体教学方法既减轻了学员学习的强度，调动了学员的学习兴趣，又提高了驾驶教学的效率。教练员要认真分析教学内容、特点和重点，根据成人学习理论的特点设计课程，充分利用多媒体、实物、插图等现代教学方法，充分调动学员的学习兴趣，让学员在理解的基础上加强记忆。

二 第二阶段教学

第二阶段教学是驾驶技能教学的初级部分，让学员系统地学习驾驶操作动作和场地驾驶科目，掌握基础的驾驶操作要领，熟练完成场地项目和场内道路驾驶技能训练，体验跟车速度感知和独立驾驶，培养学员准确控制车辆行驶位置、速度和路线的能力。

1 主要教学内容和重点

第二阶段教学内容有基础驾驶知识、基础驾驶操作和场地驾驶三部分。基础驾驶知识包括驾驶操作规范、行驶速度控制、行驶方向控制、行驶路线控制。基础驾驶操作包括驾驶姿势、操纵装置的操作、行车前车辆检查与调整。场地驾驶包括上下车前的观察、上下车动作、起步、停车、加减挡、倒车行驶位置和路线、规定项目训练、模拟驾驶、跟车速度感知、独立驾驶。重点是通过场地驾驶训练,让学员掌握规范操作动作,完成规定场地项目训练,培养车体感、速度感和控制感,具备独立驾驶的能力。

小型汽车、小型自动挡汽车、残疾人专用小型自动挡载客汽车和低速载货汽车场地驾驶设置有倒车入库、坡道定点停车和起步、侧方停车、曲线行驶、直角转弯、模拟城市街道驾驶、跟车速度感知和独立驾驶训练。

大型客车、牵引车、城市公交车、中型客车、大型货车场地驾驶设置有倒桩、坡道定点停车和起步、侧方停车、通过单边桥、曲线行驶、直角转弯、限速通过限宽门、通过连续障碍、起伏路行驶、模拟高速公路、连续急弯山区路、隧道、雨(雾)天、湿滑路、紧急情况处置、窄路掉头、跟车速度感知和独立驾驶训练。

培训类型	授课内容	教学重点
理论培训	基础驾驶操作规范	基础驾驶操作的要求、作用
	场地驾驶知识	速度控制、转向控制、空间位置控制对安全行车的影响
基础驾驶训练	行车前车辆检查与调整、驾驶姿势	调整座椅、头枕、后视镜; 系、松安全带; 检查操纵装置; 起动发动机,检查仪表,停熄发动机; 正确的驾驶姿势要领
	操纵装置的操作	转向盘、离合器踏板的操作方法; 变速器操纵杆、驻车制动装置的操作方法; 行车制动装置、加速操纵装置的操作方法; 照明、信号及其他操纵装置的操作方法
场地驾驶训练	上、下车动作	上车前观察,确认安全的正确方法; 下车打开车门前观察,确认安全的正确方法; 正确的上车动作,正确的下车动作
	起步、停车	起步前的检查与调整,系安全带; 安全平稳起步操作要领; 靠边停车; 停车后拉紧驻车制动器操纵杆
场地驾驶训练	加速加挡、减速减挡	加速行驶和加挡的安全操作要领; 减速行驶和减挡的安全操作要领
	行驶位置和路线	判断安全状况,保持车辆沿正确的位置和路线行驶
	曲线行驶	操纵转向盘、控制车辆曲线行驶路线; 转向盘的安全操作方法
	直角转弯	在急转弯路段正确操纵转向盘、准确判断内外轮差; 转向盘的安全操作方法

续上表

培训类型	授课内容	教学重点
场地驾驶训练	倒车入库	在运动中操纵车辆从两侧倒入车库
	侧方停车	在运动中操纵车辆正确停入道路右侧车位(库)
	坡道定点停车和起步	准确地判断停车位置； 正确地选择挡位，平稳起步
	跟车速度感知	时速50km/h或70km/h跟车行驶
	制动距离感知	时速30km/h、50km/h不同的制动强度
	模拟城市街道驾驶	通过人行横道、交叉路口、铁路道口； 通过公交车站、学校区域等； 直线行驶、变更车道、超车与让超车、会车、掉头
	模拟临时停车安全处置	模拟车辆出现故障时，正确完成制动、靠边停车、开启危险报警闪光灯、摆放警告标志、撤离车内人员等操作
	独立驾驶	独立在场内安全驾驶车辆
综合驾驶及考核	基础驾驶； 场地驾驶	综合运用本阶段的所学内容，熟练完成场地驾驶科目； 进行阶段性综合考核

2 主要教学方法

第二阶段的教学主要是基础动作和驾驶操作训练，是学习驾驶技能最基础的教学。基础驾驶操作部分教学在模拟器上进行，其他驾驶操作训练主要是在场地内进行。在开始进行场地训练前，教练员要在模拟器上按照操作规程进行系统的讲解、示范基础动作和操作要领，然后由学员进行模仿训练。学员掌握规范的基础操作动作后，进入场地进行场内道路驾驶操作训练。经过规定学时的基础驾驶操作训练，学员掌握前进、倒车要领和技能后，进行规定项目的训练，教练员要认真分析教学内容、特点和重点，按照基础动作、一般道路、场地项目、模拟驾驶、跟车速度感知、独立驾驶的顺序进行训练。学员能够熟练完成场地道路驾驶操作后，开始项目驾驶训练，循序渐进的训练方式符合学员的学习规律，教学效果明显。

模拟驾驶教学方法有哪些优势？

汽车模拟驾驶，也称为汽车驾驶仿真，是用科技手段如三维图像即时生成技术、汽车动力学仿真物理系统、大视场显示技术(如多通道立体投影系统)、六自由度运动平台(或三自由度运动平台)、用户输入硬件系统、立体音响、中控系统等构造出一种人工虚拟环境。虚拟环境中的驾驶操作，让学员在一个虚拟的驾驶环境中，感受到接近真实效果的视觉、听觉和体感的汽车驾驶体验，具有驾驶模拟效果逼真、节能、安全、经济，不受时间、气候、场地的限制，驾驶训练效率高、培训周期短等优势。

三 第三阶段教学

机动车驾驶培训第三阶段是实际道路驾驶和安全文明驾驶常识教学,主要让学员掌握安全文明驾驶知识、一般道路驾驶方法和夜间道路驾驶方法。学员在学习道路驾驶技能的同时学习安全知识,培养安全意识,养成良好的驾驶习惯,掌握道路驾驶技能,完成独立驾驶前的全部学习,达到合格驾驶员的标准。

1 主要教学内容和重点

第三阶段的理论教学包括安全文明驾驶、恶劣气象和复杂道路条件下的安全驾驶、紧急情况下的临危处置、发生交通事故后的处置、典型事故案例。实际操作驾驶包括起步、直线行驶、换挡、跟车、变更车道、靠边停车、通过路口、通过人行横道、通过学校区域、通过公共汽车站、会车、超车、掉头、夜间驾驶、行驶路线选择和模拟驾驶。重点是结合道路驾驶,让学员掌握安全文明知识,自觉遵守交通法规,具备有效处置随机交通情况、无意识合理操纵车辆的能力。使学员具备对车辆的综合控制能力,独立安全地进行驾驶。

培训内容	授课内容	教学重点
实际操作培训	上车准备、起步	上车前观察车辆外观和周围环境,确认安全; 起步前调整和检查车内设施,观察后方、侧方交通情况,起步过程规范、平稳
	直线行驶	正确控制转向盘,合理选择行车道,保持直线行驶
	加速加挡、减速减挡	根据道路交通状况和车速,合理加减挡,换挡及时、平顺
	跟车、变更车道	根据道路情况合理控制车速,正确使用挡位,跟车距离适当; 变更车道过程中正确使用转向灯,观察侧后方交通情况,保持车辆安全间距,控制行驶速度,合理选择变道时机
	会车、超车、让超车	正确判断会车地点,与对方车辆保持安全间距; 保持与被超越车辆的安全跟车距离,观察道路左侧交通情况,选择合理时机,正确使用灯光,从被超越车辆的左侧超越。超越后,在不影响被超越车辆正常行驶的情况下,逐渐驶回原车道
	通过路口、人行横道、学校区域及公共汽车站	合理观察交通情况,减速或停车瞭望,正确使用转向灯,安全通过直行、左转弯、右转弯路口; 提前减速,观察情况,文明礼让,确认安全后,合理控制车速通过
	掉头	降低车速,观察交通情况,正确选择掉头地点和时机,发出掉头信号后实施掉头操作; 掉头时不得妨碍其他车辆和行人的正常通行
	靠边停车	正确使用转向灯,观察后方和右侧道路交通情况,减速驶向道路右侧平稳停车; 倒入路边车位(S形倒车入位)、倒入车库(L形倒车入位)的操作方法
	行车意识与环境适应性训练	在实际道路上熟练地驾驶所学准驾车型; 按照自行选择的行驶路线,在一般道路上独立地安全驾驶; 掌握安全文明驾驶常识和驾驶行为综合分析与判断方法
	夜间驾驶	行驶中根据各种照明情况和道路情况正确使用灯光

续上表

培训内容	授课内容	教 学 重 点
模拟驾驶训练	恶劣条件下的驾驶	在雨天、雾天、冰雪路面、泥泞道路、涉水等恶劣条件下安全驾驶的操作要领和方法
	山区道路驾驶	山区道路安全驾驶的操作要领和方法
	高速公路驾驶	高速公路安全驾驶的操作要领和方法
	驾驶行为综合分析与判断	综合分析与判断常见驾驶操作陋习和违法行为
综合考核	综合驾驶考核	安全文明驾驶常识和驾驶行为综合考核
理论培训	常见交通标志、标线和交通警察手势辨识	警告标志、禁令标志、指示标志、指路标志、旅游区标志；指示标线、禁止标线、警告标线；交通警察手势
	文明礼让	人行横道前的礼让、会车时的礼让、超车时的礼让、遇特种车辆的礼让、遇异常行驶车辆的礼让、遇道路、路口拥堵时的礼让、遇行人的礼让、遇牲畜的礼让、遇非机动车的礼让、常见不文明行为
	安全驾驶	出车前的检查、起步前的调整、安全起步、安全汇入车流、安全跟车距离、安全会车、安全超车、让超车、安全停车、安全掉头、安全倒车、弯道安全驾驶、路口安全驾驶、安全通过人行横道、安全通过学校区域、安全通过居民小区、安全通过公交车站、保护乘车人的安全
	雨天驾驶、雾天驾驶、冰雪道路驾驶、大风天气驾驶	雨天安全驾驶；冰雪道路安全驾驶；雾天安全驾驶；大风天气安全驾驶
	山区道路驾驶、通过桥梁、通过隧道、通过泥泞道路、涉水驾驶、施工道路驾驶、通过铁路道口	山区道路跟车时的安全驾驶，山区道路超车时的安全驾驶，山区道路会车时的安全驾驶，山区道路安全停车，山区道路坡道的安全驾驶，山区道路弯道的安全驾驶；通过桥梁的安全驾驶；通过双向行驶隧道的安全驾驶；通过泥泞、涉水、施工道路的安全驾驶
	夜间驾驶	夜间灯光的使用；夜间路面的识别与判断；夜间跟车、超车、让超车时的安全驾驶；夜间会车时的安全驾驶；夜间通过交叉路口时的安全驾驶；夜间通过坡道、人行横道时的安全驾驶；夜间转弯、发生故障时的安全驾驶
	高速公路驾驶	驶入收费口、匝道行驶、加速车道行驶、汇入车流、行车道的选择、行车速度确认、安全距离、安全停车、通过隧道、桥梁、减速车道行驶

培训内容	授课内容	教学重点
理论培训	紧急情况下的临危处置	险情的预测与分析； 紧急情况下的避险原则； 轮胎漏气、突然爆胎、转向突然失控、制动突然失效、发动机突然熄火、侧滑、碰撞、倾翻、火灾、车辆落水的应急处置； 高速公路发生"水滑"、雾天遇事故、意外碰撞护栏、遇到横风、紧急情况停车的应急处置
	发生交通事故后的处置	事故处置原则，事故现场处置常规方法； 伤员急救的基本要求，昏迷不醒伤员急救、失血伤员急救、烧伤者急救、中毒伤员的急救、骨折伤员处置，常用伤员止血方法
	典型事故案例	道路交通事故原因分析； 典型事故的经验教训

2 主要教学方法

实际驾驶操作训练是学员安全文明意识和驾驶技能形成的关键阶段，这一阶段的教学中，不要把安全文明常识与实际道路驾驶分开教学，要把安全文明驾驶常识与实际道路训练紧密结合，在训练中强化学员安全文明驾驶教育，培养学员对安全文明常识的感性认识，使学员养成安全文明驾驶习惯，为后期的安全文明常识理论教学打好基础。模拟驾驶部分，可以使用模拟驾驶设备或多媒体完成。安全文明常识、典型事故案例、驾驶行为综合分析与判断，可以采取边训练边学习的方法进行教学，也可以通过后期的集中课堂理论教学进行辅导，有条件的可通过网络等形式配合教学，但网络教学不能替代课堂教学。

实际驾驶训练教学是一门技术性较强，直接关系到学员生命安全的实际操作课，具有一定的风险性，教学组织需要严密、有序、安全。教练员要认真分析教学内容、特点和重点，充分考虑教学的风险因素，按照理论与实际紧密结合的原则，把安全文明知识教育贯穿到实际道路驾驶训练的始终，教育学员克服单纯靠理论课学习安全知识的应试模式，要利用多媒体、驾驶模拟器等现代教学方法，充分调动学员的学习兴趣。

模块16 法律法规教学

法律法规教学是驾驶培训教学的重点，并始终贯穿在整个教学的全过程中。按照《大纲》的要求，法律法规的教学内容，分布在教学的各个阶段，是教练员教学的主要内容。法律法规的教学只有与实际相结合，才能起到真正的教学效果。

一 法律法规教学内容

根据《大纲》的要求，法律法规教学内容包括交通安全法律法规、道路运输相关法律法规两部分。

1 交通安全法律法规

根据《大纲》的要求,交通安全法律法规的教学内容包括机动车驾驶证申领与使用、道路通行规则、驾驶行为、违法行为处罚、机动车登记、交通事故处理等相关内容。

2 道路运输相关法律法规

根据《道路客货运输驾驶员从业资格培训教学大纲》的要求,道路运输相关法律法规的教学内容包括《中华人民共和国道路运输条例》、《道路运输从业人员管理规定》、《道路旅客运输及客运站管理规定》、《道路货物运输及站场管理规定》等相关内容。

二 教学组织

法律法规的教学主要在第一阶段,是学员上车训练前必须进行的教学。组织好法律法规教学,是第一阶段教学的关键。

1 灵活选择教学方法

根据法律法规教学的特点和《大纲》规定的教学项目相关要求,教练员在进行教学时可灵活选用讲授教学法、演示教学法、自学辅导教学法和案例教学法。在讲解道路交通安全法律、法规制定的背景和法律体系的框架结构时宜采用讲授教学法;在进行"道路通行规则"的教学时宜应用录像、动画等手段演示教学;对一些需要学员反复记忆的法律法规,可以采用自学辅导教学法,教练员讲解基本的框架和重点内容后,让学员自己学习具体条款;在进行"违法行为处罚"教学时,可采用案例教学法,讲解有关的处理规定。在场地驾驶和道路驾驶训练中,可以采用理论与实际相结合的教学方法,边操作边辅导学员巩固法律法规的内容。

2 合理使用教学设施设备

进行法律法规教学时,合理使用现代化教学设备,可有效地调动学员的学习兴趣,提高教学效率,保障教学质量。根据《大纲》的要求,在第一阶段法律法规教学时,教练员要使用多媒体进行课堂教学。教练员可以按照教学规律和自身的教学习惯制作多媒体教学课件,也可以使用符合《大纲》要求的其他多媒体教学软件进行教学。在进行"道路通行规则"教学时,可使用教学磁板,利用教学磁板软件中的交通元素构建多种交通场景,形象生动地说明道路通行规则;在进行"道路交通信号"识别教学时,可使用教学挂图、视频等教学手法。

3 采用正确的教学模式

在课堂进行法律法规理论教学时,教练员可采用的教学模式为:导入新课→讲解内容→总结练习→布置作业。教练员教学时,可利用生动的案例或直观的教学手段导入新课,为讲解教学内容作铺垫。讲解教学内容是教学的主体部分和中心环节,教练员要根据学员的学习规律,合理安排教学内容的先后顺序,在具体讲授教学内容时运用各种教学技巧激发学员学习的主动性。实际驾驶教学中,要结合场地和道路实际情况,将法律法规融入驾驶操作教学过程中,有针对性地强化法律法规教学,进一步巩固法律法规的有关规定,提高学员的法律意识。

模块17 基础驾驶教学

基础驾驶教学是培养学员良好驾驶习惯和规范操作能力的关键阶段。规范的驾驶动作是基础驾驶教学的重点,正确的驾驶姿势、规范的驾驶操作、行车前车辆检查与调整,都会对学员的驾驶生涯产生较大的影响。

一 操纵装置的教学

操纵装置的教学重点是培养学员规范的驾驶动作,使学员掌握基础的驾驶操作动作和对各个操纵装置的正确操作方法,养成良好的驾驶习惯。

1 转向盘操作

要求学员保持正确的驾驶姿势,全身自然轻松,两手分握于转向盘的左右两侧,身体正直,两眼平视前方,仔细观察道路情况。

转向盘正确的握法是两手分握于转向盘左右两侧,拇指轻贴转向盘盘沿,四指由外向内自然地握住转向盘。转动时,两手一推一拉相互结合,向左转动左手为辅,向右转动右手为辅。连续向左转动转向盘时,两手交替转动转向盘,当右手运动至胸前的同时,左手在转向盘右上方替换右手继续转动转向盘,这时右手翻腕再次握住转向盘,两手依次交替操作。连续向右转动转向盘时,按相反方向以同样的方法操作。

(1)转动转向盘时两手不能同时脱离转向盘。

(2)原地转向或转向至极限,会损伤转向系统并加剧轮胎的磨损。

(3)转向操作时做到均匀柔和,快慢适当,注意两手操作幅度不宜过大。

❷ 变速器操纵杆操作

操纵变速器操纵杆教学时,让学员右手背朝上,手掌心轻贴操纵杆球头,五指自然握住球头。以肘关节、腕关节的力量操纵变速器操纵杆,轻推、轻拉操纵杆变换到不同挡位。手动挡变速器换挡前要先踏下离合器踏板再换挡,自动挡则是运用加速踏板控制、自动调节各行驶挡位。

(1) 换挡时,两眼不得下视,不得强拉硬推。
(2) 加挡时要逐级进行,不得越级加挡。
(3) 减挡时可以视情况越级减挡。

❸ 制动踏板、驻车制动器操纵杆操作

操纵制动踏板教学时,让学员用右脚前掌轻踏制动踏板,脚后跟靠在驾驶室底部,以踝关节的伸曲踏下或抬起控制制动踏板。制动时,先轻踏过制动踏板的自由行程,再稍用力减速,避免制动时车辆前冲。

操纵驻车制动器操纵杆教学时,让学员四指并拢握住驻车制动器操纵杆,拇指虚按在杆顶的按钮上,制动时向上拉起操纵杆。解除制动时,稍向上拉起操纵杆,拇指按下按钮,再将操纵杆向下推送到底后松开拇指,即解除驻车制动。一般,驻车制动器切不可代替行车制动器使用,应急时除外。

(1) 正常情况下车未停稳时,不能使用驻车制动器。
(2) 停车未拉紧驻车制动器操纵杆前,不得松开行车制动踏板。
(3) 切忌猛踩制动踏板。

❹ 加速踏板操作

操纵加速踏板教学时,让学员用右脚前脚掌轻踏加速踏板,脚跟靠在驾驶室底部作为支撑,利用踝关节的伸曲踏下、抬起。踏下加速踏板,发动机转速提高,抬

起加速踏板,发动机转速降低。

(1)操作时,要做到"轻踏、缓抬",切忌猛踏猛抬加速踏板,以防连续抖动。

(2)不能用右脚跟踏行车制动踏板,脚尖又踏加速踏板。

5 离合器踏板操作

操纵离合器踏板教学时,让学员左脚前脚掌轻踏离合器踏板,以膝关节的伸曲操纵离合器踏板踏下、抬起。松抬离合器踏板时,采用"两快、两慢、一停顿"(一快:踏下踏板经过自由行程快;一

慢:抬起踏板到离合器半联动点时要慢;停顿:到离合器半联动点稍作停顿;二慢:离合器平稳接触后慢抬踏板;二快:松抬踏板经过自由行程要快)的操作方法。

(1)离合器半联动,只作短时间使用,长时间使用会加速离合器摩擦片的磨损。

(2)不要用脚尖或脚掌心踩离合器踏板,以免滑脱。

(3)不使用离合器时,脚不要放在离合器踏板上。

6 照明、信号及其他操纵装置

点火开关大多数安装在转向盘右下方,用于接通或切断起动机、点火和电器线路。点火开关一般设有4个位置,分别标注0或LOCK(插入或拔出点火钥匙及转向盘被锁住)、I或ACC(其他车用电器正常使用,发动机关闭)、II或ON(发动机工作)、III或START(起动机工作)。

灯光信号组合开关是控制转向灯、照明灯光和信号灯光的装置,大多数安装在转向盘左下转向柱上,用左手操纵。向外推杆,开启远光灯;把杆向内拉回到中间位置,开启近光灯;把杆向内全部拉回则开启远光灯,复位远光灯关闭。灯光操纵杆上有一个旋钮开关,往外扭动一挡示廓灯、尾灯、牌照灯和仪表灯开启,再扭一挡前照灯、示廓灯、尾灯、牌照灯和仪表灯等所有都开启。

刮水器开关是控制刮水器的操纵装置,大多数安装在转向盘右下方转向柱上,用右手操纵。将开关手柄向前转或向后转,选择不同的刮刷挡位;向上抬手柄,喷风窗玻璃清洗液。

转向灯开关是控制转向信号灯的操纵装置,大多数与灯光组合开关设为一体。向上抬杆,开启右转向灯;向下推杆,开启左转向灯。

危险报警闪光灯开关是按钮式,按下开启,再次按下解除。

雾灯开关分为前雾灯开关、后雾灯开关,有旋钮式、按钮式两种。

后视镜操纵装置的位置一般在仪表板左下侧,操作件分左后视镜调整开关(L)、右后视镜调整开关(R),及上下左右以箭头代表的4个方向的调整键。

行李舱门手柄操纵装置位于仪表板左下方或左侧门下方,拉起或按下,行李舱门开启。

发动机罩手柄装置,位于仪表板左下方,拉起或按下,发动机罩开启;再用手提起发动机罩边沿上的锁舌,即可掀起发动机罩;放下发动机罩即关闭。

(1)起动发动机的时间不宜过长,一次起动失败后,再次起动时,中间要间隔30s以上。

(2)夜间行车跟车较近及有行人及非机动车临近时,要关闭远光灯,改用近光灯。

二 行车前检查与调整教学

1 调整座椅

让学员右手握转向盘,左手调整座椅前后位置,使左脚前掌能自如踏下离合器踏板到底,这时膝关节有一定的弯曲为宜。调整完座椅后,前后移动座椅,将座椅锁死。然后,调整靠背的角度,以两手能够自如抓住转向盘顶端,两手肘关节微微有一定的弯曲为最合适的距离。

(1)调整座椅时,尽量避免身体离转向盘太近,以免影响操作。

(2)驾车时不要用活动物体垫靠在座椅与身体后背之间。

太近　　　　　　　太远　　　　　　　合适

❷ 调整头枕

让学员扳开座椅头枕的锁止开关,上下调节座椅头枕高低,使头枕的顶部与头平齐,头枕中心对正后脑部。

(1)上车后一定要调整头枕,不要把头枕作为摆设。
(2)正确调整头枕,能减轻追尾时冲击力对颈部带来的伤害。

❸ 调整后视镜

让学员保持身体正直,驾驶姿势正确,两眼平视,右手握内后视镜边沿,调整至转动眼睛便能看到车后窗情况为宜。调整外后视镜时,首先把外后视镜向内调节,使车身影像在后视镜里占镜面宽度的1/4,车外景物占镜面宽度的3/4,左后视镜中路面占镜子高度的1/4,右后视镜中路面占镜子高度的2/3,尽量能看到后方更广更远的景物。

(1)后视镜调整不当,会加大后视线盲区,存在安全隐患。调整好后视镜,能够减少盲区。
(2)后视镜的盲区很多,车辆行驶位置变化或转过一定的角度,都会改变后视镜的盲区,很容易发生事故。

❹ 系、松安全带

系三点式安全带时,让学员根据自己的身高调节安全带的高度,再用右手缓慢将安全带平顺拉出,使安全带从肩与颈根之间,通过胸部,将搭扣插头插入身体右侧的插座。然后,猛拉安全带,检查是否安全有效。

解开安全带时,左手抓住安全带,右手用拇指按下搭扣上端的按钮,左手拔出插头,慢慢将安全带放松复位。

(1)使用安全带时,不要让安全带压在坚硬或易碎物体上。
(2)安全带高度不要太高,不能距颈根部太近,否则容易伤及颈部及颈部动脉。

5 检查操纵装置

行车前一定要让学员检查驾驶室内的操纵装置,转向盘的最大自由行程不得超过20°;驻车制动器处于制动状态;变速器操纵杆在空挡位置;制动踏板和离合器踏板复位灵活,无障碍物;加速踏板复位灵活,无卡滞现象。

(1)养成行车前对驾驶操纵装置进行安全检视的良好习惯。
(2)操纵装置存在任何问题,都会成为安全隐患,威胁行车安全。

6 起动发动机

起动发动机时,让学员先踏下离合器踏板,确认变速器操纵杆处于空挡位置。将点火开关扭至起动(START)位置,起动发动机。如发动机一次起动失败,再次起动须间隔30s以上。发动机起动后,立即松开点火开关。遇点火开关转不动时,可以一边轻轻晃动转向盘,一边转动钥匙。

(1)起动发动机时须踏下离合器踏板,将变速器操纵杆置于空挡位置,放松驻车制动器操纵杆。
(2)发动机第一次起动失败后,二次起动间隔时间一定要在30s以上。

7 检查仪表、停熄发动机

起动发动机后,提示学员注意观察各仪表工作状态是否正常,仪表板上报警灯有无故障警示。

停熄发动机时,将点火开关转动到发动机熄火位置(ACC)即可。

(1)仪表出现异常要及时处置,杜绝驾驶带病车辆。
(2)车辆高速行驶后,要让发动机怠速运转一段时间后再熄火。

模块18 场地驾驶教学

场地项目驾驶教学是为学员打基础的阶段,也是学员基本驾驶技能形成的关键时期。教练员在这一阶段的教学中,要以培养学员动作的规范化为教学重点,以学员具备在场地内独立驾驶的能力为目标,完成《大纲》规定的教学内容。场地驾驶项目包括基础驾驶、场内道路驾驶、场地项目驾驶和场地模拟驾驶等。

一 上下车动作及观察教学

上下车动作教学,要根据不同的车型让学员了解正确上下车动作的重要性,掌握规范的动作,形成安全上下车的习惯。

1 上车动作

上车前,要求学员对车辆及周围的情况进行观察,确认没有影响起步的安全隐患。上车时,学员要在驾驶室一侧站立,身体正直,面向车门,发出上车请示,在教练员许可后,学员左手握门把的同时向前、向右后侧头观察,再次确认安全后开启车门,左手顺势移至左内门把,车门开度要避免过大,以学员能自如进入为宜。进入驾驶室的顺序是:右手握转向盘(小型车右手握转向盘起稳固身体作用,大型车右手握转向盘起到引体向上的作用),右脚、腰部、上身、左脚依次进入驾驶室,最后关闭车门。

> **小知识**
>
> 无论大型车、小型车驾驶员,首先进入驾驶室的身体部分一定是右脚,特别是一些特大型车辆,脚踏板有几级,须按从驾驶室迈出脚的顺序"左右左右"计算,如果最后落地的脚是右脚,那么,上车时先迈出的脚就应该是左脚。其他车型无论踏板多少级,都以此法类推。

> **教学提示**
>
> (1)右脚进入驾驶室后要根据自身条件尽量放在靠近加速踏板的位置为宜。
> (2)关车门要采用两次关门法,先把车门关至离车门框大约10cm处停顿,再稍用力关闭车门。
> (3)行车前一定要锁好内门锁。

2 下车动作

下车前,要求学员要通过后视镜或转头,尽可能地观察车两侧和后方的情况,确认无影响打开车门的安全隐患后,把车门开至离车门框大约10cm处停顿,右手握住转向盘稳住身体,再次向前、左后观察,确认无安全隐患时,将车门开至驾驶员能自如下车为宜,下车的顺序是左脚、头部、上身、腰部、右脚。

> 教学提示
>
> (1)关车门要采用两次关门法,先把车门关至离车门框大约10cm处停顿,再稍用力关闭车门。
>
> (2)若离开汽车要迅速关闭车门,确认锁好车门锁后再离开。

二 场地基础驾驶教学

场地基础驾驶教学,是在学员掌握了基本操作动作的基础上,实车进行的基本操作训练教学,也是学员养成安全驾驶习惯的关键时期。

1 起步、停车

学员上车后,要求关闭车门,锁好内门锁,系上安全带,按照规范驾驶动作调整左右后视镜及内后视镜。然后检查操纵装置,起动发动机,检查仪表。

准备起步前,要求学员观察左右后视镜及内后视镜,转头观察车两侧,开启左转向灯。确认无影响起步的安全隐患后,踏下离合器踏板,挂低速挡,鸣喇叭(非禁鸣区),左脚抬起离合器至半联动时(让学员体会发动机转速和声音稍有变化及车身有明显振抖)停顿,放松驻车制动器,继续抬离合器踏板的同时,右脚适量踏下加速踏板(培养学员通过听发动机的声音变化判断离合器接合点的能力),缓慢平稳起步。

起步后,左脚抬起离合器踏板,将脚放到离合器踏板左下侧。再次观察前方、左侧、左后方交通情况,确认不影响其他车辆正常行驶后,向左缓慢转向,逐级加挡加速驶入行车道后,关闭转向灯。

停车前,要求学员开启右转向灯,观察前方、右侧、右后方交通情况,确认没有影响停车的安全隐患后,向右缓慢转向的同时右脚从加速踏板转移至制动踏板上。踏制动踏板初始力度稍大一点,然后力度变缓。当车身与路边缘线平行(保持30cm侧向间距)、车身摆正、车速降到5km/h时迅速踏下离合器踏板,继续踏制动踏板减速。待车即将停止时,稍微松抬制动踏板,让车缓慢停住后再次踏下制动踏板(减轻制动的冲撞力),保证停车平稳。

(1)不需要换挡时,左脚不要放在离合器踏板上(防止离合器摩擦片磨损过快)。
(2)松抬离合器踏板采取"两快、两慢、一停顿"的操作法。
(3)让学员多体会离合器半联动时,离合器踏板的位置。
(4)加速踏板操作教学要注重让学员听察发动机转速的变化。

2 变速、换挡

起步后加速、换挡教学初期,要培养学员通过听发动机的声音变化来判断加挡时机的能力。当学员能够熟练掌握换挡操作后,再让学员感觉车辆行驶速度进行换挡。加挡前要尽快提速,低速挡提速时间要短,随着挡位的逐级增高,提速时间随之适当延长。加挡时,先松抬加速踏板,随即在踏下离合器踏板的同时将变速器操纵杆换入高一级挡位,逐渐让学员体会最佳换挡时机,掌握在离合器接触前的瞬间换入高一级挡位的技能。自动挡可通过提高一定车速,稍抬加速踏板,再加速的方法完成加挡操作。

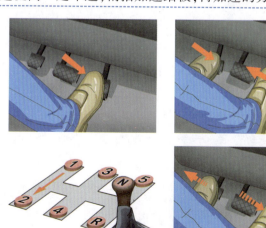

减速教学初期,要让学员抬起加速踏板,待车辆自然减速后进行减挡操作。当学员熟练掌握减挡操作后,可训练利用行车制动进行减速、减挡。减挡时,松抬加速踏板、踏下离合器踏板、将变速器操纵杆换入低一级挡位要同时进行,逐渐让学员体会最佳减挡时机,掌握在离合器接触的瞬间换入低一级挡位的技能。教学后期,可让学员训练利用减挡减速的"抢挡"操作或轻拉缓放驻车制动器的减速方法,掌握紧急情况及湿滑、冰雪路面的减挡操作。

（1）教练员在加减挡教学初期,要及时提示学员换挡时机,帮助学员体会换挡操作的技巧。

（2）加挡要逐级进行,严禁越级加挡。

（3）减挡可以根据速度降低的情况,采取越级减挡的方法。

（4）加、减挡时要在松抬加速踏板的同时踏下离合器踏板后迅速换挡。

3 倒车

倒车教学要先训练学员注视车后窗的操作方法,让学员左手握在转向盘上沿,上身向右后转身,右手扶住副驾驶座椅上端,两眼观察后窗,确认道路视线良好后,兼顾观察左右后视镜进行倒车（观察后视镜时间不宜过长,如需仔细观察后视镜,必要时可以停车观察）,利用离合器半联动控制车速,缓慢倒车。遇到不平路面或上坡路面时,可轻踏加速踏板,避免熄火。

在学员熟练掌握观察后视镜倒车的操作后,要让学员学会看驾驶室的内外后视镜进行倒车操作,通过观察后视镜内影像,判断车身与参照物的距离,以及车两侧和后方的情况,完成倒车。

（1）倒车时,要注意控制车速,一般情况下不要加速倒车。

（2）要注意倒车时转向盘的转动方向与前进时的转动方向正好相反,避免转错方向。

（3）倒车调整方向时要少转少回,避免大幅度转动转向盘。

4 行驶位置和路线

保持车辆沿正确的位置和路线行驶,主要在于观察及保持良好的驾驶姿势。观察、收集路况信息,对提前选择正确的行驶方向和行驶位置很重要。教练员进行判断行驶位置和行驶路线教学时,要让学员保持正确的驾驶姿势,两眼尽量向前方远处看,左右两手握转向盘时上臂尽量不要悬空,左右手上臂自然地靠住身体上部,保持一种支撑动作(这样可以避免小臂疲劳后下意识下滑,导致行驶方向跑偏)。行驶中随时观察车两侧的情况。一旦感觉偏离行驶路线,要及时缓慢调整转向盘。弯道转向时尽量做到大角度转弯,要及时回转转向盘,快转快回,慢转慢回。

车体的感知是让学员坐在驾驶座位上体验车的长、宽、高,感知车轮所处的位置。如左腿的位置是左前轮的行驶位置,右腿的位置是车宽的中心,右腿向右偏过 1m 是右前轮的行驶位置。掌握车体的位置,形成自己的位置感,对于正确选择行驶位置和路线非常有利。训练中可利用标杆、训练场地及道路周围的参照物来感觉、判断车辆的长、宽、高,确认车体的大小和在路面上的位置。

直线行驶的关键在于转向盘的回正时机,当车辆偏离直线行驶方向时,先向偏离的相反方向消除转向盘自由行程间隙,再根据偏离量将转向盘向正确的方向修正,当车身即将回正时,开始逐渐回正转向盘,将转向盘回到自由行程间隙中间,过早过晚都会造成曲线行驶。弯道行驶训练时,开始可先在发动机舱盖上找固定参照点,提前选择好行驶路线,让参照点沿着边线缓慢行驶,逐渐体会转弯时车的行驶位置。

(1)行车中,视线尽量注视远处,注视点一般可是车速的 5 倍。如以 40km/h 的车速行驶,注视点应在车前 200m 处。

(2)视线盲区的大小与驾驶员身高、车窗大小、驾驶座位高低有直接的关系。车体盲区的特点是:车后大于车前,车右侧大于左侧。

(3)要根据车速的快慢及道路参照点,掌握提前量,确定方向的修正时机。

三 场地项目驾驶教学

场地项目驾驶教学是通过不同的场地式样和模拟训练,培养学员转向盘的操作方法、前进与倒车时判断车辆行驶路线和位置的能力,为实际道路驾驶训练打好基础。

1 倒车入库

倒车入库是训练学员倒车进入规定车位的能力,从两侧正确倒入车库的关键是找准参照物、参照点及把握转向盘回正的时机。刚开始训练时可以让学员在车身找点做参照,车位线上找转动转向盘的参照点以及回正转向盘的参照点,当车运行到视线、车、参照点三点为一线时转动转向盘,随着操作的熟练逐步去掉参照点。

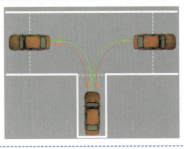

（1）倒入车库前,让学员先把车停在车库的右侧起始点,车身与行车道边线保持120～150cm的平行距离,观察后视镜向后倒车,当参照点重叠时向右将转向盘转到极限位置。然后从右后视镜观察车位右前角,使车身右后角与车位右前角保持20～30cm的距离,低速倒车入库,倒车中微调转向盘,车倒进车位后与车位两边线保持等距。当眼睛与左右后视镜及车库前左右角三点重叠时停车。

（2）低速驶出停车位,当车头与车行道边线重叠时向左将转向盘转到极限位置,当车行驶至与行车道边线平行距离为120～150cm时停车。

（3）挂倒挡倒车行驶,当参照点重叠时向左将转向盘转到极限位置。然后从左后视镜观察,使车身左后角与车位左前角保持20～30cm的距离低速倒车,微调转向盘使车身与车库两边边线保持等距,当眼睛与左右后视镜及车库前左右角三点重叠时停车。

> **教学提示**
>
> （1）训练时,头与手不能伸出窗外,途中不能停车、熄火,车身不能出线、轧线。
>
> （2）训练初期把车停在各参照点上,让学员在车上体会、练习在参照点上转向盘的转动时机与操作方法。
>
> （3）根据不同学员的身高及动作快慢,有针对性地进行教学指导。

2 坡道定点停车和起步

坡道定点停车和起步主要是培养学员准确地判断在坡道停车的位置，正确选择起步挡位，平稳起步。坡道定点停车训练初期，可让学员根据自己身高、习惯等条件在车身上找一个点、在地面或路边找一个点作为参照点，选择行驶路线，体会车的最前端与停止线的距离。

（1）上坡前要让学员控制好车速，使右侧车轮与坡道路边缘保持30cm的距离，开启右转向灯，低速驶向停车点。当视线与车身、地面参照点三点重叠时，迅速踏下制动踏板，将车停在规定的停车区域内，完成定点停车。

（2）坡道起步要让学员先体会在坡道上离合器处于半联动时的感觉，训练学员利用离合器半联动在坡道上控制车辆既不后溜、又不前进的驾驶技能。起步时，踏下离合器踏板，挂起步挡，开启左转向灯。左脚抬离合器踏板至半联动位置停顿，右脚适量踏下加速踏板，保持一定的发动机转速，放松驻车制动器操纵杆的同时缓踏加速踏板，使车辆缓慢起步。

（1）注意坡道起步的车速不宜过快，根据自己身高、座位高矮找准车身与路边参照点。

（2）练习抬离合器踏板至半联动的操作技巧。

（3）起步过程中做到车辆不后溜、不前冲，保证起步的平稳性。

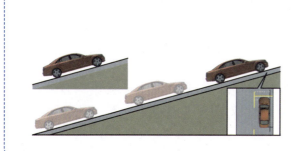

3 侧方停车

侧方停车是训练学员在路侧将车停入右侧停车位的能力，倒入停车位的关键是在进入车位前把握转动转向盘的时机和选准观察点。初期训练可让学员在后视镜和车位找参照点，在训练过程中逐渐摆脱对参照点的依赖。

(1)将车驶过停车位(车辆尾部须过停车位),车身与行车道边线保持30cm平行间距停车。

(2)观察右后视镜怠速倒车,当右后轮进入停车位左前角时,向右将转向盘转到极限位置。视线从右后视镜转移至左后视镜,观察车尾左后角。

(3)车尾左后角距离停车位右后边线约30cm时,迅速向左将转向盘转到极限位置,观察右后视镜。

(4)车身与停车位右边线平行时回正转向盘停车,拉紧驻车制动器操纵杆,踏下离合器踏板,松抬制动踏板,将变速器操纵杆挂入空挡,完成侧方停车。

教学提示

(1)训练时按要求一进一退完成,头与手不能伸出窗外,途中不能停车、熄火,车身不能出线、轧线。

(2)训练初期把车停在各参照点上,让学员在车上体会、练习在参照点上转向盘的转动时机与操作方法。

(3)根据不同学员的身高及动作快慢,有针对性地进行教学指导。

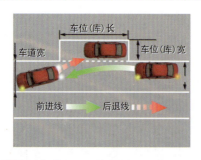

4 曲线行驶

曲线行驶教学主要是训练学员熟练操纵转向装置,控制车辆曲线行驶的能力。车辆进入曲线路段时,教练员应提示学员观察视野要开阔,充分观察路的宽度和弯度,进入曲线路尽量靠大弯一侧行驶,行驶中运用左贴、右靠的方法或运用转左靠右、转右靠左的行驶要领操作,用足转弯半径,做到前外轮不越线,后内轮不压线,车速尽量保持匀速状态,把握好曲线弧度、车与道路边缘线的距离。在曲线路行驶中改变行驶方向时,转动转向盘的动作要快而适度,修正转向盘时要及时准确。

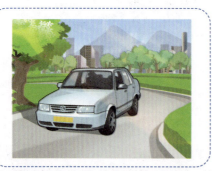

> **教学提示**
>
> （1）充分估计弯道行驶中车前、后轮的距离与位置，行驶中车身不能出线，车轮不能轧路缘线。
> （2）按照规定的路线行驶，途中不能熄火或停车。

5 直角转弯

直角转弯是训练学员在直角转弯或急转弯路段，正确操纵转向装置，准确判断行驶车辆内外轮差的能力。

车辆进入直角弯路时，教练员要提示学员注意控制车速，怠速缓慢行驶。先向右缓慢转向，车身尽量靠近右侧道路边缘（不能出线）后，回正转向盘直行。

观察左后视镜，当左后视镜与内弯道直角的一边平行时，迅速向左将转向盘转到极限位置，在车身将要与内直角道路的另一边平行时，及时回正转向盘，直线驶出直角路段，停车完成直角转弯。

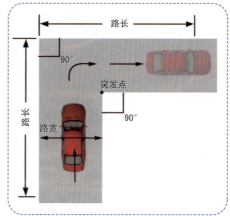

> **教学提示**
>
> （1）转弯时，要准确判断行驶车辆的内、外轮差。
> （2）按规定的路线行驶，中途不能熄火。
> （3）行驶中车身不能出线，车轮不能轧路边缘线。

四 模拟驾驶教学

场地模拟驾驶教学是利用场地内的模拟路段对学员进行训练，使学员体验城市街道驾驶、速度感知、特殊路段驾驶等道路的模拟驾驶训练，并掌握实际道路驾驶技能。

1 模拟城市街道驾驶

模拟城市街道驾驶教学是在场地内模拟城市街道常见的交通情况，培养学员在城市街道安全文明驾驶的能力。通过人行横道、路口、学校区域、居民小区、公交车站、医院、商店、铁路道口看见人行横道警告标志、标线时，要提示学员提前减速，仔细观察人行横道上的行人、非机动车动态，遇见行人、非机动车通过时，要停车让行，不能争道抢行。

教练员要提示学员在交叉路口，看到路口警告标志时要减速，提前选择行驶车道，仔细观察路口交通情况,按交通信号灯指示通行。路口遇其他车辆通行时,要正确判断道路优先通行权,礼让通行。通过环形路口或看到环岛行驶指示标志,提前减速慢行,驶入环岛时,注意已在环岛内行驶的车辆,在不影响环岛内正常行驶车辆的前提下,适时汇入车流。驶出环岛前,开启右转向灯,逐渐变更至外侧车道,注意观察右侧车辆动态,缓慢驶出环岛。

在学校区域,看见注意儿童警告标志、校车停靠站点标志或前方有学校提示标志时,教练员要提示学员提前减速,进入学校区域,要按照交通标志标线行驶,注意观察道路两侧情况,遇学生横过道路时要停车让行。

在居民小区,看到限速标志以及居民小区提示标志时,教练员要提示学员将速度降至限制速度以下缓慢行驶,注意观察各出入口处的行人和非机动车动态,及时礼让过往的非机动车和行人。

在公交车站,教练员要提示学员提前变更车道,低速行驶,与停在公交站内的车辆保持一定的横向安全距离,随时注意停车,不得占用公交车道及站台行驶。

通过医院、商店,看到医院、急救站、商店标志时,教练员要提示学员提前减速行驶,遇到有救护车驶出或行人横穿人行横道时要及时减速或停车避让。

在铁路道口看到有人看守、无人看守警告标志时,教练员应提示学员根据标志提示的距离控制速度,在铁路道口停止线外停车观察,做到"一停、二看、三通过",严禁在铁路道口停止线内停车、换挡。

（1）在模拟城市街道,要严格遵守道路交通法律法规。

（2）要有高度的遵章守法意识及社会责任感。

（3）注意和遵守各种警告标志、指示标志、禁令标志及标线,有预见性地提前减速,礼让行人和非机动车。

2 模拟跟车速度感知

模拟跟车速度感知是在场地道路上,让学员将车速提高到规定的最低车速以上,感知高速行驶时的车速、跟车距离,体会高速行驶对驾驶操作的影响。

模拟50km/h跟车行驶,车速50km/h,与前车保持40m以上(约3s行驶时间)的距离跟车行驶,感知在这个速度下的安全跟车方法。

模拟70km/h跟车行驶,车速70km/h,与前车保持60m以上(约3s行驶时间)的距离跟车行驶,感知在这个速度下的安全跟车方法。

教练员在训练教学过程中,让学员通过观察车速表来控制车速,然后体验在不同条件下各种车速的视觉、听觉感受,选择观察目标,体会目标往后移动的速度。

教学中,教练员可让学员先根据自己的视觉、听觉来判断车速,再对照仪表时速,找出误差,反复练习,逐渐引导学员加强对车速的判断能力。随着速度的提高,让学员感受人体和车辆特性的变化,充分体验高速行驶的危害性。在转弯时离心力加大,车辆的操纵稳定性下降,不容易控制,安全性能降低,容易造成车辆侧滑甚至侧翻。

安全性能评价项目	车速	
	50km/h	70km/h
转向盘操纵	较稳	变轻
视觉	较宽	变窄
制动距离	大于40m	大于60m
操纵稳定性	较好	下降
危害性	较小	增大
发生事故概率	较小	增大

行驶速度 (km/h)	驾驶员反应距离(m) + 制动器反应距离(m)	制动距离 (m)	停车距离 (m)
20	6	3	9
50	14	18	32
70	19	39	58
90	25	68	93

注意事项:

(1)跟车行驶时,要注意前车信号灯的变化。

(2)雨天安全距离是干燥路面的1.5倍,冰雪路面安全距离是干燥路面的3倍。

模块19 道路驾驶教学

道路驾驶教学是驾驶学习的最高阶段,学员要结合实际道路训练,时刻注意安全文明驾驶,这一阶段是形成安全文明驾驶理念的关键时期。学员通过这一阶段的教学,巩固前两个阶段学到的知识和内容,熟练掌握道路驾驶技能,具备在实际道路上独立驾驶准驾车型的能力。

一 起步及靠边停车教学

在起步及靠边停车教学中,根据不同路况,让学员逐渐熟练掌握安全起步及靠边停车的方法,能够选择合理路线,控制行车速度,安全平稳停车。

 起步

上车前,要求学员对车辆进行安全检查,确认没有影响起步的安全隐患。上车后做好准备工作(调整座椅、系安全带、检查仪表及各个操作部件)后,将变速器操纵杆挂入起步挡,开启左转向灯,通过内、外后视镜或转头观察后方及左侧情况,确认安全后,缓慢起步,逐渐驶入行车道。起步要做到安全、平稳、快捷。

2 靠边停车

靠边停车,要让学员先通过内、外后视镜观察道路后方及右侧交通情况,确认没有影响靠边停车的安全隐患,开启右转向灯,选择好靠边停车的安全地点,提前减速,再次观察内、外后视镜确认道路后方与右侧可以安全停车,继续靠右减速行驶,逐渐低速驶向道路右边停车点,待车停稳后,挂空挡、拉紧驻车制动器操纵杆、抬离合器踏板,开启危险报警闪光灯。减速要做到平顺,停车时要车正轮正,车身距离道路边缘线30cm以内。

二 直线行驶教学

直线行驶教学,是在实际道路上进行驾驶训练,由于道路上各种动态情况交织在一起,交通情况相对复杂。学员有效、平稳控制行驶方向,保持车辆直线行驶,是保证车辆正常运行的最基本条件。

1 方向控制

直线行驶教学中,要求学员两手轻握转向盘,左手为主,右手为辅,手握转向盘虚实结合。双眼目视前方,观察路况,视线要顾远及近,兼顾左右。教练员要让学员了解直线行驶时操作转向盘的转动量与行驶速度成反比,车速越快转向盘转动量越少,转动的速度也要越慢。保持直线行驶的关键在于视线,注视点要尽量放远,提前观察,及时修正,车辆行驶会更加平顺。切忌高速行驶时,过快、过猛转动转向盘。

2 行驶速度的控制

控制车速是行车中最频繁的操作,无论在什么样的道路条件下行车,都需要合理控制车速。行驶速度的控制教学中,教练员要注意培养学员根据道路交通情况和限速标志来控制车速。常用控制车速的方法有:加速——通过踏加速踏板和加挡完成;减速——通过踏制动踏板、减挡、控制离合器半联动(用于最低挡位以下的速度)完成。

在道路条件良好的路段正常行驶过程中,突然出现障碍物、交通事故、故障车、坑洼路面、前车遗落物品、间断性雾和烟、不正常的行人和动物等危险情况时,控制速度是第一要素。教练员要让学员做好应对突发情况的准备,提前预测道路上可能出现的突发情况,把速度控制在可控范围内,给自己预留出采取措施、避开危险的安全时间。

跟随前方车辆行驶时,教练员要让学员将车速控制在前方车辆紧急制动时,不与前方车辆发生追尾事故的范围内。跟车行驶中尽量不要紧急制动,以免后面跟随的车辆与所驾车辆追尾。

影响制动距离的因素

影响制动距离的因素有驾驶员的反应时间、车辆速度、制动系统的性能、轮胎与路面的附着系数、车辆总质量等(安全停车距离=驾驶员反映距离+制动器反应距离+制动距离)。保证安全制动距离的第一要素是行车中一定要精力集中、不疲劳驾驶,保证反应时间处于正常范围内(0.8~1.5s);第二要素是要将车速控制在安全范围内,车速越高制动距离越长;第三要素是注意车辆总质量,同一辆车,质量越大制动距离越长;第四要素是注意轮胎和路面情况,轮胎老化、磨损严重,附着系数减小,路面有水、冰、雪等湿滑情况,制动距离会大大加长。

三 变更车道教学

起步、路口转弯、掉头、靠边停车、遇到障碍物及行驶中的超车等都需要变更车道,每一次变更车道都隐藏着一定的危险,变更车道时机不当会造成车损人伤的交通事故。教学中,教练员要让学员先开启转向灯进行提示,再观察内、外后视镜确认安全后,谨慎变更、驶入相邻车道。切忌突然变更车道、不观察变更车道,禁止连续变更两条以上车道。

1 加速变更车道

变更车道前,要求学员提前开启转向灯,观察要驶入的相邻车道前方一段距离内路况、车辆行驶状态是否良好,再通过内、外后视镜观察要驶入车道后方车辆的行驶速度及距离,确认安全后加速变道驶入相邻车道。

2 减速变更车道

变更车道前,要求学员提前开启转向灯,观察要驶入的相邻车道前方一段距离内路况、车辆行驶状态是否良好,再通过内、外后视镜观察,发现要变更车道侧后方车辆正在加速或跟车距离较近时,要先减速让侧后方车辆通过后再变道驶入相邻车道。遇到变更的车道内车辆行驶缓慢且车辆多,甚至有排队现象,可提前开启转向灯或伸手示意,通过内、外后视镜或侧头观察,确认侧后方车辆已经让行后,再变道驶入相邻车道。

四 通过路口教学

路口可分为有信号灯控制路口和无信号灯控制路口。一般情况下,路口交通状况复杂,行人、非机动车、各种机动车交织在一起,突发危险情况较多见。控制速度、仔细观察路口交通状况是安全通过路口的关键。

1 通过有信号灯控制的路口

通过有信号灯控制的路口时,教练员要让学员按照信号灯指示通行。行经路口前控制好车速,根据行驶路线提前变更车道,驶入相应车道。路口信号灯为绿灯时,注意观察路口情况,谨慎安全通过路口。进入路口时要注意观察路口的行人和非机动车的动态,有危险情况及时采取安全措施,不能临近路口或在路口内随意变更车道和加速行驶。

2 通过无信号灯控制的路口

没有信号灯控制的路口,一般是窄路互相交叉或支干路互相交叉的路口、无人看管的铁路道口等。路口隐蔽不便观察、视线盲区较多、行人和非机动车通行随意性大、容易出现突发情况。通过无信号灯控制的路口,教练员要提醒学员高度集中注意力,在路口前一定要减速,仔细观察,谨慎驾驶,必要时停车左右瞭望。通过路口要注意避让行人和非机动车,让优先通行的车辆先行,遇车辆拥堵时,要低速依次通行。

五 会车、超车、让超车教学

在道路上进行会车、超车、让超车教学,要严格遵守法律法规有关规定,教练员指导学员在掌握基本驾驶技能的基础上,还要注意各种情况的礼让行车,培养学员的安全礼让意识。

1 会车

在道路上进行会车教学时,教练员要提示学员提前靠右侧行驶,注意保证与交会车辆、行人和非机动车的横向安全距离,遵循有障碍物一方让对面车辆先行的原则。在狭窄山路会车时,靠山体一方让不靠山体一方先行,下坡车辆让上坡车辆先行。

2 超车

在道路上进行超车教学时,教练员要提示学员超车前先判断道路和交通情况,根据车辆的性能和速度安全超车。超车前教练员要提示学员首先注意前方路段有无禁止超车标志和影响超车的情况,确认是允许超车的路段后,通过内、外后视镜观察后方和左侧有无影响超车的交通情况等。

在条件允许超车的情况下,提示学员开启左转向灯,驶入左侧车道,距被超车辆50m左右发出超车信号(非禁鸣区可鸣喇叭,禁鸣区连续3次变换远近光灯),确认被超车让超后,注意观察被超车辆行驶情况,保持与被超车安全横向距离,加速超越。超越后,通过后视镜观察到被超车全车影像时,开启右转向灯示意,大角度缓慢驶回原车道,关闭转向灯。注意:严禁超车后急转转向盘驶回原车道;如被超车辆加速不让超,要立即停止超车;禁止超越正在超车的车辆。

3 让超车

在道路上进行让超车教学时,教练员要经常提醒学员注意观察左侧后视镜,发现后车发出超车信号时,只要道路条件允许就要及时向右行驶让行,可开启右转向灯示意让超。让行过程中不得加速或突然向左行驶,必要时可减速甚至停车让超。

六 夜间驾驶教学

夜间驾驶教学的行车条件和周围的环境都与白天不同,受光线的影响,驾驶员观察和判断能力发生了很大的变化。为了保证夜间驾驶教学安全,教练员必须掌握夜间行车的特点和规律,不断总结夜间驾驶教学经验,指导学员严格遵守交通法规,细心观察,谨慎驾驶,合理选择行驶路线,完成规定内容训练。

1 正确使用灯光

教学中教练员要强调灯光的作用不仅仅是为了夜间照明,更重要的是还能起到信号的作用。在灯光能显示出车的轮廓(路灯亮起)时就应开启前照灯、示廓灯、牌照灯。

夜间训练要严格按规定正确使用灯光,起步前先开启前照灯,车速低于30km/h时使用近光灯,车速高于30km/h时使用远光灯。在有路灯、照明良好的道路上行驶使用近光灯,在没有路灯或照明差的道路上行驶使用远光灯。风、雪、雨、雾等恶劣天气时,使用防雾灯或防炫目近光灯。停车时,要在车停稳后再关闭车灯。

夜间会车时距对面来车150m以内,要转换为近光灯。同方向近距离跟车行驶使用近光灯。通过无信号灯控制的路口、急弯路、窄桥、公交车站和超车时,要提前交替使用远、近光灯提示。

2 夜间安全行车

夜间驾驶教学,不能仅限于为了应对考试。教练员要提醒学员,夜间相对白天而言车辆灯光照射范围小,观察路况受限,灯光照射范围以外的危险情况很难被发现,控制车速是第一要素。夜间驾驶眼睛容易疲劳,要精力集中,严禁疲劳驾驶。

教练员应让学员积累夜间行车经验,培养学员准确判断道路危险情况的能力及根据灯光的变化判断路面情况的能力。例如,夜间前照灯灯光照射距离由远及近,表明车辆驶入上坡道路;灯光照射离开路面,表明前方有大坑、急转弯或将要驶入下坡路等。

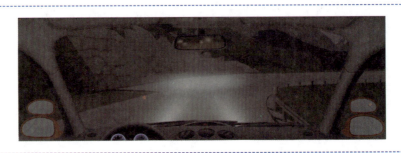

在夜间进行会车教学时,教练员要注意培养学员的礼让意识,遇到对方来车执意使用远光灯,不要直视对面车辆灯光,将自己视线右移,并减速靠右行驶或停车,还要注意预防两车灯光交会处可能出现的危险。夜间要尽量避免超车,如需超车时,要倍加谨慎观察路况,确认条件成熟时要远、近灯光交替变换,必要时鸣喇叭(非禁鸣区)配合,确认前车已经让路、让速时,加大横向间距进行超车。

七 危险路况及预见性驾驶教学

在道路上进行驾驶训练时,道路交通动态不断变化,危及行车安全的各种突发情况随时都可能出现,有些危险的路况学员根本无法应对。教练员必须能及时发现这些危险信息,准确地进行判断,迅速提示或辅助学员进行正确的操作,保证教学安全。

1 通过学校、公交车站、人行横道

通过学校、公交车站、人行横道等地点时,教练员要提示学员及时减速,仔细观察交通情况,做好随时停车的准备,预防行人或儿童抢行横穿道路,防止公交车突然起步,注意观察盲区处的危险情况,必要时停车让行。

2 通过涉水路面

通过涉水路面,如果无法判断水深,要停车观察水深情况及水底情况,切忌盲目冒险通过。通过漫水路面时,教练员要提示学员使用最低挡位,握稳转向盘,控制车辆低速、匀速行驶,要保证车辆有足够动力,不要中途换挡、停车,切忌中途熄火。通过涉水路面后,先保持低速行驶,间断轻踏制动踏板,待制动器恢复制动效能后再正常行车。

3 通过连续弯路

在连续弯路教学中,教练员要强调进入弯道前减速减挡,通过弯道要减速、鸣号(非禁鸣区)示意,靠道路右侧贴近外缘线行驶,保持转向、速度平稳。不得占用对方车道,但要做好对面来车占道行驶的准备。

4 长距离下坡路

通过长距离下坡路段时,教练员要指导学员在下坡前根据坡度大小,选择合适的挡位,利用发动机的低速牵制力控制车速,严禁空挡滑行。下坡途中,不宜长时间踩踏制动踏板。

5 通过隧道

在通过隧道时,教练员要告知学员隧道内的光线一般比较黑暗,道路狭窄,眼睛有一个明暗适应过程,进入隧道为暗适应,驶出隧道为明适应。进入隧道前要充分减速(遵守限速标志的指示),开启前照灯和示廓灯。严禁在隧道内鸣号、变更车道、超车、随意停车、倒车和掉头。

6 特殊天气行车

雨天进行驾驶教学时,教练员要指导学员根据雨量大小正确使用刮水器,仔细小心观察路况,严格按照限速要求行驶,控制好车速,路面湿滑制动距离会加长,跟车行驶要适当加大与前车的安全距离。

冰、雪天驾驶教学时,路面溜滑、附着系数接近于零,制动距离成倍增加,有条件的车辆应安装防滑设备。教学中教练员要指导学员保持低速行驶,跟车要加大与前车

纵、横向距离，减速要采取减挡的方法，利用发动机低速牵制力降速，尽量避免紧急制动。如果冰雪路面日光反射强烈影响视线，可利用遮阳板或戴太阳镜，避免因强光产生目眩错觉。

大雾天教学时，能见度极低，视线不清，不能清楚看到前方路况，教练员必须要求学员开启雾灯或近光灯，车速要控制在能随时停车的速度，可提示学员鸣号提醒对向来车。如果是浓雾天，不要勉强训练，选择安全的地点停车，等待雾散后再行驶。

大风天教学，要注意狂风袭来车辆可能会发生横向偏移现象。教练员要提醒学员在通过江、河、湖、海大桥或山涧的出口时，一定要注意横风。感觉到车辆有横向风时，要握稳转向盘，减速行驶，不要大幅度转动转向盘。

模块20　安全文明驾驶教学

安全文明驾驶教学，是驾驶培训教学中非常重要的内容之一。教练员培训学员的驾驶技能时,更要注重培养学员的职业道德和安全意识,要逐一分析影响安全的因素,从根源上让学员明白安全文明驾驶的重要意义,树立安全意识,培养学员安全行车的驾驶习惯。

一 安全行车影响因素

驾驶员的异常心理、生理及特殊的自然环境、不良的道路条件等因素,都会从不同角度对行车安全产生影响。教学时,教练员要让学员明白异常心理、生理和恶劣天气条件、不良环境、不同类型行人对行车安全的影响。

1 驾驶员异常心理对行车安全的影响

驾驶员的心理因素是行车安全的决定因素,驾驶员只有保持良好的心理状态驾驶车辆,才能保证行车安全。驾驶员心理不健康会引起精力不集中、烦躁、判断失误、应变力差、反应迟钝等问题,如果调整不好心理状态驾车上路,很容易出现操作错误,甚至发生交通事故。

2 驾驶员异常生理对行车安全的影响

驾驶员生理方面的变化和异常,会造成反应迟钝、注意力不集中、判断能力下降、意识不清,甚至行为失控。不正常的生活习惯、不良行为及身患疾病(如驾驶疲劳、服用药物、饮酒、吸毒等)很容易引发驾驶员生理异常,驾驶员在生理异常的情况下驾驶车辆,存在重大安全隐患。

3 恶劣天气条件对行车安全的影响

恶劣的天气条件是行车的安全隐患。雨、雪天路面湿滑、视线受阻;雾天能见度低,视线不清;大风会造成车辆横向偏移。如果不能正确把握恶劣天气的行车规律,这些影响行车安全的因素,时刻都会引发交通事故。恶劣天气在行车中要合理控制车速,加大与前车的安全距离,仔细观察路况,有效控制好转向盘,就能有效避免危险和事故。

4 不良道路条件对行车安全的影响

不良道路条件对行车安全影响较大,夜间道路环境的能见度低,不利于观察;冰雪道路,路面光滑,制动距离加长;泥泞路面阻力较大,附着力小。山区道路弯道多、路窄坡长而且陡。驾驶员如果没有在不良道路条件下驾驶经验,就不能克服这些不安全因素对行车安全的影响。在行车中只有仔细观察路况,合理降低车速,加大与前车的安全距离,利用发动机低速牵制力制动等,才能避免发生事故。

5 不同类型行人对行车安全的影响

行人的异常动态往往会引发事故。老年人、肢障残疾人行动迟缓;儿童、青少年动作敏捷、随意性大、道路通行经验少,容易做出错误判断。如果不了解这几类行人的特点,就会因突然出现异常动态而措手不及,甚至会发生伤亡事故。克服这些不安全因素的方法是在行车时仔细观察,提前控制车速,预见性行车,随时做好应对突发情况的准备。

二 文明驾驶

文明驾驶是在安全驾驶基础上的升华。驾驶培训教学中的文明教育,会对学员一生的行为产生潜移默化的影响。文明驾驶行为往往是在其他人出现违法或不良行为时,为了安全体现出的忍让和大度,是驾驶员必备的素质。

1 安全礼让

安全礼让教学,对培养学员良好的驾驶心态,养成安全文明驾驶习惯非常重要。在道路上行车,经常会遇到其他驾驶员不文明驾驶,甚至违法的行为,教练员要培养学员宽容、大度、礼让的驾驶心态,为了自己、他人的安全和道路的畅通,主动礼让强行并线、拥堵路段加塞的车辆和其他违法通行行为。如发现前方道路或路口堵塞,按顺序减速或停车,等前方路口疏通后再依次顺序通行。狭窄路段会车时,要礼让三先,"先慢、先让、先停",做到"宁可有理让无理,也不要无理对无理",尽量避免引起事端。

2 乐于助人

助人为乐是一个人高尚品德的具体表现。教练员培养学员乐于助人的思想品德,尽力去帮助其他道路参与者,有利于道路安全畅通。行车中,发现需要援助的车辆,要停车给予对方帮助;遇到交通事故需要帮助时,要尽力给予协助,保护好现场,及时报警,协助救援人员抢救伤员;发现其他车辆有安全隐患,及时设法提醒,以防发生事故。

3 倡导文明

"多一份责任给自己、多一分关爱为他人"。驾驶教学中要弘扬安全文明理念,倡导规范文明驾驶,避免学员形成驾驶陋习、出现不良驾驶行为,时刻牢记以人为本、文明礼让、安全第一、预防为主的驾驶理念,用实际行动践行"关爱生命、文明出行"的价值观。

> **小知识**
>
> 常见的驾驶陋习：
>
> (1) 不礼让行人；
>
> (2) 不礼让执行特殊任务的车辆；
>
> (3) 随便向车外抛撒杂物；
>
> (4) 过涉水路面不减速，不顾他人安全；
>
> (5) 不开转向灯强行并线；
>
> (6) 乱鸣号催促别人；
>
> (7) 随意乱停车；
>
> (8) 开斗气车、强行超车；
>
> (9) 夜间会车不变换近光灯；
>
> (10) 长时间占非机动车道驾驶；
>
> (11) 故意遮挡车辆号牌；
>
> (12) 路口堵车加塞或抢行进入路口。

单元 6　驾驶相关知识

 模块 21　道路交通事故预防知识

道路交通事故预防的目的,就是要减少道路交通事故、人身伤亡和财物损失。教练员应向学员讲授各种道路环境下的安全行车知识以及道路交通事故预防知识,使学员具备在各种行车环境下的风险分析能力,将文明行车、规范驾驶的理念转化为每个学员的自觉行为。

一　道路交通事故基本知识

1　道路交通事故的定义

车辆驾驶员、行人、乘车人以及其他在道路上进行与交通有关活动的人员,因违反《道路交通安全法》和其他有关道路交通管理法规、规章的行为,造成人身伤亡或者财物损失的事故叫道路交通事故(以下简称"交通事故")。

2　构成交通事故的要素

构成交通事故要具备六个不可缺少的要素:

(1)车辆:指机动车及其他机械。

(2)发生地点:指道路、高速公路、街道、村镇道路等。

(3)车辆状态:指事故发生在车辆行驶、作业或停放过程中。

(4)发生事态:指发生碰撞、碾压、翻车、落水、坠毁等事故中的一种或多种现象。

(5)造成原因:因驾驶员违法驾驶、疏忽,车辆机件失灵如制动失灵、转向失灵等。

(6)后果:指有人员伤亡或车辆、财产损坏的后果。没有后果的不属于事故。

> **小知识**
>
> 　　车辆包括机动车和非机动车,机动车中有各类汽车、摩托车和拖拉机等,是用发动机驱动的车辆。非机动车中有畜力车和自行车等。
> 　　道路是指公路、街道、胡同、里巷、广场、停车场等供公众通行的地方。其中供车辆行驶的为车行道,供人通行的为人行道。
> 　　与道路成为一体的桥梁、隧道、轮渡设施以及作业道路用的电梯等均包括在"道路"中,是道路附属设施。

❸ 交通事故的分类

(1)按事故责任分:机动车、非机动车、行人。

(2)按事故后果分:轻微、一般、重大、特大事故。

(3)按事故原因分:主观原因造成的事故和客观原因造成的事故。

主观原因——违反法律规定、疏忽大意、操作不当。

客观原因——道路条件、气象、环境等。

(4)按事故对象分:车辆之间、车辆与行人之间、机动车与非机动车之间、车辆单方、车辆与固定物之间。

(5)按事故发生地点分:高速公路、等级公路、城市道路、交叉路口、路段等。

❹ 交通事故的特点

(1)随机性:指交通工具、道路运输系统的众多因素在随机影响下发生。

(2)突发性:一般无先兆,或感知时间极短。

(3)频发性:车速高、数量多、管理滞后,因此事故多发。

(4)社会性:社会发展使人际交往增多,道路活动频繁。

(5)不可逆性:指行为学上不可重现或者不能重现。

二 引发交通事故的常见违法行为

人是道路交通安全的核心,驾驶员的违法驾驶和不当操作行为,是导致交通事故的主要因素。教练员在培训教学过程中,要让学员了解不良驾驶行为的危害,自觉抵制不良驾驶行为,要求学员严格遵守交通法律法规,强化规则意识,养成遵守交通法规的良好习惯。

❶ 违法驾驶行为

违法驾驶行为是指在道路上所有违反法律法规的行为,这些行为是造成交通事故的主要成因。如在不具备超车条件的地方强行超车,或超车不提前鸣喇叭,前车尚未示意让路就超车;该让的车不让,甚至故意不让,在交叉路口支线行驶的车辆不让行干线行驶的车辆,转弯行驶车辆不让行直行行驶车辆;会车前不减速或在狭窄地带抢道;夜间会车不关闭前照灯等,这些都容易成为肇事成因。

② 驾车精力不集中

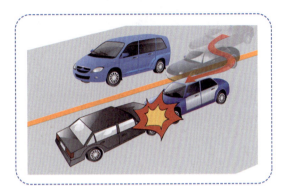

行车过程中精力不集中也是造成交通事故的重要因素,如因家庭不和睦、工作不顺心等而思虑,因受某种刺激而过度兴奋或沮丧,边驾车边吸烟、边吃东西或与乘车人频繁谈笑,因路熟而麻痹大意等,都容易分散精力,致使观察失真造成交通事故。

③ 疲劳驾驶

长时间驾驶、长途行车前睡眠不好或患妨碍安全驾驶的疾病时驾车,都容易引发疲劳。驾驶员疲劳时,会出现视线模糊、腰酸背疼、动作呆板、手脚发胀、精力不集中、反应迟钝、思考不周全、精神涣散、焦虑、急躁等现象。

行车中驾驶员出现轻微疲劳,会换挡不及时、不准确;出现中度疲劳时,操作动作呆滞,有时甚至会忘记操作;重度疲劳时,往往会下意识操作或出现短时间睡眠现象,严重时会失去对车辆的控制能力。如果驾驶员疲劳时仍勉强驾驶车辆,则可能导致交通事故。疲劳驾驶不仅有损于驾驶员的身心健康,更重要的是对行车安全危害很大,极易引发交通事故。

④ 酒后驾驶

驾驶员饮酒后,发现道路标志的能力差,易对速度、距离、信号灯和停车标志判断错误,知觉能力下降,大脑反应迟钝,头脑昏沉、神志不清、失去自控力,甚至会表现为胆大妄为,不知危险,以致发生超速行驶、强行超车等违法行为。酒后驾驶机动车是严重的道路交通安全违法行为,极易发生道路交通事故,严重危害道路交通安全和人民群众生命财产安全。

三 典型道路交通事故案例分析

交通事故的背后是交通违法,交通违法的背后是不规范的驾驶行为。教练员在教学过程中,要通过分析典型道路交通事故案例,强化对学员安全、文明行车意识和实际驾驶能力的培养,吸取各种教训,规范驾驶行为,确保行车安全。

1 超员事故案例

一辆载有 42 人的中型普通客车(核载 19 人,实载 42 人,其中 1 人为 2 岁小孩,超员 121%)途经百悬线 14km+260m 处时,突然发现两辆电动自行车先后横过公路,驾驶员在慌乱躲避中处置不当,冲出西侧路外后撞到交叉路口公路西侧的警示桩,坠入落差为 1.7m 的小河中。事故造成驾驶员和乘客一共 9 人当场死亡,3 人经医院抢救无效死亡,25 人不同程度受伤,车辆严重受损,直接经济损失约 416 万元。

事故原因是中型普通客车驾驶员驾驶严重超载、制动性能不符合技术标准、擅自拆除座位的中型普通客车,违反了:

(1)《道路交通安全法》第二十一条:"驾驶人驾驶机动车上道路行驶前,应当对机动车的安全技术性能进行认真检查;不得驾驶安全设施不全或者机件不符合技术标准等具有安全隐患的机动车"。

(2)《道路交通安全法》第二十二条第一款:"机动车驾驶人应当遵守道路交通安全法律、法规的规定,按照操作规范安全驾驶、文明驾驶"。

(3)《道路交通安全法》第四十九条"机动车载人不得超过核定的人数"。

2 超速事故案例

一辆执行包车运营的大客车,核载 53 人,实载 55 人(含 2 名驾乘人员),沿滨保高速公路由西向东行至天津市境内 60km+700m 处时,由于大客车驾驶员连续驾驶 6 个多小时且超速行驶(根据大客车上 GPS 卫星定位装置记录显示,事故发生时大客车的行驶速度为 115.9 km/h),与刚刚超越的一辆小轿车发生擦蹭撞击后向右侧翻,压靠在波形护栏上滑行 62m,车窗立柱与车身骨架焊接部位断裂,车顶右侧与车身骨架开裂,断裂的护栏钢板插入车内,对乘客形成切割和撞击。造成大客车内 34 人当场死亡,1 人经医院抢救无效死亡,19 人受伤,两车不同程度损坏和部分公路设施损毁的特大道路交通事故。

事故原因是大客车驾驶员疲劳驾驶且超速、超载行驶,遇险情后处置不当,违反了:

(1)《道路交通安全法》第二十二条第一款"机动车驾驶人应当遵守道路交通安全法律、法规的规定,按照操作规范安全驾驶、文明驾驶"。

(2)《中华人民共和国道路交通安全法实施条例》(以下简称《道路交通安全法实施条例》)第六十二条"连续驾驶机动车超过 4 小时未停车休息或者停车休息时间少于 20 分钟"。

(3)《道路交通安全法实施条例》第七十八条第二款"在高速公路上行驶的小型载客汽车最高车速不得超过每小时 120 公里,其他机动车不得超过每小时 100 公里"。

(4)《道路交通安全法实施条例》第五十五条"公路载客汽车不得超过核定的载客人数"。

3 酒驾事故

一辆重型半挂牵引车行至 107 国道 1201km + 900m 处时,由于驾驶员酒后超速驾驶,操作失控,撞开 4 个道路中央隔离墩后,驶入对向车道,与对向驶来的一辆超员的大客车(核载 33 人,实载 47 人)相撞,两车同时落入路左侧的水塘里,重型半挂牵引车驾驶员肇事逃逸,大客车驾驶员当场死亡。这场触目惊心的重大道路交通事故,造成 23 人死亡,22 人受伤,直接经济损失高达 644.32 万元。

事故原因是重型半挂牵引车驾驶员酒后超速驾驶有隐患的机动车,造成严重后果,肇事后弃车逃离事故现场,其行为违反了:

(1)《道路交通安全法》第二十二条第二款"饮酒、服用国家管制的精神药品或者麻醉药品,或者患有妨碍安全驾驶机动车的疾病,或者过度疲劳影响安全驾驶的,不得驾驶机动车"。

(2)《道路交通安全法》第四十二条第一款"机动车上道路行驶,不得超过限速标志标明的最高时速。在没有限速标志的路段,应当保持安全车速"。

大客车驾驶员驾驶超员车辆,违反了《道路交通安全法》第四十九条:"机动车载人不得超过核定的人数"的规定,加重了事故的损害后果,承担事故的重要责任,由于驾驶员在事故中死亡,无法追究刑事责任。

酒后驾驶一种极严重的违法行为,《中华人民共和国刑法》和《道路交通安全法》对酒后驾驶都有严格的处罚规定。

4 疲劳驾驶事故

一辆双层卧铺大客车(核载 44 人,实载 43 人,其中含 4 名学龄前儿童),当行至贵毕公路 82km + 180m 处时,由于驾驶员已经超过 4h 未停车休息,长时间疲劳驾驶,导致驾驶操作失当,车辆方向失控驶入对向车道,撞坏公路左侧波形护栏后冲出护栏,翻下斜长 137m、垂直高度 80m 深的谷底,造成 18 人死亡(其中有 3 名儿童)、24 人受伤、直接经济损失高达 600 万元的特大道路交通事故。

事故原因是大客车驾驶员在极度疲劳的状态下,不顾乘客的生命安全,继续驾驶客车行驶,违反了:

(1)《道路交通安全法》第二十二条"机动车驾驶人过度疲劳影响安全驾驶的,不得驾驶机动车"。

(2)《道路交通安全法实施条例》第六十二条第七款"驾驶机动车不得有下列行为:连续驾驶机动车超过 4 小时未停车休息或者停车休息时间少于 20 分钟"。

大客车驾驶员疲劳驾驶是一种对乘客生命极不负责任的危险行为,我国道路交通法律、法规明令禁止不得疲劳驾驶机动车,可是肇事大客车驾驶员无视法律法规,至乘客的生命于不顾,冒险驾驶客车营运,导致事故发生。

模块22　伤员救护基本知识

交通事故是在高速相对运动中瞬间发生的,事故受害人对所面临的致伤物及撞压力是难以抗拒的,因此交通事故造成的损伤具有突出的特点。学员掌握基本的交通事故急救方法,对事故现场进行正确的应急处理,对赢得宝贵的抢救时间,减少事故伤残、伤亡是十分有益的。

一　交通事故急救常识

抢救伤员时,不盲目操作,按照要领,注意轻、重、缓、急施救原则,及时正确地进行现场急救,是维持和恢复危重伤员生命机能的关键环节。

1　受伤类型

(1)撞击伤可造成颅脑、颈椎、心脏等损伤,伤势一般很严重。
(2)轧压伤容易造成骨折、脏器破裂等。
(3)坠落伤特征是体表伤轻,体内伤重。

2　受伤部位

交通事故导致人体的主要受伤部位为头部、四肢、盆腔、肝、脾、胸部。死亡的主要原因是头部损伤、严重的复合伤和轧压伤。

3　现场救护原则

交通事故发生后,容易慌乱而无组织地盲目救护,常因抢救方法不当,错误搬运伤员,反而使伤员伤势加重,甚至丧失生命或造成终身残疾。因此,交通事故现场救护应遵循以下基本原则:

(1)遵守救护顺序。紧急救护→保护现场→转运伤员→拨打"120"、"110"和"122"。

(2)切勿盲目移动伤员。不要随意挪动伤员,除非其处境非常危险,会威胁伤员生命(如汽车着火有爆炸可能)。伤者压于车轮或物体下时,禁止拉拽伤员的肢体,要想办法移动车辆或物品,根据伤势状况采取相应的救护方法,避免加重损伤。

(3)先救命,后治伤。对呼吸、心跳停止者立即实施心肺复苏。

二　交通事故中伤员的救护

事故现场急救包括止血、包扎、骨折固定、搬运和心肺复苏等。在实施具体急救时,首先要控制和制止大出血、疏通呼吸道,然后固定脊椎和骨折肢体,最后可进行针对性的包扎和实施心肺复苏等。

1 伤口止血方法

(1)指压止血法:伤员头部、颈部、四肢的动脉出血时,用手指直接压迫伤口的近心端动脉,阻断动脉血液流动。指压止血法常用于颞浅动脉、肱动脉、股动脉、桡尺动脉等。

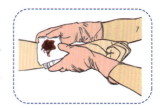

(2)加压包扎止血法:先用纱布、棉垫、绷带、布类等做成的垫子放在伤口的敷料上或直接放在伤口上再用绷带、三角巾等加压包扎。

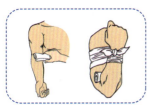

(3)屈肢加垫止血法:前臂出血时,在肘窝处放置纱布垫或毛巾、衣物等,肘关节屈曲,用绷带或三角巾屈肘位固定。上肢出血,在腋窝加垫,使前臂屈曲于胸前,用绷带或三角巾将上臂固定在胸前。小腿出血,在腘窝加垫,膝关节屈曲,用绷带或三角巾屈膝位固定。大腿出血,在大腿根部加垫,屈曲髋、膝关节,用绷带或三角巾将腿与躯干固定。

注意:采取加垫屈肢止血后,注意肢体远端的血液循环。每隔50min缓慢松开3~5min,防止肢体坏死。

(4)止血带止血法。取弹性的橡皮管或橡皮带。上肢结扎于上臂上1/3处,下肢结扎于大腿的中部。结扎时应先将伤肢抬高,底部垫上敷料或毛巾等软织物,将止血带适当拉长,绕肢体两周,在外侧打结固定。最后标注使用止血带的时间,每隔50min需要放松3~5min;放松止血带期间,要用指压法或直接压迫法止血,以减少出血。

2 伤口包扎方法

(1)绷带包扎法。对于受伤创面小、需夹板固定的伤员,通常采用绷带包扎,以固定盖在伤口的敷料、骨折或挫伤部位,且有压迫止血的作用,还可以保护患处。包扎方法有环形法、蛇形法、螺旋形法、螺旋反折法等。

包扎类型	包扎方法	图示
环形法	先将绷带作环形重叠缠绕,第一圈环绕稍作倾斜状,第二、三圈作环形,并将第一圈之斜出一角压于环形圈内,最后用胶布将带尾固定,也可将带尾剪成两个头,然后打结	
蛇形法	先将绷带按环形法缠绕数圈,按绷带的宽度作间隔倾斜着上缠或下缠	

续上表

包扎类型	包扎方法	图示
螺旋形法	先按环形法缠绕数圈，上缠每圈盖住前留1/3或2/3呈螺旋形	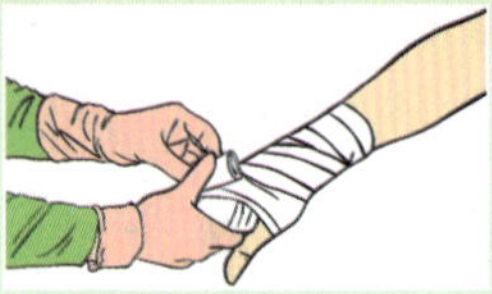
螺旋反折法	先按环形法缠绕，待缠到渐粗处，将每圈绷带反折，盖住前圈1/3或2/3，依此由下而上地缠绕	

（2）三角巾包扎法。对较大创面、固定夹板、手臂悬吊等伤员，需应用三角巾包扎法。包扎方法有普通头部包扎、风帽式头部包扎、普通面部包扎、普通胸部包扎。

包扎类型	方法	图示
普通头部包扎	先将三角巾底边折叠，把三角巾底边放于前额拉到脑后，相交后先打一半结，再绕至前额打结	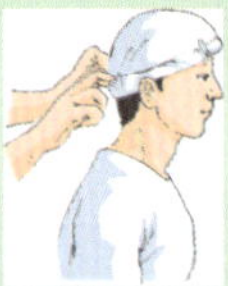
风帽式头部包扎	将三角巾顶角和底边中央各打一结成风帽状。顶角放于额前，底结放在后脑勺下方，包住头部，两角往面部拉紧向外反折包绕下颌	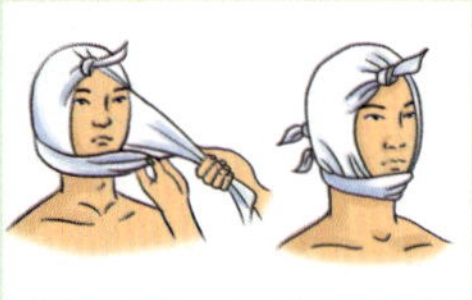
普通面部包扎	将三角巾顶角打一结，适当位置剪孔（眼、鼻、口处）。打结处放于头顶处，三角巾罩于面部，剪孔处正好露出眼、鼻、口，三角巾左右两角拉到颈后环绕后在前面打结	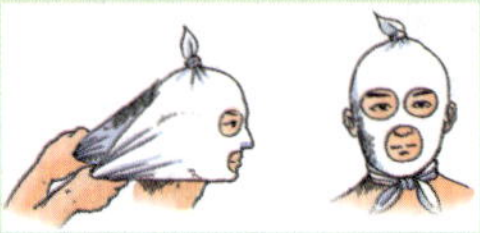
普通胸部包扎	将三角巾顶角向上，贴于局部，如系左胸受伤，顶角放在右肩上，底边扯到背后在后面打结；再将左角拉到肩部与顶角打结，背部包扎与胸部包扎相同，位置相反，结打于胸部	

❸ 骨折固定方法

发生骨折事故之后，表现为创面大量出血，伤员很快会因为出血过多而休克。救护时先进行止血和包扎（按活动性出血处理），为了使断骨不再加重对周围组织的损伤，减轻患者的疼痛，便于医生的诊治，在运送伤员去医院的途中，要进行必要的固定。

（1）上肢骨折固定。对上肢的骨折可用夹板或树枝固定。伤者手臂呈屈肘状,用两块夹板固定,一块放于上臂内侧,另一块放在外侧,用绷带固定。如只有一块夹板,则夹板放在外侧加以固定,用三角巾悬吊伤肢,并检查末梢血液循环的情况,以防肢体缺乏血液供应而坏死。

（2）下肢骨折固定。对下肢的骨折可采用加压包扎后用长夹板或木板固定。将伤腿拉直,夹板长度上至腋窝,下过脚跟。两块夹板放于大腿内、外侧。用绷带或三角巾缠绕固定,并检查肢体末梢血液循环的情况,以防肢体缺乏血液供应而坏死。

（3）脊柱、颈椎骨折固定。对脊柱、颈椎骨折的伤员,严禁随意搬动走动,应在保持脊柱、颈椎安定的状态下平稳地移至硬板担架上,用三角巾固定后送医院救治。切勿扶持伤者走动或使用软担架运送。

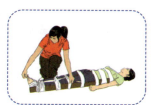

4 伤员搬运方法

（1）单人腋下平拖法。救援者弯腰下蹲,双手从伤员腋后插入腋下,钩住伤员腋窝,水平拖行。

（2）单人抱持法。救援者位于伤员一侧,一手托住伤员的双腿,另一只手紧抱伤员腰部或肩部。

（3）多人平抬法。这种方法主要针对怀疑有颈椎损伤和脊柱损伤的伤员。具体办法是:一人抱伤员双肩和头部,一人托住伤员腰臀部,第三人托住双下肢,水平搬运伤员。疑有颈椎损伤宜有一人托住头颈搬运。

5 心肺复苏抢救方法

心肺复苏抢救方法,是对心脏、呼吸骤停伤员的有效抢救方法。心脏骤停后,在常温下脑细胞 4min 后将出现不可逆转的损害。因此,要抓紧黄金急救 4min,在现场立即对伤员实施心肺复苏。

步　骤	抢　救　方　法	示　意　图
第一步	将伤员搬离现场,放于空旷平地,如遇草地或沙地要在伤者的后背放一块硬木板。将伤员放置成心肺复苏体位,救护者跪于病人的一侧	

续上表

步 骤	抢 救 方 法	示 意 图
第二步	抬起伤员下颌,与地面成90°夹角,清理气道和口中可能存在的异物,保持其呼吸气道开放畅通,贴近伤员5s,判断有无呼吸	
第三步	进行口对口人工呼吸,捏紧鼻翼,包严嘴唇,连续吹气2次,每次2s,每分钟吹气15次左右,同时观察胸部起伏情况	
第四步	判断循环,触摸颈动脉,观察有无咳嗽和其他运动,用5~10s判断有无心跳	
第五步	心脏按压定位,救护者一手食指、中指并拢,沿伤员一侧肋弓向上滑行至两侧肋弓交界处,另一手掌根紧靠食指放好,按压部位在胸骨下1/2处	
第六步	定位准确,双手掌根垂直向下用力,下压深度4~5cm,连续30次胸外按压,频率为80~100次/min	
第七步	口对口人工吹气与胸外按压操作反复进行,30次按压后加做2次口对口吹气为一遍完整操作。每3~4min停止一次操作,检查呼吸与循环	

模块23 车辆消防知识

消防知识教学,主要是向学员介绍一些汽车常见火灾的起因,讲解防范火灾的消防知识,传授预防火灾和火灾发生时的紧急处理措施,培养学员有效预防或应急处置汽车火灾的能力,避免或减轻因火灾造成的损失。

一 车辆火灾的预防措施

车辆火灾一般都是因为燃油系统故障、电路系统故障、车辆碰撞、高温天气、违规用火等因素引起的,一旦发生火灾,结果多是车辆报废、货物损毁、人员伤亡。做好火灾预防工作,可以有效避免火灾发生,减少损失。

1 常见的车辆火灾

燃油系统发生火灾,主要是由于油管破裂、润滑油泄漏引起的。发动机大负荷长时间工作时,超高温的排气管也能使泄漏的油污燃烧。

电器或线路起火主要是由于电线老化破损、自行随意改装线路造成的搭铁短路或电器设备老化、自改设备负荷超载。

当汽车碰撞时,能量通过金属变形的方式得到释放,有时则会直接触及油箱造成爆炸起火,有时会因碰撞时损坏电气线路及各种用电设备造成短路,引起燃油着火。

夏季高温引起的车辆火灾主要原因有两种:一是高温易使车辆的橡胶部件软化、储液密封容器内的压力加大,易造成润滑油或汽油等液体泄漏,遇到静电、火花引起火灾;二是夏季在阳光下暴晒时间过久,车内温度最高能够达到50～70℃,车内打火机或装在压力容器里的喷雾剂等物品,都很可能因高温发生爆燃起火。

此外,驾乘人员不注意消防安全,在车内随意乱抛乱扔烟头或未熄灭的火柴,一旦烟头、火柴接触易燃的座椅、坐垫或直接掉落在可燃装饰材料上,都会引发车辆火灾事故。

2 火灾的预防

(1)做好车辆的日常检查,定期对全车线路、电器设备、油箱、发动机及底盘等易出现火灾的部位进行检查,及时发现火灾隐患并处理。

(2)车辆出现故障及时维修,不乱接车上电气线路,不违章操作电器。遇到自己解决不了的电气设备、电路故障,要到专业机构维修维修,切忌盲目操作。

(3)不在车内违章存放易燃危险物品,不在车内装载、存放打火机、香水以及含汽油、酒精的易燃易爆品。

(4)车上按规定配备灭火器,掌握灭火器的正确使用方法,做到小火可自救,大火能控制。

二 车辆火灾的扑救

正确扑救车辆火灾,对于迅速控制火情,缩短灭火时间,减少人员伤亡和财产损失非常关键。教练员要让学员掌握最基本的火灾扑救方法,在最短的时间内控制火势,进而尽快扑灭火灾。

1 发动机发生火灾的扑救

发动机发生火灾时,要迅速停车,驾驶员要迅速让车上人员打开车门下车,然后切断电源,取下随车灭火器,对着发动机盖的缝隙或火焰根部正面猛喷,严禁打开发动机盖灭火。

2 加注燃油发生火灾的扑救

在加油过程中发生火灾时,千万不要惊慌,要立即停止加油,尽快将车开到远离加油站的空旷地方,用随车灭火器或加油站配置的灭火器灭火,也可用衣服等物品将油箱上的火焰扑灭。如果地面有流洒的燃料,要用库区内的灭火器或沙土将地面明火扑灭。

3 碰撞引发火灾的扑救

汽车因碰撞发生火灾时,要迅速报警,尽快设法让车上人员逃出,然后再设法灭火。火势较大时,不得靠近火区,应等待专业消防队灭火。

您会报火警吗?

火灾发生时,请拨打"119"火警电话,说明下列情况:
1. 起火单位的名称、地址以及附近的典型标志;
2. 燃烧物质,火势情况,是否有人员被困;
3. 报警人的姓名及联系电话;
4. 到主要路口迎候消防车、救护车、警车到场。

三 灭火器的使用

车辆发生火灾时,灭火器是应急救援的必备物品。按照国家标准《机动车运行安全技术条件》(GB 7258—2012)的要求,车辆应装备灭火器,灭火器在车上应安装牢靠并便于取用。

1 车辆常用的灭火器

(1)干粉灭火器:灭火级别高、功能全,灭火迅速,具有电绝缘性能和较好的低温使用性能。目前车辆配备的灭火器大部分都是手提储压式干粉灭火器。

(2)超细干粉灭火器:具有干粉灭火器的优点,同时抗复燃效果好,灭火效能是普通干粉灭火器的6~10倍。干粉自动灭火器已被广泛应用于公共汽车消防。

(3)二氧化碳灭火器:二氧化碳作为灭火剂,绝缘性能好,但二氧化碳是一种中等毒性的物质，浓度达到 7%～9% 时，就会使人呼吸困难、呕吐、感觉麻木、神志混乱，当浓度达到 10% 时，人在此环境中停留 1min，就会失去知觉。由于存在一定的危险性，在车上装备这种灭火器，驾驶员需要有一定的实践经验。

2 车载灭火器的正确使用

车载灭火器超过使用保质期应及时更换。出厂满 5 年的，即使未开启使用过也必须送专业维修单位检修，以确保灭火器安全可靠，以后每隔 2 年检修一次，从出厂日期起满 10 年的灭火器应强制报废。

驾驶员要定期查看灭火器保险销是否完好，筒体是否变形锈蚀，喷嘴是否有油垢堵塞；并应经常擦除灰尘、疏通喷嘴，使之保持通畅。驾驶员还要经常查看灭火器压力指示器的指针是否在绿色区域内，绿色表明灭火器内部工作压力正常，黄色表明压力过高，红色表明压力过低。

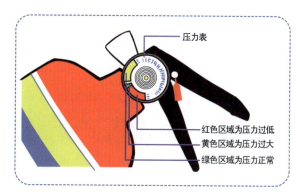

发现汽车有焦味或冒出浓烟时，驾驶员要立即做出车辆自燃的判断，切忌惊慌失措。要立即拉紧驻车制动器操纵杆、关闭电源，迅速离开驾驶室，取出灭火器，对着火部位进行灭火，同时打电话给相关部门求救。

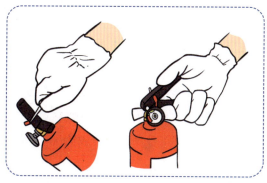

使用灭火器时，先除掉压把根部的铅封，拔掉压把根部的保险销。将喷嘴对准燃烧处，用力握紧开启压把，使灭火器喷射。在室外使用时，要选择在上风处喷射。灭火时要对准火焰根部由近而远并左右扫射，向前快速推进，直至火焰全部扑灭。

3 灭火注意事项

（1）发动机舱起火，千万不要着急掀开发动机舱盖，可用随车灭火器，从发动机舱盖（罩）缝隙处，对准起火部位喷射灭火。

（2）使用车载灭火器救火时，禁止倒置使用，否则有可能导致喷射中断。

（3）一定要选好风口，寻找好有利

位置,站在上风口对准着火源灭火。

(4)着火的位置不同,灭火器的使用方式也会不同,车辆下面着火时要从下往上灭火。

(5)灭火后,一定要检查灭火是否彻底,以防止复燃,千万不要大意。

模块 24　节能减排知识

节能减排是我国的一项基本国策,树立节能减排意识,不断加强节能减排工作,有利于缓解能源紧张状况,保护环境。教练员在教学中,要对学员进行节能减排驾驶知识教学,注重培养学员节能减排意识,树立节能驾驶理念,培养节能驾驶习惯。

一　汽车节能减排

汽车的节能减排涉及汽车能源体系中能源的生产、转换以及利用等各个方面。降低汽车燃料消耗、避免汽车材料浪费和减少汽车排出物(温室气体、污染性气体、固体排出物等)对人们生存和生活环境的影响是汽车节能减排的重要任务。

1　汽车尾气污染物的危害

汽车尾气污染物是发动机在燃烧做功过程中产生的有害气体。主要污染物有一氧化碳(CO)、碳氢化合物(HC)、氮氧化合物(NO_x)、二氧化碳(CO_2)和微粒物(PM)等。

(1)一氧化碳(CO)是发动机因氧气不充足或其他原因造成燃料不完全燃烧产生的一种无色、无味的气体。人体吸入 CO 后,会出现身体缺氧、思考受阻、反应迟钝、头痛、头晕、呕吐等中毒症状,严重时可能导致死亡。

(2)碳氢化合物(HC)是发动机废气中的未燃烧部分,还包括供油系中燃料的蒸发和滴漏。单独的 HC 只有在含量相当高的情况下才会对人体产生影响,一般情况下作用不大,但它却是产生光化学烟雾的重要成分。

(3)氮氧化合物(NO_x)是发动机有一定负荷时大量产生的一种褐色的有臭味的废气。发动机废气刚排出时,气体内存在的 NO 毒性较小,但 NO 很快氧化成毒性较大的 NO_2 等其他氮氧化合物。NO_x 超过一定浓度时,具有明显的刺激性,会刺激眼结膜,引起流泪并导致红眼症,同时对鼻、咽、喉等器官均有刺激作用,能引起急性喘息症,使人呼吸困难、眼红喉痛、头脑晕沉,造成中毒。

(4)二氧化碳(CO_2)对人体无直接危害,但因大气中的 CO_2 大幅度增加,其会吸收红外热辐射而形成温室效应,破坏人类和动植物赖以生存的生态环境。CO_2 的控制已成为汽车排放研究的重要课题,提高汽车燃油的经济性和使用低排量汽车是减少 CO_2 排放的重要措施。

(5)颗粒物(PM)是燃油燃烧时因缺氧产生的一种物质,其中以柴油机最明显。柴油在高温高压下裂解更容易产生大量人眼看得见的炭烟。炭烟会影响道路能见度,并因含有少量带有特殊臭味的乙醛,往往引起人们恶心和头晕。炭烟不仅本身对人的呼吸系统有害,而且炭烟粒的孔隙中往往吸附着 SO_2 及有致癌作用的多环芳香烃等,其危害更大。

2 降低汽车污染物排放的措施

(1)选用达到国家排放标准的车辆,是降低排放污染的基本保证,包括使用达到国家排放标准的车辆和混合动力车、纯电动车等新能源车辆。

(2)养成良好的驾驶习惯,是节能减排的重要方法。遇到较长时间红灯时,将发动机熄火,减少发动机空转时间;在城区路段,按照经济车速保持相对匀速行驶,减少频繁急加速等操作。

(3)保持车辆良好技术状况,是节约燃料、降低尾气排放的关键。车辆技术状况的好坏与车辆的维护有直接的关系,要定期对车辆进行检查维护,按车辆压缩比标值选择合适标号燃油。

二 汽车技术状况与节能减排

汽车随着使用时间的增长,其性能也在逐步发生变化。车辆技术状况会变差、故障增多、油耗增大。汽车本身的良好技术状况是节约燃油的关键,而加强技术管理则是确保车辆经常处于良好技术状况的关键。

1 发动机技术状况与油耗的关系

(1)发动机对汽车油耗有决定性的影响,发动机的油耗决定于发动机的结构。发动机的压缩比高,有完善的供油系统及合理的燃烧室形状,采用电子点火系统等都能降低发动机的油耗。

(2)柴油发动机由于压缩比比汽油发动机要高得多,因此油耗也较低。试验和使用证明,一般装备柴油发动机的轿车比装备汽油发动机的轿车节油18%左右,柴油发动机载货汽车比汽油发动机载货汽车节油30%左右。

2 底盘技术状况与油耗的关系

汽车底盘技术状况引起燃料消耗增大的主要原因是维护、调整不当,使发动机的部分动力在传输过程中转化为无用的甚至有害的热能消耗掉,并且大大影响了汽车的运行性能。

(1)汽车传动系中的离合器、变速器及主减速器技术状况的好坏直接影响传动效率,从而影响燃油消耗。传动系效率越高,传递动力的过程中能量损失越小,汽车的油耗就越低。挡位设置增多,能增加发动机处于经济工况下工作的机会,有利于提高汽车的燃油经济性,一般用高挡位行驶比低挡位行驶省油。自动变速器的汽车虽然驾驶方便,但汽车油耗较高。

（2）行驶系统技术状况不良，如车轮轮毂轴承过紧、前轮定位失准、前后轴距不符合规定等，都会造成汽车行驶时滚动阻力、摩擦损失、功率消耗增大，滑行距离缩短，燃油消耗增加。前桥一些部件因磨损、松动、变形等原因，造成前轮定位发生变化，加大行驶阻力和燃料消耗。轮胎气压不足、轮胎变形大、滚动阻力增加，也会增加油耗。

（3）制动系统技术状况差，驻车制动器、行车制动器调整不当，会出现卡滞或制动不灵，增加油耗。

（4）选择润滑油时，如油的黏度、抗磨性和黏温特性等如果不能满足不同季节、不同使用条件的要求，会增大机件的磨损和耗油量，降低传动效率。

3 汽车质量和外形与节能的关系

（1）汽车的总质量影响汽车的滚动阻力、坡道阻力和加速阻力，进而影响汽车的燃油经济性。以整车质量为 1360kg 的汽车为例，当汽车总质量减少 10% 时，油耗将降低 8.8%。

（2）汽车速度不高时，空气阻力对汽车的燃料消耗影响不大，但当车速超过 50km/h，空气阻力对汽车燃油经济性的影响逐步明显。高速行驶时关闭车窗等措施都能降低空气阻力，减少油耗。

4 轮胎与节能的关系

轮胎结构对滚动阻力影响很大，改善轮胎结构，可以减少汽车油耗。子午线轮胎比普通斜交轮胎的滚动阻力小 20%~30%。另外，轮胎的花纹及胎压对汽车的油耗也有较大的影响，以 40km/h 的速度行驶，胎压降低 30%，汽车耗油量将增加 5%。

三 节能驾驶操作基本知识

在车辆技术条件相同的情况下，驾驶员驾驶汽车技术的差异，对燃料的消耗也有很大影响，不同驾驶方式下，燃料消耗水平有 15% 左右的差异。熟练掌握驾驶技能，可以提高节能减排效果。教练员要让学员掌握正确的驾驶技术以及科学的操作方法，在驾驶过程中有效降低燃料的消耗。

1 掌握正确驾驶方法

（1）起动发动机时，变速器操纵杆置于空挡位置，踏下离合器踏板，以减小发动机起动阻力。发动机起动后，缓抬离合器踏板，使其平稳接合，将动力平顺地传递给变速器。电喷汽油发动机起动时，不需要踩踏加速踏板，发动机自动控制节气门的开度，供油量及浓混合气都由电喷供油系统自动控制，具有更好的动力性、经济性及加速性。

（2）发动机冷却液温度过低，会使燃料消耗增加并且加剧发动机机件磨损，易产生积炭，电喷发动机此时为开环工作，排放状况很差，会缩短三元催化器寿命。热车时间过长对燃料消耗和发动机寿命都不利,要尽量缩短热车时间。电喷发动机汽车,可根据环境温度调整怠速热车时间,一般冷却液温度升至 40～50℃ 即可起步,低速行驶 1～2km,随着冷却液温度逐渐正常才可高速工作。

（3）汽车起步操作要做到手脚协调,轻踏加速踏板,缓抬离合器踏板,使发动机既不熄火,又能节约燃料,实现车辆平稳起步。起步时,要合理选用挡位。重载时汽车起步,一挡比二挡要节省燃料,轻载时可选择二挡起步。

（4）控制好加速踏板,做到"轻踏、缓抬",不要猛踏、猛抬或者连续地踏、抬加速踏板。

（5）制动器制动时,制动蹄片与制动鼓（盘）互相摩擦,通过汽车轮胎与路面的摩擦消耗汽车的动能实现汽车减速。驾驶员在减速时,合理使用、正确操作制动器,尽量少用或不用制动,采用以滑行代替制动的方式,充分利用车辆的惯性行驶,实现有预见性的驾驶,节约燃油。

（6）发动机转速越高,其输出功率和功率利用率越大,单位功率的燃油消耗量越小。车速过高或过低都不利于节约燃油,汽车低速行驶油耗较高,车速超过一定值以后,燃油消耗率增加得非常快,车速超过发动机最低油耗转速时,燃油消耗率随着车速的增加而增加。经济车速是汽车以直接挡或超速挡行驶时,燃油消耗量最低的车速。突然加速要比平稳加速多消耗 1/3 燃油,一次急停车和起步多消耗 35mL 左右的燃料。

汽车的经济车速

经济车速指汽车行驶中消耗燃料最节省的速度。它随路况、载重、风向、气候及使用情况变化。各种车型的经济时速有所不同,但大都在 80～90km/h。低于或高于经济时速行驶时油耗就会上升。

（7）挡位时机的选择与换挡动作都对燃料的消耗影响很大。正常行驶条件下,高挡位比低挡位驾驶节省燃料。动力不足要及时加挡,用猛踩加速踏板的方式提速将加大燃料消耗。换挡时要脚轻手快,动作准确,缩短换挡时行驶的距离,达到节省燃料的目的。

（8）停车后是否将发动机熄火,要根据具体情况来确定。车辆怠速运转 1min 以上的油耗要高于重新起动一次发动机。当停车超过 1min 时,在不影响车辆正常通行的情况下,最好将发动机熄火。

（9）车速低于 60km/h 时,可视情况关闭空调,打开车窗通风;但车速高于 80km/h,则应利用空调制冷,不要打开车窗,否则会增大风阻,增加燃料消耗。

（10）减轻汽车的自重能省油。试验证明,车辆载重每增加 10kg,油耗就会增加 1%。

给汽车增加过多的装饰品或携带重物会增加汽车的油耗。要及时清理行李舱内不必要的物品,减轻车辆负重,减少油耗。

❷ 避免不良驾驶习惯

(1)减少发动机空转。经测试,一般小型汽车发动机怠速运转5min,就会消耗掉大约70mL的汽油。在短时间停车等候时,发动机空转既会对空气造成污染,又会增加燃料消耗。

(2)不要养成怠速踩加速踏板的习惯。猛踩加速踏板,加浓、加速装置会额外供油。据测量,怠速时每踩一次加速踏板,相当于白白浪费3~5mL汽油;同时,混合气被额外加浓后,造成燃烧不完全而产生有害废气排放,污染环境。

(3)注意发动机温度的调节。夏季,把冷却液工作温度控制得很低,会使发动机油耗增加。据试验,冷却液工作温度从90℃降至80℃,燃料将多消耗2.5%;降到75℃时,将多消耗3%~5%;降到65℃时,将多消耗15%。无论夏季还是冬季,都应使冷却液保持在80~90℃的正常工作温度。

单元7 教学管理

模块25 学员管理

学员是机动车驾驶培训机构的培训对象,也是驾驶培训教学过程中的服务对象。教练员要树立"以服务学员为中心"、"服务和管理相辅相成"、"只有管理好,才能服务好,服务是根本"的管理理念,既要做好对学员的服务,又要做好对学员的管理。科学有序的学员管理将有助于学员与教练员相互配合开展培训教学,有助于合理地安排教学时间,保证教学进度与教学安全。

一 培训教学管理

驾驶培训教学过程中,教练员要加强对学员的培训教学管理,维护教学秩序,保护学员的合法权益,营造良好的学习环境。

1 学员日常行为管理

在驾驶培训教学过程中,教练员要通过有效的方式和方法加强对学员日常行为的管理,结合驾驶培训教学的实际情况,规范教学管理,规范学员的学习行为,培养学员良好的职业素质。

教练员要培养学员自觉遵守社会公德,爱护教学设备、设施,爱护教学车辆及所配用具物品,不得随意损坏,还应提示学员妥善保管私人物品,防止丢失被盗,不在教练车上存放个人物品。

教练员必须要求学员严格遵守交通法规和驾驶操作规程,服从教学指导和管理。未经教练员同意,学员不得私自起动发动机和单独驾驶教练车辆。培训教学过程中,严禁学员有吸烟、饮食、接打手机和其他妨碍训练的行为,严禁酒后参加培训。

上车学习的学员,教练员要强调着装整洁得体,不得穿拖鞋或高跟鞋,不得佩戴可能危及行车安全的其他饰品,不准带与培训教学无关的人员乘坐教练车。场地训练时,要求学员遵守教练场安全管理规定,不在训练场追逐打闹。

2 学员培训学时管理

培训学时是计算学员参加驾驶培训的时间单位,教练员必须确保学员的有效驾驶培训学习时间达到规定要求,保障学员的合法权益,保证驾驶培训教学质量。在培训教学过程中,教练员要向学员说明每个阶段、每个教学项目规定的培训学时。督促学员按时参加学习培训,达到《大纲》中明确规定的学时要求。教育学员自觉遵守教学学时规定,强调只有保证培训时间,才能保证培训质量,全面落实学时制。

在学时管理中,教练员要监督学员使用计时管理信息系统,在每个驾驶培训过程前后都必须进行确认。让学员明确计时管理信息系统是考核学员驾驶培训学时的主要依据,如果学员驾驶培训学时达不到规定要求,学员将无法参加相关科目的考试。

二 学员安全管理

培训教学过程存在一定的危险性,不论是学员还是教练员,稍有疏忽都有可能发生交通事故。教练员必须加强学员安全管理,将学员安全管理融入学员的培训教学过程中,让学员接受安全教育,培养学员的交通安全意识。

1 学员的安全教育

学员安全意识的强弱,安全知识的多寡,安全技能的掌握与否,都对未来的安全行车有着重大影响。驾驶培训期间,是对学员进行交通安全教育的一次良好时机,抓住学员培训期间的安全教育,就可以从根源上减少道路交通事故。因此,教练员必须严格按照国家的有关规定和《大纲》的要求,系统完整地对学员进行安全意识的培养、法律法规知识的教育、规范操作的训练,并结合典型案例分析,提高教育效果,确保培训质量。

2 培养学员坚持安全检查

教练员要将车辆安全检查融入教学,引导学员参与车辆安全检查,坚持车辆一日"三检"制度,使学员学到知识、增长技能,养成检查车辆的习惯。教练员可以通过安全检查教学,让学员掌握安全检查的内容和方法,树立安全行车意识。教练员指导学员在训练前、训练中、训练后对车辆进行检查,对检查发现的一般故障和安全隐患,要指导学员及时予以排除,培养学员排除安全隐患的能力。

3 学员的教学安全

教学安全是驾驶培训教学工作中的重要一环,培训教学中一旦发生事故,不仅会造成生命财产损失和不良影响,还会给学员的心理带来"阴影",挫伤学员的自信心,影响培训教学计划的进程。每个教练员在整个培训教学过程中,必须始终如一地坚持安全教学,把教学安全贯穿到平时的培训教学中。驾驶训练中,既要注意教学安全,又要保证学员学习安全,严格要求学员按照规定的科目、时间和要求进行驾驶操作训练,服从教练员的指导和口令,不得擅自动用车辆,避免教学事故。

三 学员的考核管理

结业考核管理是发放学员结业证书的必经程序和依据,是检验教学质量的重要途径,凡是参加机动车驾驶培训的学员都必须参加并通过结业考试。

1 阶段考核方式

(1)第一阶段考核:学员第一阶段培训结束后,由培训教练员向机动车驾驶培训机构提出申请,并提交教学日志,经审核合格后统一安排考试。

(2)第二阶段考核:学员第二阶段培训结束后,由培训教练员向机动车驾驶培训机构提出申请,并提交教学日志,经审核合格后统一安排考试。

(3)第三阶段考核:学员第三阶段培训结束后,由培训教练员向机动车驾驶培训机构提出申请,并提交教学日志,经审核合格后统一安排考试。

2 结业考核要求

第一次结业考试不合格的驾驶培训学员,允许进行第二次结业考试;第二次结业考试仍不合格的,终止结业考试。在第一次结业考试不合格三日后教练员提出补考申请,机动车驾驶培训机构编制补考计划,并重新安排学员考试。

学员结业考试成绩由结业考核人员填在学员申请表上并输入计算机。机动车驾驶培训机构造册登记,统计留存(档),任何人不得弄虚作假。

结业考试成绩合格者,机动车驾驶培训机构根据学员结业考试成绩及时发放学员结业证书,并将结业证书号等相关资料录入个人学籍卡。

模块26　教学质量评估

驾驶培训教学质量评估是根据机动车驾驶培训的目的和要求、运用科学方法对教与学的质量进行衡量和判断的过程。驾驶培训质量评估的主要目的是为掌握驾驶培训教学的实施情况、加强教学管理、进行规范教学、指导教学提供依据。

一 质量评估的作用

驾驶培训质量评估是以培训教学质量为对象、以一定的培训教学价值观为指导、以实现培训教学目标为核心,对培训教学的作用、教练员完成培训教学任务以及学员学习质量做出客观、科学的衡量判定。

驾驶培训质量评估,可以判断机动车驾驶培训的有效性,发现机动车驾驶培训教学中的问题。如学员的技能水平是否达到培训的标准,培训管理和教学活动是否科学有序等,通过对这些问题的评估,不仅可以提升驾驶培训教学工作质量,还能发现新的培训需求。

1 信息反馈与调节作用

通过驾驶培训质量评估进行培训教学信息的反馈与调节,可以总结并提高培训效能,对下一轮次的驾驶培训教学提供可靠的参考数据、信息以及建设性意见,全面准确分析、掌握培训教学的基本情况,为改进驾驶培训教学工作提供客观依据,防止决策失误。

2 目标导向、指导与促进作用

驾驶培训质量评估的内容具有对驾驶培训教学工作的导向、定位作用,评估的内容有什么,标准如何,都对驾驶培训教学产生直接的影响。通过驾驶培训质量的评估可以为教练员培训教学工作的改进提供一些具体的、与教练员相关联的、具有鲜明目标导向性的指导。通过驾驶培训质量评估建立培训信息网络,规范和指导驾驶培训教学活动,推动驾驶培训教学研究、经验交流。

3 激励与鞭策作用

通过对驾驶培训质量的评估,能够发现教练员培训教学质量的优劣和培训教学工作的问题,并通过原因分析做出客观的评判。其结果可以有效地向驾驶培训机构或教练员反馈客观评估结果,进而促进驾驶培训机构改善服务现状,激发教练员的教学热情,调动教练员培训教学的积极性,增强驾驶培训教学工作竞争力。

二 质量评估的方法

驾驶培训质量评估是在培训过程中以及培训结束后,通过问卷调查、结业考试、走访座谈、网络反馈、信息收集等多种方式,从学员、从业人员、专家、相关管理部门等群体获取有关培训教学信息,综合分析、调控驾驶培训教学的过程。驾驶培训质量信息通常包括学员评价、考试合格率以及责任倒查和不良教学记录等四方面的内容。

1 学员评价

学员是接受驾驶培训机构提供的教学服务的对象。学员评价是学员通过体验驾驶培训机构提供的服务、学习教练员所授培训教学内容,完整、系统地体会和感受教练员的教学能力、态度和效果等,从教学对象的角度对驾驶培训机构的服务水平、教练员教学水平进行的评价。

学员评价具有独特的优势:一是学员评价的可信性和有效性高,只要评价程序得当、评价指标设计科学,学员打分是较为公正的;二是学员评价是最方便、最具有可操作性的评估,如问卷调查等方式,不需要学员或驾驶培训机构付出额外代价;三是学员评价可以在最大限度上防止驾驶培训机构或教练员的"机会主义行为",学生最了解驾驶培训机构的服务水平和教练员在平常状态下的教学态度、敬业精神和培训教学水平。因此,学员评价可以获得比较准确的信息。

❷ 责任倒查

责任倒查是对驾龄在三年以下的驾驶员发生交通死亡事故的、要对培训、考试和发证情况进行责任倒查。责任倒查制度将有助于驾驶培训机构完善培训过程、增强提高培训质量的积极性和主动性。对机动车驾驶培训机构的责任倒查,是对培训教学过程进行责任倒查,涉及对学员的培训学时、训练里程、交通安全警示教育等情况。

❸ 不良教学记录

不良教学记录是指教练员野蛮从教、索取或收受学员财物或者谋取其他利益,未按《大纲》要求如实登记教学日志和培训记录,在结业考试中弄虚作假,以及在培训教学过程中发生重大以上责任事故等不良行为。不良教学记录直接反映教练员在廉洁施教、服务学员、文明培训等方面存在的问题,也直接暴露出驾驶培训机构在经营活动中疏于管理以及经营行为上存在问题。

三 质量评估要求

驾驶培训质量评估是驾驶培训教学管理制度的重要组成部分,也是驾驶培训教学质量管理的主要环节。质量评估是一种经常性的工作,关系到驾驶培训机构的生存和发展,具有客观性、准确性、持续性、反馈性等要求。

❶ 客观性要求

驾驶培训质量评估应尽可能地提供和使用公正、客观、详尽的驾驶培训质量信息,避免人为的主观认识判断偏差和评判失衡,减少驾驶培训质量评估的难度,增加评估力度以及评估的准确性、科学性、严肃性。

❷ 准确性要求

驾驶培训质量评估要达到一定的效果,必须具备准确性。若评估时提供不准确信息、使用不正确方法、采用不恰当手段,得到的评估结果将会误导驾驶培训教学管理者和教练员,使驾驶培训教学工作陷于被动。因此,精确的评估方法和评估工具的科学运用,可以最大限度避免评估过程中的偏差和错误。

❸ 持续性要求

驾驶培训质量评估应该是连续、长期的,是驾驶培训教学工作的重要组成部分。只有坚持开展驾驶培训质量培训评估,才能真正发挥持续提升驾驶培训教学质量的作用,使驾驶培训机构管理者、教练员及时发现问题,促进培训教学工作的改进。驾驶培训质量评估若是"一次性"的,教练员会感觉到驾驶培训机构管理者的不重视和形式主义,从而产生一系列的消极行为。

4 反馈性要求

驾驶培训质量评估工作结束后,要进行评估跟踪和信息反馈,及时将培训评估结果反馈给驾驶培训机构管理者和教练员,并督促其积极进行研究和改进,不断提升和完善。因此,健康的驾驶培训质量评估机制,必须具备完善的反馈机制。

模块27 教学设施设备管理与维护

教学设施设备管理与维护,是确保培训教学顺利进行的重要环节,也是教学安全的重要保障。教练员要对教学设备进行严格的管理和维护,减少设备的故障率,延长设备使用寿命,节约维修费用,保证教学正常进行。

一 常用教学设备和车辆

为了满足《大纲》的教学要求,驾驶教学中必备的常用教学设备有多媒体教学设备、教学磁板、驾驶模拟器、教学教具、教学车辆等。

1 多媒体教学设备

多媒体教学设备主要由计算机、投影仪、影音播放器等组成。计算机将多媒体教学软件或教学课件,通过投影仪、影音播放器、投影幕布展现出来,用于教练员的理论教学和辅导。教练员要了解多媒体教学设备的性能和特点,掌握必要的调试和维护技能,确保多媒体教学设备能正常运行。

2 教学磁板

教学磁板是一种集道路交通背景、交通参与者、交通标志标线、交通信号灯和交通警察等各种交通元素于一体,可根据教练员的教学需要,灵活组建各种具体交通场景的教学工具。教学磁板由计算机、投影设备、磁板、电子笔、擦除刷、音响、打印等设备组成。教练员要掌握设备的调试和维护要求,定期进行维护和清洁,以便发挥教学磁板的最佳效果。

3 驾驶模拟器

驾驶模拟器由驾驶舱座、视景计算机、视屏、操作传感器、数据采集卡、耳机和话筒等组成。座舱包含与真实车辆相同的五大操纵机构:转向盘、离合器踏板、制动踏板、加速踏板和驻车制动操纵装置等,还配置了与实车完全相同的灯光信号等装置:左转向灯、右转向灯、危险报警闪光灯、喇叭、点火开关、总电开关、安全带、车门、风窗玻璃刮水器、远光灯、近光灯。驾驶模拟器既可以进行联网训练,也可以进行单机训练。教练员要掌握驾驶模拟器的功用和维护要求,严格按使用要求进行管理和维护,减少故障率。

4 教学教具

教学教具包括按照比例模仿实物结构的教学挂图、模型教具、医学救护用具、安全带体验装置等。教学挂图能直观地展现车辆某总成的基本组成、车辆零部件的内部结构,模型教具能够以剖面和透明的方式展现出某总成的基本结构等。

驾驶培训机构必须配置的教学教具:

(1)教学挂图:交通信号挂图、机动车结构及工作原理挂图;

(2)模型教具:透明或实物整车解剖模型、发动机透明或解剖模型;

(3)医学救护用具:心肺复苏训练模拟人、急救用品(包括止血带、三角巾、固定夹板、包扎纱布及汽车急救包等);

(4)安全带体验装置:台架、座椅、安全带、驱动装置、保护装置等组件。

5 教学车辆

教学车辆是驾驶培训机构专供驾驶培训教学使用的车辆,主要用于驾驶学员的实车驾驶培训。教练车技术状况应符合《机动车运行安全技术条件》(GB 7258—2012)的要求,达到《营运车辆技术等级划分和评定要求》(JT/T 198—2004)所规定的二级以上技术条件,同时要装有副后视镜、副制动踏板、灭火器及其他安全防护装置。道路训练教练车如果条件允许,可装有副离合器踏板和副加速踏板。大型货车教练车的车箱内,还需配装车篷、座椅和上下扶梯等安全装置。

二 教学设备和车辆的使用及维护

使用教学设备和车辆进行教学时,要遵守教学实施设备和车辆管理制度,正确使用和爱护教学设备,保持教学设备和车辆技术状况良好,延长使用寿命,杜绝机械事故,保证教学任务圆满完成。

1 教学设备的使用及维护

(1)建立教学设施设备账目,健全入账、报废、出借、领用、赔偿等制度。

(2)使用教学设备前,要详细阅读使用说明书,掌握设备的性能和使用方法,按规定使用,没有使用说明书的教学设备,要先请教技术人员。

(3)熟悉各种教学设备的维护、修理要求,按职责进行必要的维护,使用完教学设备后要进行清理、清洁,保持教学设备整洁、卫生。

(4)在规定的场所使用教学设备,不随意搬运或移动教学设备,不得随意改变教学设备的用途,严禁让无关人员使用教学设备。

2 教学车辆使用及维护

(1)教学车辆要按照规定,在训练场地内和公安交警部门指定的路线,对学员进行驾驶技能训练时使用,不得改作他用。教学车辆必须牌证齐全,并有交通部门规定的统一教练车标识。

(2)坚持对教学车辆进行定期维护和日常安全检查,确保车辆技术性能完好,满足驾驶训练教学的需要。教练车维护内容要按照交通部门的规定,日常维护由教练员负责,一级维护和二级维护由具备条件的维修厂负责。教学车辆维护后要认真填写车辆技术档案。

(3)教学车辆的检查是指对车容、安全性能、安全状态及使用情况的检查。坚持落实教学车辆训练前、训练中、训练后"三检"制度,检查可由教练员带领学员共同完成。

(4)训练前对教学车辆的冷却液、润滑油、电、灯光、喇叭、传动装置、制动装置、轮胎气压等进行检查,训练中停车重点检查发动机、传动机构、行路机构及灯光信号等是否有异常变化,训练后对教学车辆进行全面检查。对检查发现的一般故障和隐患随时予以排除,并做好卫生清洁工作。

第二部分
机动车驾驶教练员三级(高级)

单元 1　基本理论知识

模块 1　教育心理应用知识

心理学是研究人的感觉、知觉、记忆、思维、情感、意志、能力、气质和性格等心理现象的科学。教育心理学是研究教学环境中,教与学的基本心理规律的科学,是应用心理学的一种,是心理学与教育学的交叉学科。涵盖了教学心理学、学习心理学及科学心理学等分支。

一　学员的生理与心理

学员学习驾驶机动车的过程中,在教练员的讲解、示范、指导下,通过感觉器官获取相关信息,传入大脑中枢进行判断,做出决定后传给手和脚,做出各种行为来操纵驾驶机构。不同的学员,经过不同的信息处理方式会做出不同的决定,产生不同的行为表现。教练员要学会分析学员的视觉特性、知觉特性、听觉特性、注意、心理定式、情绪反应能力等几个方面的心理特点。

 视觉特性

学员从学习起步开始,80%以上的信息是通过视觉获得的。学员的视力、视野和视觉适应性因人而异。

视力一般分为静止视力和动态视力。静止视力是学员看到的目标均在静止状态下的视力。动态视力是学员看到运动目标(其中一方运动或两方都运动)时的视力。

视野是学员在头部不动时,两眼所能看到的范围。静止状态下,头部不动,眼球转动所看到的范围称为静视野,一般为180°左右,在180°的视野中,只有60°的范围是两眼能同时看到的,这个范围称为复合视野,学员的注意力大多集中在复合视野中。运动状态下,注视的焦点前移,复合视野的范围变窄,称为动视野。

随着年龄的增大,视野范围下降幅度也越大。

驾驶操作过程中，教练员要引导学员根据需要转动头部和眼球，用注意视点观察视野范围内的必要情况，并在注视前方情况的同时，利用视野的其余部分，即所谓"眼角余光"捕捉道路两侧的有关信息，及时发现闯入视野内的障碍物。

❷ 知觉特性

知觉是客观事物直接作用于学员感官而在头脑中产生的对事物整体的认识，学员的知觉能力是随着对事物突出结构特征的逐渐把握而发展起来的。在学员的相关知觉中，空间知觉最为重要。空间知觉包括对物体的形状、大小、远近、方位等特性的知觉，空间知觉是由学员的各种感官，如视觉、触摸觉、运动觉、平衡觉等相互作用而形成的，其中视觉起着十分重要的作用。

驾驶教学中，教练员要提示学员随时了解道路几何形状，障碍物的形状和大小，其他车辆或行人的远近、运动方向等情况，以便正确处理出现的问题。教练员要注意提高学员对交通环境中的事物突出结构特征的把握能力，积累相关的知识，提高驾驶过程中空间知觉能力。

❸ 听觉特性

听觉是学员辨别外界声源特性的感觉。声音是以声源为中心呈波形向球面周围传播的，在小范围空间中很少存在盲区，而且与视觉信息相比，听觉是获取视觉盲区信息的重要通道。驾驶教学中，教练员要引导学员在听声音时，不仅能听出音调、音响和音色的不同，还能分析连贯的节奏旋律变化，并由此分析出声音方位和远近，要培养学员利用听觉的感知特点等听觉特性，弥补视觉特性的不足。

❹ 注意

注意是学员的心理活动对一定事物有选择地指向和集中。注意分为无意注意和有意注意。无意注意又叫随意注意，是在没有任何意图、没有预定的目的也不需要主观努力下而产生的注意。有意注意又叫随意注意，是一种自觉的、有预定目的并经过意志的努力而产生和保持的注意。学员的无意注意和有意注意可以相互转换，驾驶教学中，教练员要设法让学员两种注意交替产生，帮助学员分析注意对安全驾驶的利与弊，牢记"谨慎驾驶"的三条黄金原则：集中注意力、仔细观察、提前预防。

❺ 心理定式

心理定式是指学员心理活动的一种特殊的准备状态，学员的心理定式，主要反映在思维和动作两方面。思维主要指为了防止某种不良情况发生而提前所做的思想准备；动作表现为习惯性操作，称为动力定型。心理定式的积极作用在于在条件不变的情境下，可以熟练、快速地解决问题，保持操作的稳定性和一致性，缩短反应和操作时间。

驾驶教学环境比较复杂，学员的水平参差不齐，面对驾驶教学中瞬息万变的情况，教练员的经验固然重要,但更要注重培养学员冷静、细致地观察与分析教学环境。教练员要不拘泥于自己的主观认识,注重教育学员对具体问题具体分析、总结和反思,从客观实际出发,采取恰当措施处理险情,缩短解决问题的时间,以保证教学安全。

6 情绪

情绪是以学员的愿望和需要为中介的一种心理活动。当客观事物或情境符合学员的需要和愿望时,学员就会产生积极、肯定的情绪和情感;反过来,当客观事物或情境不符合学员的需要和愿望时,学员就会产生消极、否定的情绪和情感。情绪主要体现在心境、激情和应激三个方面。

心境是指学员比较平静而持久的情绪状态。心境具有积极和消极之分,积极向上、乐观的心境,可以提高学员的活动效率,增强学员的信心,使学员对未来充满希望;消极悲观的心境,会降低学员的认知效率,分散学员的注意力,影响学员的反应能力。教练员要注意调动学员心境积极的一面,培养学员的学习热情,让学员保持愉快、满意的学习心境。当学员的学习进入迟缓期时,要多鼓励、表扬,增强学员学习的信心,使学员对学习充满希望。

激情是由狂喜、愤怒、恐怖、绝望等强烈刺激引起的一种强烈的、爆发性的、为时短促的情绪状态。处于激情状态时,学员的认识会局限在引起激情的事物上,以致认识范围狭窄,理智受到抑制,意识的控制能力减弱,不能正确评价自己行动的意义和后果。教练员在教学时要注意控制学员的情绪,让学员理智、正确地评价自己的行为,避免在激情状态下进行驾驶操作训练。

应激是指学员对某种意外的环境刺激所做出的适应性反应。应激状态会给学员带来一些负面效应:第一,注意范围缩小,难于分配和转移,容易顾此失彼;第二,沉浸于内心的紧张体验中,而减少对外界情况的主动了解;第三,对情境综合判断能力下降;第四,动作不平衡、不准确,出现错误动作;第五,在极端情况下可能完全丧失操作能力,即常说的手足无措;第六,动作随意性大,无目的多余动作增加。教练员在教学中,要注意应激状态给学员带来的负面效应,尽量扩大学员注意力的范围,消除学员学习的紧张心理,提高学员综合判断能力,避免驾驶动作错误,使学员在紧急情况下保持清醒,处置得当,减少多余的驾驶动作,保证良好的学习效果。

7 反应能力

学员的反应能力一般被认为是一瞬间的感知能力,表现为反应时间的长短和反应动作的准确程度。在遇到特殊情况时,反应时间越短、反应动作的准确度越高,则反应能力越强。影响驾驶学员反应能力的主观因素主要有心境、年龄、疲劳程度及非正常生理与心理状态等。乐观、积极、愉快的心境可以提高学员大脑反应的灵敏度和反应速度,从而做出准确判断;不良心境会降低学员大脑的灵敏度,造成反应迟缓,学员会做出错误判断。

疲劳可以分为生理疲劳和心理疲劳两种。学员长时间保持紧张的驾驶操作姿势或过度的肌肉活动容易引起生理疲劳。学员在不断地集中收集感知信息、思考、判断和处理信息,心理一直处于紧张状态,容易引起心理疲劳。疲劳会引起学员紧张、烦躁和精疲力竭,注意力难以集中,思路不畅,动作不协调,反应时间延长。疾病等非正常生理心理状态也会影响反应能力,如服用药物会使人感觉迟钝或者是精神亢奋,造成反应能力不稳定。

教练员要注意培养学员对自身生理和心理状态的认知能力,严格遵守交通法规,合理控制车速,杜绝不良状态的影响。避免在生病、疲劳、饮酒、悲伤、狂喜、愤怒、绝望、恐怖等不良状态下学习驾驶。在情况复杂的道路,路边广告牌、商店、各式各样的建筑物容易分散驾驶员注意力,教练员要引导学员高度集中注意力,降低车速,消除外界不利因素的影响。

二 教练员的生理与心理

教练员从事的是一项具有特殊要求的职业教学工作,教练员在教学过程中,要根据学员自身的心理特点,有针对性地注意培养学员良好的心理素质和适应能力,充分发挥学员的主观能动性,保持学员心理稳定。

1 教练员心理健康影响因素

(1)工作的内在因素。教练员工作时间长,劳动强度大,环境多变(冬季练车寒冷,夏季练车酷暑难耐),工作时需要高度专注、精神压力大。教练员要用积极的心态去面对这些问题和挑战。

(2)个人性格的缺陷。教练员从事的教学工作,需要处处与学员沟通,担负着传道、授业、解惑的责任。有自卑、怯懦、冷漠、自私、自我封闭等性格缺陷的人,不适合教练员工作。教练员如果由于工作强度大、时间长,得不到理解和支持,会导致心理压力过大,严重影响心理健康。

(3)工作中的人际关系。教练员每天都要与学员打交道,如果协调不好与学员之间的人际关系,教学质量和效果都要大打折扣。教练员除了维护好与学员之间的人际关系,还要协调好与领导、家人的人际关系,只有处理好各种关系,才能保证在和谐友爱的氛围中工作。

(4)职业发展目标。选择教练员作为职业,就要有职业发展目标和完善的职业规划,在工作中增强安全感、归属感,满足自我实现的需要。

2 教练员心理健康的标准

(1)智力正常是教练员正常生活最基本的条件,是心理健康的重要标准。智力是教练员观察力、注意力、记忆力、想象力、思维力、创造力及实践活动能力的综合,包括在经验中学习或理解的能力、获得和保持知识的能力、迅速而成功地对新情境做出反应的能力、运用推理有效解决问题的能力等。

（2）教练员能协调和控制情绪，心境良好，表现为情绪稳定和心情愉快，愉快情绪多于负性情绪，乐观开朗、富有朝气，对生活充满希望；情绪较稳定，善于控制与调节自己的情绪，既能克制又能合理宣泄自己的情绪，情绪的表达既符合社会的要求又符合自身的需要，在不同的时间和场合情绪表达恰如其分。

（3）意志是教练员在完成一种有目的的活动时进行的选择、决定与执行的心理过程。意志坚定的教练员在行动的自觉性、果断性、顽强性和自制力等方面都表现出较高的水平。

（4）人格是教练员比较稳定的心理特征的总和。人格完善就是指有健全统一的人格，个人的所想、所说、所做都是协调一致的。教练员人格完善包括精神面貌能够完整、协调、和谐地表现出来，具有正确的自我意识，以积极进取的人生观作为人格的核心，并以此为中心把自己的需要、目标和行动统一起来；思考问题的方式适中、合理，待人接物常常采取恰当灵活的态度，对外界刺激不会有偏颇的情绪和行为反应；能够与社会的步调合拍，也能与集体融为一体。

（5）教练员正确的自我评价是心理健康的重要条件，自我观察、自我认定、自我判断和自我评价能使自己恰如其分地认识自己，摆正自己的位置，既不以自己在某些方面高于别人而自傲，也不以自己在某些方面低于别人而自卑。教练员的生活目标和理想切合实际，面对挫折与困境，能够自我悦纳，喜欢自己，接受自己，自尊、自强、自制、自爱适度，正视现实，积极进取。

（6）良好的人际关系，是教练员事业成功与生活幸福的前提。主要表现为：乐于与人交往，既有广泛的人际关系，又有知心朋友；在交往中保持独立而完整的人格，有自知之明，不卑不亢；能客观评价别人和自己，善取人之长补己之短，宽以待人，乐于助人，积极态度多于消极态度，交往动机端正。

（7）教练员要与客观现实环境保持良好适应能力，既要客观观察并正确认识环境，以有效的办法应付环境中的各种困难，不退缩；又要根据环境的特点和自我意识的情况努力进行协调，或改变环境适应个体需要，或改造自我适应环境。

3 教练员的心理健康与自我调节

（1）学会情绪管理。情绪是教练员对外界刺激的有意识的主观体验和感受，具有心理反应和生理反应的特征。情绪的特点主要有自我觉察能力、自我调控能力、自我激励能力、对他人情绪的识别能力、处理人际关系的能力。教练员在教学中，要注意监控自己的情绪变化，控制自己的情绪活动以及抑制情绪冲动，学会自我激励、自我把握，有效地摆脱焦虑、沮丧、激动、愤怒或烦恼等因为失败或不顺利而产生的消极情绪，尽力发挥出自己的创造潜力，及时调整自己在教学中的不良情绪。另外，教练员注意觉察学员的情绪变化，调节与控制学员情绪反应，并能够使学员产生自己所期待的反应。

（2）学会压力管理。压力是当教练员适应由周围环境引起的刺激时，身体或者精神上的反应。压力有以下三方面内涵：一是一种主观的反应；二是由压力源引起；三是压力的大小与压力源的大小成正比，与个人身心承受压力的强弱程度成反比。例如，如果学员因为不满意教练员的教学方式和效果，要求驾驶培训机构办理退学手续，这对教练员就会产生压力。压力可以分为预期压力、情境压力、慢性压力、残留压力四种类型。预期压力是由对未来的忧虑所引起的；情境压力是现在的压力，是由于情境环境而导致的压力；慢性压力是长时间积累的压力；残留压力是过去的压力。这些压力有消极的一面，同样也有积极的一面。教练员要充分考虑到教学中来自各方面的压力，学会化解和疏导压力，使压力变为激励与动力。

教练员日常减压方法

1. 运动减压

运动分为有氧运动和无氧运动。有氧运动是指人体在氧气充分供应的情况下进行的运动，如步行、慢跑、滑冰、游泳、骑自行车、打太极拳、跳健身舞、做韵律操等。它的特点是强度低、有节奏、持续时间较长。无氧运动是指肌肉在"缺氧"的状态下高速剧烈运动，如赛跑、举重、投掷、跳高、跳远、拔河、肌力训练等。它的特点是时间短、强度大。

运动之所以能缓解压力，让人保持良性、平和的心态，与腓肽效应有关。腓肽是身体的一种激素，被称为"快乐因子"。当运动达到一定量时，身体产生的腓肽效应能愉悦神经，甚至可以把压力和不愉快带走。通常来说，有氧运动能起到很好的缓解压力的作用。

生活、工作中遇到压力，可以选择去运动。但是带着太大的压力或不良情绪去运动，在运动中会思绪杂乱，注意力不集中，这样不仅起不到减压的作用，反而会适得其反，导致精神紧张、身体疲劳，压力也变得更大了。

2. 呼吸放松

控制呼吸有良好的疏解压力的作用。最有效的呼吸方式是腹式呼吸法。

（1）坐在一张舒适的椅子上（不能是软沙发）。

（2）背部微贴椅背，肩部自然下垂。

（3）尽量扩胸并扩大肺活量。

（4）深呼吸，吸气时小腹微微凸起，呼气时小腹凹下。

3. 肌肉放松

身体紧张会导致精神紧张，学会放松身体可以促进精神放松，缓解紧张程度。

(1)准备一个方便的时间、地点并定期练习。

(2)穿宽松的衣服,平躺在沙发或床上,最好将膝部适当垫高,使背部后仰,放松脊柱。

(3)交替进行肌肉收缩、肌肉放松。由上往下部位依次是:前额、眼睛、头皮、下巴、嘴、颈部、肩部、胸部、胳膊、腰、臀、大腿、小腿。

(4)紧张的动作做 10~15s,放松的动作做 15~20s。一次做两组。

4.改善睡眠

压力会导致人们长期睡眠不足或睡眠质量低下。良好的睡眠是缓解压力的重要保证。改善睡眠要做到以下几点:

(1)作息要有相对固定的时间表,养成有规律的睡眠习惯。

(2)不要吃催眠药物,少摄入咖啡因和酒精。一杯热牛奶或一些草本植物制剂也会有助于睡眠。

(3)睡前放松。睡前两小时之内停止一些令人兴奋的活动或工作,可以听听音乐、读读小说、看看电视或闭目养神。

三 学员异常心理分析及纠正

学员的各种异常心理,一般是由于生理、心境或社会原因而导致。异常心理严重影响学员的正常学习,威胁教学安全。教练员要认真研究分析学员的心理,因材施教地进行教学指导,避免学员出现异常心理。

1 盲目自信心理

学员掌握了一定驾驶技能后,盲目相信自己的驾驶能力,做出一些认为其他学员做不到的操作动作,目的是为了在其他学员面前表现自己。这类学员往往在教练员讲解时注意力不集中,过高估计自己的驾驶能力,热衷于展现技巧和表现自己,不注意规范动作要领,而是想当然地按照自己的"经验和技巧"去做,往往进步很慢,学习成绩不理想,容易出现操作失误,引发教学事故。

存在盲目自信心理的学员,一般学习主动性强,自尊心也很强,往往会过高估计自己的能力,逞强好胜,对批评极易产生抵触情绪,出现一些出乎预料的行为。教练员要根据这类学员的特点,正确地进行引导,发扬有自信心和积极性这一长处,强调不良动作可能导致的严重后果,坚定地制止违反教学要求和危及安全的行为,帮助学员克服盲目自信心理,纠正不规范动作,鼓励带动其他学员积极学习。

2 驾驶紧张心理

紧张心理是驾驶学员较为普遍的一种心理状态,只是表现的紧张程度有所不同。

学员刚开始驾车时,手脚僵硬,双手握紧转向盘,换挡操作时低头看挡位,踏错加速踏板和制动踏板,更顾不上观察周围的场地和前方的路况。多数学员在遇到情况时,过于紧张,动作慌乱,一旦前方出现紧急情况就手足无措,经常会慌忙出错,做出危险驾驶动作。

对待有过分紧张心理的学员,最好的办法就是让其放松,循序渐进地进行教学。教练员要根据这些学员的特点,设计相适应的教学方案。基础动作一定要在模拟设备上练熟,上车训练要求学员放松全身各个关节,全身处于灵活状态,培养学员对运动车辆的适应心理。初级训练不要过严要求动作,在一个动作没有熟练前,不要增加新的教学动作。教学中,教练员要多用启发式的教学方式,学员有进步要多鼓励,纠正错误动作要耐心,指导时的语气不能强硬,更不能训斥学员,提醒学员不要想得太多,尽量消除学员的紧张心理。

❸ 逃避厌学心理

逃避厌学心理是驾驶学员的一种消极心理状态,有些学员学驾驶不是为了学习技术,而是为了赶时髦或为了满足其他需要,对学习驾驶没有兴趣,以单纯取得驾驶证为目的,对考试存有侥幸心理,寄希望于不培训、不考试就能取得驾驶证。这类学员表现为学习积极性不高,"三日打鱼,两日晒网",出勤率低,到校学习也不认真,敷衍了事,为了达到规定的学时弄虚作假,学习效果差,驾驶车辆易发生事故。

对存在逃避厌学心理学员教学的关键,是教练员要注意提高学员对学习驾驶的兴趣和积极性。让学员明确学习驾驶的目的和重要性,强调学习驾驶不是为了应付考试,而是要学到真实、过硬的驾驶本领,不经过系统的培训会给社会带来危害。教练员要帮助学员认识到交通事故会给自己和他人家庭造成伤害,危险驾驶行为往往来源于安全意识不强、驾驶技能不熟练、存在侥幸心理,让学员充分认识驾驶行为的危险性。

❹ 自卑心理

自卑心理是学员对自己某些方面不满意,缺乏信心的一种心理状态。学员学习驾驶初期出现消极自卑心理,主要是因为经过一段时间的技能训练,学习兴趣下降,情绪回落,注意力也不如从前,学习进度下降,再加上操作难度逐渐提高,学员更加感到自己很难掌握。这类学员有的平时缺少锻炼、性格内向,不适应运动状态下的操作;有的学员是由于心理、生理方面存在问题,对驾驶有惧怕感,认为自己比较笨、反应慢,对自己没有信心;有的学员训练时理解和接受能力差,不是学不会,就是总出错,进步慢,操作成功率低,从而产生自卑心理。

教练员要注意揣摩学员的心理,避免学员产生自卑心理。教学初期,就要给学员介绍驾驶训练的内容和过程,让学员了解学习驾驶的规律性,增强学习信心。教学过程中,要注意学员的学习进度和接受能力,对学员的每一个动作都要给予认真细致的指导,对做不好的动作不要一味地批评或指责,要耐心地分析原因,示范正确的做法,避免学员对驾驶学习失去兴趣,丧失信心,产生消极自卑心理。对有自卑心理的学员,要正确引导,多鼓励少批评,多分析少指责,帮助学员克服自卑心理。

5 考试恐慌心理

教练员要学会发现学员的恐慌心理,尤其是考试恐慌心理。由于个别学员心理素质较差,出现畏惧考试的情况,主要表现在考试前精神过度紧张、失眠、头痛,参加考试的时候出现头脑发胀、心跳过速、手脚不自主地颤抖、口干舌燥、出汗多等症状,严重者甚至两眼发黑,发生昏厥,严重影响学员的考试发挥。

教练员在日常教学中,要帮助学员消除各种心理压力,适当做一些考前辅导,对学员平时努力训练给予肯定,增强学员的自信心。在加强日常训练的同时,让学员放下考试的思想包袱,以良好的心态去对待考试。

四 教练员素质对教学安全的影响

教练员的教学环境特殊,教学压力大,教学过程紧张,出现各种突然情况和学员的操作失误时,需要教练员及时、准确地采取保护措施。长时间担任教练员工作,心理、生理和身体素质都会面临挑战,各种职业病威胁着教练员的身体健康,影响教学安全。教练员需要分析各种影响因素,化解压力,调整心态,适应环境,保持心理、生理健康。

1 身体素质对教学安全的影响

教练员要有能适应艰苦条件下教学的良好身体素质,没有影响驾驶教学工作的疾病,要经常注意身体的健康状况,发现身体出现不良状况时,要及时采取保护措施。教学中疲劳过度,可能会出现血压不正常,心脏功能不全,遇到紧急情况就会心理紧张,甚至昏厥,这是非常危险的。听力、视力出现异常,就不能把教学中遇到的各种情况迅速传至中枢神经,做出正确的反应和判断,以致发生教学事故。教练员良好的身体素质有助于提高施教的反应能力和应急操作的灵敏性,确保在瞬息万变的道路交通状况下具有敏锐的观察力、判断力和反应力,以保证教学安全。

长时间驾驶训练中,教练员注意力高度集中,体力消耗过大,外界噪声(如喇叭声、车辆制动声、喧嚣声等)大,车辆本身因有些部位松动发出刺耳、颤抖声音等,都会使教练员的听觉器官出现疲劳。在这种情况下,教练员的听觉能力下降,会察觉不出有可能造成危险后果的声响。因此,教练员一旦感觉疲劳,就要适时休息,以保护自己的听觉器官,平时要注意自己听觉的变化,经常检查身体,保持听力正常。

车用空调产生的浑浊气味、汽油中的化学物质、发动机排出的尾气等有害颗粒物悬浮在空气中,危害学员和教练员的身体健康,当教练员吸入这些被污染的空气后,有害物进入人体血液,随着血液到达全身器官,储存于组织细胞中,对细胞产生毒副作用,使人体细胞受到损伤,细胞免疫力及体液免疫水平降低,对疾病的抵抗能力和抗肿瘤免疫功能下降。更为重要的是这些有害物质易于被人体吸收而不易排泄,所以会持续地危害学员和教练员的健康。

在教练场训练教学时,经常会遇到众多教练车等候设施的现象,如在项目训练区,多辆车等待同一训练设施的情况非常普遍,加上有一些重复训练的车辆,造成等候时间延长,教练员因此会出现心情烦躁现象。

小知识

美国心理学家诺瓦科在加利福尼亚的公路上经过 15 年的研究发现,如果路上车辆太多,需要不断地停车、减速和等候的话,会造成驾驶员血压升高和心情烦躁,驾驶员如果长期承受这种压力,不但会影响自己的性格脾气,还会出现心跳加快、精神紧张、肌肉疼痛、忍耐力减弱等症状。

❷ 疲劳对教学安全的影响

教练员长时间固定在活动受到一定限制的驾驶座内,集中精力判断各种信息情况和指导学员操作,精神处于高度紧张状态,会造成心理、生理机能失调,出现教学指导能力下降的疲劳现象。教练员疲劳后会感到困倦瞌睡,四肢无力,注意力不集中,判断能力下降,甚至精神恍惚或瞬间记忆消失,导致其短时间内出现教学指导停顿或指导失误等现象,对教学安全带来极大威胁。

❸ 心理素质对教学安全的影响

教练员在教学过程中,只有具有良好、稳定的心理素质以及坚定、顽强、沉着、果断、机智的品格,不为情绪左右,不受外界事物影响而分散精力,形成安全教学所必需的心理定式,才能在教学中思路敏捷,在极短的时间内迅速、果断、安全、有效地处理瞬息万变的交通情况,确保教学安全。反之,若教练员反应迟钝、性情急躁、缺乏自控能力、健忘、无主见、意志薄弱、优柔寡断,则极易发生教学事故。

教练员敬业爱岗、热爱教学工作、关心学员，会具有较强的责任心和法纪观念，虚心好学，情绪稳定。反之，性格不随和、师生关系不和谐、情绪不稳定、易冲动、心胸狭窄、过度紧张的教练员，发生教学事故的概率较高。教练员心态平和、耐心，能经常换位思考，有利于保持愉悦心理，保证教学安全。教练员要始终保持愉快的、平和的心境，使自己的意愿或欲望更合理、更现实。同时，教练员还要学会正确评价和控制自己的心境，做到遇事不惊、处事不乱，遇到学员技能掌握慢、情况判断失误或遇险情处理不当时，要沉着冷静、安然处置，始终保持稳定、舒畅的心境。

教练员在教学中产生欢喜、愉快、满意等情感时，会感到舒适、惬意，这对观察和判断有积极的促进作用。教练员情感体验好，感受性提高，教学中就会仔细观察，勤于思考，其反应能力加快，动作变得敏捷，这是一种增力情感。当教练员产生忧愁、悲哀、愤怒、恐惧等情感时，会感到痛苦，影响感受，就会懒于观察与思考，其反应能力降低，教学指导迟缓，这是一种减力情感。在这种情感下不利于安全教学，容易发生事故。

教练员在感知外界突显的、微弱的、潜伏的及其他与教学安全有关的信息后，都要不失时机地通过分析、综合、推理和判断，提前、迅速、准确地做出决定，果断采取措施。否则，很容易造成教学事故。教练员在教学过程中，要善于细致观察、勤于思考，尽可能地捕捉各种信息，从交通状况的客观实际出发，全面地进行综合分析，沉着冷静地做出正确判断，尽可能减少和避免教学事故的发生。

4 驾驶技术对教学安全的影响

教练员具有过硬的驾驶技术是安全教学的重要条件，教练员的驾驶技术从一定意义上来说是教学能力的重要组成部分，教练员在施教时要充分利用其掌握的驾驶技术完成教学任务，不具备驾驶技术就无法担任教练员，也就谈不上教学能力。驾驶技术高的教练员在各阶段教学中，能根据不同的教学内容、项目和不同的交通状态向学员传授不同的操作方法，发现学员出现操作错误能及时分析原因，提出纠正措施，使学员听得清楚，练习时思路明确，快速掌握技能。如果教练员不能及时指出学员出现的错误动作，学员长期保持错误驾驶方法，或自己摸索驾驶操作方法，难免会发生危险，甚至导致交通事故。每个教练员都要努力学习各种驾驶理论，完善自己的驾驶技术，才能更有效地应用于教学过程中，确保教学安全。

5 文化素质对教学安全的影响

教练员的文化素质来自于对自己所从事工作的热爱和理解，来自于平时工作的积累和经验总结,一定程度上代表了教练员的思想、理念和水平。教练员的文化素质高低,直接影响教学质量。有文化的教练员,教学理念新颖,教学经验丰富,教学知识渊博,教学心态端正,教学目的明确,教学效果良好。教练员在教学过程中要注意自身文化修养,一方面根据平时积累的驾驶经验对学员进行言传身教;另一方面通过学习各方面的新技术、新知识,不断巩固自己的专业知识,拓展知识面,把自己学到的知识应用到实际教学中。

五 学习与教学活动的心理规律

教练员在进行驾驶培训教学时,融入心理学的相关知识,研究驾驶技能动作形成的心理规律,分析学员驾驶技能形成的阶段特征,这对于学员掌握驾驶技能、提高安全意识,有着重要的意义。

1 驾驶技能形成的心理因素

学员的驾驶技能是动作技能和心智技能的有机结合,以合理、完善的程序构成自动的操纵活动方式。动作技能是学员将一系列驾驶基本动作很好地组合起来,协调而顺利地进行操作。心智技能主要是学员的认识活动,它包括感知、记忆、想象和思维,以思维为主要心理成分。动作技能是心智技能形成的最初阶段,而心智技能调节动作技能,并促使动作技能不断提高和完善。

2 驾驶技能的动作分析

学员根据对外界刺激物的感知操纵机动车,效果体现为机动车状态的变化。驾驶操作教学过程中,教练员要有意识地提示学员,增强对驾驶动作的控制和调节,注重动作方式、速度、力量的准确性,及时纠正不良或错误动作,根据道路交通需要,合理选择动作,并将动作协调连贯起来,形成完整系统,可以取得较好的训练效果。

学员动作反应时间,是指从刺激物出现到做出动作反应所需要的最短时间。训练初期,一些学员动作反应迅速,另一些学员反应比较迟缓,尤其面对复杂技能动作或复杂交通情况时,表现出很大的差异,但经过训练可以缩短动作反应的时间,所谓熟能生巧,在驾驶培训中尤为如此。教练员在训练中,首先要帮助反应迟缓的学员消除紧张心理,克服多余动作,提供更多练习机会,使学员有效操纵动作得到强化。其次,学员动作熟练后,教练员可让学员集中注意力观察、判断车外情况,学会正确的观察方法,使思维活动变得合理而完善。学员掌握观察、判断方法后,即可全面缩短动作反映时间。

3 驾驶技能形成的阶段特征

(1)掌握局部动作阶段。在掌握局部动作阶段,学员缺乏驾驶方面的感性认识,在操作中表现紧张,动作忙乱、呆板、不协调,经常出现多余动作。具体表现为学员初学驾驶时不仅紧握转向盘,而且面部肌肉紧张;换挡时,变速杆在空挡来回晃动,行驶中无故晃动转向盘,反复踏放加速踏板,造成车辆闯动;注意范围狭窄,只能集中于个别动作,并且不能控制动作细节等。这个阶段要侧重于学员驾驶基础动作的训练和驾驶感知能力的培养。

（2）动作交替运用阶段。在动作交替运用阶段，学员已经逐步掌握了一系列局部动作，开始把这些动作联系起来，但各动作还结合得不紧密，从一个环节过渡到另一个环节，即动作转换时常出现短暂停顿。如制动减速后不能及时减挡，造成拖挡行驶；上坡转弯前、减挡后不能及时调控方向，造成占线行驶等。但随着训练的深入，交替动作逐渐加快，大体上成为整体的协同动作。这个阶段侧重点是巩固和发展学员基础动作，提高一般道路交通情况下观察、判断、操作等综合运用能力。

（3）动作的协调和完善阶段。在动作协调和完善阶段，学员各个动作结合成为一个有机的系统并巩固下来，各个动作相互协调，能够按照准确顺序以连锁反应的方式出现。具体表现为学员只需注意调控方向，能无意识地熟练完成制动或换挡等其他动作；只需注意道路交通情况变化，就能灵活地重新组合动作。这个阶段要侧重于让学员建立协调而完善的动作系统，培养学员独立驾驶能力。

4 驾驶技能形成的标志特征

驾驶技能形成过程中，从单个局部到各个局部动作结合成为一个完整系统是驾驶技能形成的一个明显特征。学员随着驾驶技能的形成，多余动作和紧张状态消失，动作就变得省力而灵活，驾驶效率提高，动作控制能力增强，并逐渐趋于自动化。学员能够适应多变的道路交通情况，镇定从容地选择操纵动作并确保安全，标志着其驾驶技能达到较高的水平。

模块2　安全生产知识

安全生产工作要以人为本，安全发展，坚持安全第一、预防为主、综合治理的方针，强化和落实生产经营单位的主体责任，建立生产经营单位负责、职工参与、政府监管、行业自律和社会监督的机制。

一 安全生产的目的和地位

安全生产工作是国家、企业在生产建设中围绕保护职工人身安全和设备安全，为搞好安全生产而开展的一系列活动。安全生产的目的是为了保证劳动者的健康和身体不受伤害。只有人人在生产过程中，保持高度警惕，意识到安全生产的地位及重要性，才有利于促进安全生产和提高企业经济效益。

安全生产是指在劳动生产过程中，努力改善劳动条件、克服不安全因素，防止伤亡事故的发生，在保证劳动者安全健康、国家财产及人民生命财产安全的前提下使劳动生产顺利进行。安全生产是确保企业提高经济效益和促进生产迅速发展的重要前提,直接关系到职工的切身利益。

人身安全是消除危害人身安全和健康的一切不良因素,保障职工安全、健康、舒适地工作。设备安全是消除影响设备、产品和其他财产的一切危险因素,保证生产正常进行。

2 目的

安全生产的目的是保证劳动者安全健康、国家财产及人民生命财产安全。劳动保护工作的基本任务是消除生产中的不安全、不卫生因素,防止伤亡事故和职业病的发生,使劳动者安全顺利地进行生产。安全生产工作,除了保护劳动者的安全健康以外,还有保护机器设备、国家财产,保证生产正常进行等其他任务。

3 地位

安全是人类永恒的主题,人们从出生开始,每时每刻都面对着人身安全问题。进入生产企业,安全问题更为突出,工作环境越复杂,工作节奏越快,相应的危险因素也就越多,尤其是驾驶员培训工作,一旦出现失误,就可能导致事故,后果十分严重。驾驶教练员要从思想上清醒地意识到安全生产的地位及其重要性,工作中时刻都要把安全生产放在首位,做到"四不伤害"(即:不伤害自己,不伤害他人,不被他人伤害,保护他人不受伤害),才能保证驾驶培训工作正常运行。

二 安全生产方针

我国的安全生产方针是安全第一,预防为主,综合治理,它是党和国家对安全生产工作的总体要求,指明了安全生产工作的方向。保护劳动者的安全与健康是国家的一项基本政策,也是管理生产企业的重要原则之一。

1 安全第一

安全第一是指安全生产是所有经济部门和生产企业的头等大事,当生产任务与安全发生矛盾时,要先解决安全问题,使生产在确保安全的前提下顺利进行。人的生命是至高无上的,每个人的生命只有一次,生产活动中,应把保护生命安全放在第一位,珍惜生命、爱护生命、保护生命。

2 预防为主

预防为主是指在许多工作中,做好预防工作是最主要的。防微杜渐,防患于未然,把事故和职业危害消灭在发生之前。一旦发生伤亡事故和职业危害,其损失往往很难挽回或者根本无法挽回,此时安全第一就成了一句空话。

3 综合治理

综合治理与安全第一、预防为主之间具有内在的、严密的逻辑关系。坚持安全第一,必须以预防为主,实施综合治理。只有认真治理隐患,有效防范事故,才能把安全第一落到实处。从这个意义上说,综合治理是安全生产方针的基石,是安全生产工作的重心。

三 从业人员的安全生产权利和义务

从业人员根据《中华人民共和国安全生产法》的规定,享有安全生产的权利,履行安全生产义务,企业必须保障从业人员的生产安全。

1 安全生产权利

（1）生产经营单位与从业人员订立的劳动合同,应当载明有关保障从业人员劳动安全、防止职业危害的事项,以及依法为从业人员办理工伤保险的事项。生产经营单位不得以任何形式与从业人员订立协议,免除或者减轻其对从业人员因生产安全事故伤亡依法应承担的责任。

（2）生产经营单位的从业人员有权了解其作业场所和工作岗位存在的危险因素、防范措施及事故应急措施,有权对本单位的安全生产工作提出建议。

（3）从业人员有权对本单位安全生产工作中存在的问题提出批评、检举、控告,有权拒绝违章指挥和强令冒险作业。生产经营单位不得因从业人员对本单位安全生产工作提出批评、检举、控告或者拒绝违章指挥、强令冒险作业而降低其工资、福利等待遇或者解除与其订立的劳动合同。

（4）从业人员发现直接危及人身安全的紧急情况时,有权停止作业或者在采取可能的应急措施后撤离作业场所。生产经营单位不得因从业人员在直接危及人身安全的紧急情况下停止作业或者采取紧急撤离措施而降低其工资、福利等待遇或者解除与其订立的劳动合同。

（5）因生产安全事故受到损害的从业人员,除依法享有工伤保险外,依照有关民事法律尚有获得赔偿的权利的,有权向本单位提出赔偿要求。

2 安全生产义务

（1）从业人员在作业过程中,应当严格遵守本单位的安全生产规章制度和操作规程,服从管理,正确佩戴和使用劳动防护用品。

（2）从业人员应当接受安全生产教育和培训,掌握本职工作所需的安全生产知识,提高安全生产技能,增强事故预防和应急处理能力。

（3）从业人员发现事故隐患或者其他不安全因素,应当立即向现场安全生产管理人员或者本单位负责人报告,接到报告的人员应当及时予以处理。

模块3　道路运输驾驶员培训教学大纲

道路客货运输驾驶员是道路运输安全的关键。驾驶员的安全、文明、专业素质,直接关系到道路运输安全、服务水平以及文明程度。做好道路客货驾驶员从业培训工作,严把从业人员准入关,提高道路客货运输驾驶员的整体素质,是道路运输安全的重要基础保障。道路运输驾驶员培训教学大纲是道路客货运输驾驶员从业培训的法律依据。道路运输驾驶员培训教学大纲包括《道路旅客运输驾驶员从业资格培训教学大纲》和《道路货物运输驾驶员从业资格培训教学大纲》。

一 《道路旅客运输驾驶员从业资格培训教学大纲》

《道路旅客运输驾驶员从业资格培训教学大纲》的培训目标,是树立道路旅客运输驾驶员的社会责任,培养道路旅客运输驾驶员的职业道德,熟知道路运输驾驶员的行为要求;掌握道路运输从业相关法律、法规和道路运输专业知识;养成安全、文明行车意识,掌握各种环境和条件下安全驾驶、应急处置方法;了解汽车使用技术知识;掌握汽车常见故障的识别方法;培养专业知识应用能力。

1 理论知识

教学项目	教学内容	教学目的	学时安排
			42
1.驾驶员的社会责任、职业道德和职业心理	道路运输驾驶员的社会责任与职业道德	树立驾驶员的社会责任,培养驾驶员的职业道德,熟知道路运输驾驶员的行为要求	2
	道路运输驾驶员的职业心理	了解驾驶员心理健康知识;了解驾驶员心理调节方法	1
2.道路运输从业相关法律、法规	《中华人民共和国安全生产法》、《中华人民共和国道路交通安全法》及实施条例	掌握从业人员享有的权利、应尽的义务及所应承担的法律责任;掌握客运车辆、驾驶员的相关规定;熟知客运驾驶员违法行为所应承担的责任	2
	《中华人民共和国道路运输条例》	掌握道路运输经营许可、经营行为相关规定及内涵	1
	《道路运输从业人员管理规定》、《道路旅客运输及客运站管理规定》	掌握道路运输驾驶员从业资格申请程序、条件、考试、证件使用规定;掌握诚信考核、继续教育的目的及内涵;掌握客运经营的有关规定及内涵	2
3.道路运输知识	道路旅客运输知识	了解旅客运输的分类与特点;掌握旅客运输车辆类型与使用、旅客运输的基本环节、危险化学品的识别;熟知客运合同与保险知识	3
		熟知班车客运、包车(旅游)客运的服务要求、乘客心理与服务知识	2

续上表

教学项目	教学内容	教学目的	学时安排
			42
4.安全意识与安全行车	安全驾驶	养成安全、文明行车和遵守交通信号的意识； 熟知驾驶员心理、生理因素对安全驾驶的影响； 了解驾驶员的反应时间对安全驾驶的影响	4
	危险源识别与防御性驾驶	掌握各种行驶状态、典型道路环境、恶劣气象、高速公路、夜间等环境条件下的危险源识别与防御性驾驶方法	4
	临危避险驾驶	掌握紧急、突发情况的处理原则； 掌握发动机突然熄火、转向失控、制动失效、轮胎漏气及爆裂等车辆故障的应急处置方法； 掌握车辆侧滑、侧翻、起火等紧急情况的应急处置方法； 掌握突遇自然灾害、恐怖袭击、火灾及爆炸等情况的应急处置方法	6
		掌握驾驶员或乘客突发疾病时的应急处置方法	1
	事故现场的应急处置	掌握事故现场的应急处置和报告程序、自救与互救原则和危重伤员的应急措施； 了解常用救护方法	2
5.汽车使用技术	汽车维护基本知识	了解汽车维护的作用与要求、汽车维护的分类； 掌握汽车日常维护作业内容	
	道路运输车辆技术要求	了解道路运输车辆综合性能及检测要求； 了解道路运输车辆外廓尺寸、轴荷及质量限值的要求； 了解道路运输车辆燃料消耗量检测的有关内容	3
	汽车常见故障	掌握发动机、底盘、电气设备常见故障识别方法	4
	轮胎的合理使用	了解轮胎使用寿命的影响因素； 掌握轮胎的正确使用方法	1
	节能与环保技术	了解节能与环保的意义、汽车燃料消耗的影响因素、汽车主要污染物的种类及危害； 掌握节能与环保驾驶方法	2
	汽车新技术	了解汽车新技术、新能源与新材料； 掌握卫星定位系统等设备的使用方法	2

❷ 应用能力

教学项目	教学内容	教学目标	学时安排
			10
1.车辆安全检视	出车前检查	掌握客车车辆外观、发动机舱、驾驶室、客车车厢及发动机起动后的安全检视内容和方法	1
	行车中、收车后检查	掌握行车中、收车后的车辆安全检视内容和方法	1

续上表

教学项目	教学内容	教学目标	学时安排 10
2. 旅客急救	心肺复苏抢救法	掌握心肺复苏抢救的方法	
	止血、包扎、骨折固定法	掌握指压止血法、加压包扎止血法、加垫屈肢止血法、绷带包扎法、三角巾包扎法、骨折固定法的方法	4
3. 危险源辨识与防御性驾驶	危险源辨识与防御性驾驶方法	掌握车辆在一般天气、雨天、雪天、雾天等条件下通过高速公路、山区道路、桥梁、隧道等道路环境,以及在交叉路口、城乡结合部、上下坡道、冰雪路面等路段行驶时的危险源辨识与防御性驾驶方法	2
4. 节能驾驶	节能驾驶要领	掌握车辆运行过程中的节能驾驶要领	1
5. 综合复习与考核	综合复习	掌握车辆安全检视、旅客急救、危险源辨识与防御性驾驶及节能驾驶要领等	1

二 《道路货物运输驾驶员从业资格培训教学大纲》

《道路货物运输驾驶员从业资格培训教学大纲》的培训目标,是树立道路货物运输驾驶员的社会责任,培养道路货物运输驾驶员的职业道德,熟知道路货物运输驾驶员的行为要求;掌握道路运输从业相关法律、法规和道路运输专业知识;养成安全、文明行车意识,掌握各种环境和条件下安全驾驶、应急处置方法;了解汽车使用技术知识;掌握汽车常见故障的识别方法;培养专业知识应用能力。

1 理论知识

教学项目	教学内容	教学目的	学时安排 48
1. 驾驶员的社会责任、职业道德和职业心理	道路运输驾驶员的社会责任与职业道德	树立驾驶员的社会责任,培养驾驶员的职业道德,熟知道路运输驾驶员的行为要求	2
	道路运输驾驶员的职业心理	了解驾驶员心理健康知识; 了解驾驶员心理调节方法	1
2. 道路运输从业相关法律、法规	《中华人民共和国安全生产法》、《中华人民共和国道路交通安全法》及实施条例	掌握从业人员享有的权利、应尽的义务及所应承担的法律责任; 掌握货运车辆、驾驶员的相关规定; 熟知货运驾驶员违法行为所应承担的责任	2
	《中华人民共和国道路运输条例》	掌握道路运输经营许可、经营行为相关规定及内涵	1
	《公路安全保护条例》	掌握超限运输的有关规定及货物装载的有关要求; 熟知货运驾驶员违法行为所应承担的责任	2
	《道路运输从业人员管理规定》、《道路货物运输及站场管理规定》	掌握道路运输驾驶员从业资格申请程序、条件、考试、证件使用规定; 掌握诚信考核、继续教育的目的及内涵; 掌握货运经营的有关规定及内涵	2

第二部分／单元1 基本理论知识

续上表

教学项目	教学内容	教 学 目 的	学时安排 48
3. 道路运输知识	道路货物运输知识	了解货物运输的分类与特点、甩挂运输特点及其要求、危险化学品的分类及常见危险化学品； 掌握货物运输车辆类型与技术要求、运输基本环节与运输质量要求； 熟知货运合同与保险知识； 了解保价知识	4
		熟知货物装载质量、顺序及拼装配载要求和常见货物固定方法、货物包装储运图示标志； 掌握货物运输途中的装载检查方法	2
		了解普通货物运输组织形式、特点及要求； 熟知零担货物运输与整车货物运输要求	2
		了解集装箱、冷藏保鲜货物、罐式容器运输的特点及要求； 了解大型物件运输特点及要求； 熟知道路超限运输相关知识	2
4. 安全意识与安全行车	安全驾驶	养成安全、文明行车和遵守交通信号的意识； 熟知驾驶员心理、生理因素对安全驾驶的影响； 了解驾驶员的反应时间对安全驾驶的影响	4
	危险源识别与防御性驾驶	掌握各种行驶状态、典型道路环境、恶劣气象、高速公路、夜间等环境条件下的危险源识别与防御性驾驶方法	4
	临危避险驾驶	掌握紧急、突发情况的处理原则； 掌握发动机突然熄火、转向失控、制动失效、轮胎漏气及爆裂等车辆故障的应急处置方法； 掌握车辆侧滑、侧翻、起火等紧急情况的应急处置方法； 掌握突遇自然灾害、恐怖袭击、火灾及爆炸等情况的应急处置方法	6
	事故现场的应急处置	掌握事故现场的应急处置方法； 了解常用伤员急救方法	2
5. 汽车使用技术	汽车维护基本知识	了解汽车维护的作用与要求、汽车维护的分类； 掌握汽车日常维护作业内容	
	道路运输车辆技术要求	了解道路运输车辆综合性能及检测要求； 了解道路运输车辆外廓尺寸、轴荷及质量限值的要求； 了解道路运输车辆燃料消耗量检测的有关内容； 了解道路运输车辆改装管理的有关规定	3
	汽车常见故障	掌握发动机、底盘、电气设备常见故障识别方法	4

续上表

教学项目	教学内容	教 学 目 的	学时安排
			48
5.汽车使用技术	轮胎的合理使用	了解轮胎使用寿命的影响因素； 掌握轮胎的正确使用方法	1
	节能与环保技术	了解节能与环保的意义、汽车燃料消耗的影响因素、汽车主要污染物的种类及危害； 掌握节能与环保驾驶方法	2
	汽车新技术	了解汽车新技术、新能源与新材料； 掌握卫星定位系统等设备的使用方法	2

2 应用能力

教学项目	教学内容	教 学 目 标	学时安排
			8
1.车辆安全检视	出车前检查	掌握货车车辆外观、发动机舱、驾驶室内部及发动机起动后的安全检视内容和方法	1
	行车中、收车后检查	掌握行车中、收车后的车辆安全检视内容和方法	1
2.轮胎更换	轮胎的更换步骤和要求	掌握车辆后轮外侧轮胎的拆卸、安装及千斤顶的使用方法	2
3.危险源辨识与防御性驾驶	危险源辨识与防御性驾驶方法	掌握车辆在一般天气、雨天、雪天、雾天等条件下通过高速公路、山区道路、桥梁、隧道等道路环境，以及在交叉路口、城乡接合部、上下坡道、冰雪路面等路段行驶时的危险源辨识与防御性驾驶方法	2
4.节能驾驶	节能驾驶要领	掌握车辆运行过程中的节能驾驶要领	1
5.综合复习与考核	综合复习	掌握车辆安全检视、轮胎更换、危险源辨识与防御性驾驶及节能驾驶要领等	1

三 教学日志

1 教学日志的作用

在客货运输驾驶员从业资格培训中，将道路运输驾驶员培训教学大纲中规定的每一个教学项目、教学内容落实到位，并达到教学目标的要求，是确保从业资格驾驶员培训质量的关键。

教学日志是根据道路运输驾驶员培训教学大纲规定的培训学时、教学项目和教学目标的要求编制而成的，是驾驶员从业资格培训教学过程的有效记录，是道路运输驾驶员培训教学大纲的重要组成部分。

教学日志是加强从业资格培训教学过程管理，规范教学行为，确保道路运输驾驶员培训教学大纲落实到位的主要手段和载体。

❷ 教学日志的使用

教练员在每次教学结束后,应如实填写教学日志。填写时,要按规定填写培训机构名称、学员姓名、车型、学时,真实地填写教学次数、教学项目、所用学时。每次教学完成后,教练员要客观、真实地评价学员的学习效果,并由教练员、学员签字确认。理论和应用能力教学项目全部完成后,由培训机构的考核员对学员进行阶段性考核,考核员根据考核情况填写考核意见并签字。考核合格后,培训机构负责人对教学日志所记录的教学情况和培训结果进行审核,签注审核意见并盖章。确保所有内容填写的真实性、有效性,是使用教学日志的关键。

❸ 教学日志填写

(1)培训机构名称:学员所在培训机构名称。

(2)学员姓名:学员的姓名。

(3)车型:学员申请的车型类别。

(4)次数:学员参加学习的次数。

(5)日期:学员参加学习的日期。

(6)教学项目:规定学习的理论或应用能力教学项目的序号。

(7)所用学时:学员每次学习所用的时间。

(8)学员签字:参加理论学习或应用能力培训学员的签名。

(9)教练员评价及签字:教练员对学员当次学习情况的评价、签字确认。

(10)考核意见:考核人对驾驶学员学习情况的评价。

道路客货运输驾驶员从业资格培训教学日志

No.

培训机构名称:√	学员姓名:√	车型:√

培训目标:树立驾驶员的社会责任,培养驾驶员的职业道德,熟知道路运输驾驶员的行为要求;掌握道路运输从业相关法律、法规和道路运输专业知识;养成安全、文明行车意识,掌握各种环境和条件下安全驾驶和应急处置方法;了解汽车使用技术知识,掌握汽车常见故障的识别方法;培养专业知识应用能力。

	教学项目	教 学 目 标
理论知识 学时:42(客) 48(货)	1.驾驶员的社会责任、职业道德和职业心理 2.道路运输从业相关法律、法规 3.道路运输知识 4.安全意识与安全行车 5.汽车使用技术	1.树立驾驶员的社会责任,培养驾驶员的职业道德,熟知道路运输驾驶员的行为要求,了解驾驶员心理健康知识,了解驾驶员心理调节方法; 2.熟练掌握道路运输相关法律、法规的有关内容; 3.掌握道路运输专业知识; 4.养成安全、文明行车意识,掌握各种环境和条件下安全驾驶和应急处置方法; 5.了解汽车使用技术知识

续上表

次数/日期	1/√	2/√	3/√	4/√	5/√	6/√	7/√	8/√
教学项目	√	√	√	√	√	√	√	√
所用学时	√	√	√	√	√	√	√	√
学员签字	√	√	√	√	√	√	√	√
教练员评价及签字	√	√	√	√	√	√	√	√

	教学项目	教学目标
应用能力 学时:10(客) 8(货)	1. 车辆安全检视 2. 旅客急救(客) 3. 轮胎更换(货) 4. 危险源辨识与防御性驾驶 5. 节能驾驶 6. 综合复习与考核	1. 掌握车辆外观、发动机舱、客车车厢(客)、驾驶室内部(货)、发动机起动后及行车中、收车后的车辆安全检视内容和方法; 2. 掌握心肺复苏抢救法及常用止血法、包扎法、骨折固定法的方法; 3. 掌握车辆后轮外侧轮胎的拆卸、安装及千斤顶的使用方法; 4. 掌握车辆在各种天气条件和道路环境下的危险源辨识与防御性驾驶方法; 5. 掌握车辆运行过程中的节能驾驶要领; 6. 掌握专业知识应用能力

次数/日期	1/√	2/√	3/√	4/√	5/√	6/√
教学项目	√	√	√	√	√	√
所用学时	√	√	√	√	√	√
学员签字	√	√	√	√	√	√
教练员评价及签字	√	√	√	√	√	√

考核意见: √	
	考核人签字:√
培训机构审核意见	√ (盖章)

注:1. 括号中标注"(客)"者——仅作为道路旅客运输驾驶员的教学项目或学时;
   2. 括号中标注"(货)"者——仅作为道路货物运输驾驶员的教学项目或学时;
   3. 表中所有打"√"处都要按规定填写。

模块4 驾驶教学中的风险分析

驾驶教学是在运动中进行的教学活动,教与学都在动态中进行,教学过程中风险性很大。教练员责任心不强、疏忽、操作指导错误或失误、对路况的判断错误或不准确都会加大教学风险性,甚至导致人员伤亡事故。教练员要注意分析教学中的风险因素,研究安全教学规律,提高安全教学能力。

一 学员操作存在的风险分析

学员在驾驶训练中,从接触车辆到掌握驾驶技能,需要经过了解、掌握、熟练等几个阶段。学员技能形成阶段,驾驶操作不熟练,没有形成动作定势,有时由于紧张或操作错误出现危险动作,存在事故隐患。学员操作存在的风险有以下几种。

❶ 把加速踏板当制动踏板使用

学员在驾驶训练中制动时,由于操作陌生,动作不熟练,不具备应对突发情况的处置能力,在突发危险情况时,惊慌失措、不够镇定,往往会将加速踏板当作制动踏板使用,导致车辆突然加速,车辆向前或向后猛窜,引发碰撞事故。

出现这种危险情况的主要原因是训练过程中,学员还没有形成动作定势,教练员就盲目地让学员驾驶。学员遇到意料之外的突发情况时,虽然知道要踩制动踏板,但在慌乱中不知所措,经常会错把加速踏板当制动踏板。如果教练员在上路驾驶训练前,强化右脚不踩加速踏板时必须放在制动踏板上的训练,让学员形成动作定势,就会避免类似危险动作。

❷ 停车或起步时溜车

溜车一般有两种情况,一种是学员在有坡的路段停车时,不拉驻车制动器操纵杆或

没拉紧驻车制动器操纵杆造成溜车。另一种是学员在坡道临时停车后起步时,对驻车制动器操纵杆、离合器踏板、加速踏板操作配合不熟练,在离合器的接合没到达半联动点就松开驻车制动器操纵杆,或者由于没有及时适量踩下加速踏板,出现起步动力不足,造成溜车。

出现这种危险情况的主要原因是教练员在训练中,没有让学员熟练掌握离合器半联动的位置,手脚配合训练不到位,基础操作不扎实就在坡道上训练停车、起步,此时发生溜车现象是必然的。如果学员养成停车后拉紧驻车制动器操纵杆的习惯,起步时能够熟练掌握离合器半联动,操作动作配合协调,就能避免溜车现象。

❸ 不正确起动发动机

学员在起动发动机前,没有将变速器操纵杆放在空挡位置,驻车制动器操纵杆没有拉紧,在起动发动机时车辆突然猛窜,经常会造成撞车、撞人、撞建筑物等碰撞事故。

出现这种危险情况的主要原因是学员基础操作动作没有学好,没有养成起动发动机前检查挡位是否在空挡位置和驻车制动器操纵

杆是否拉紧的习惯。学员在驾驶操作动作没有形成定势的情况下,教练员不及时提醒学员进行检查,学员会疏忽或忘记规范操作的要求,造成危险。如果教练员能在基础训练时严格要求学员,每次在学员起动发动机前提示学员注意检查,使学员的动作变为无意识动作,就能避免此类危险。

4 换错挡位

学员在换挡训练时,由于不熟悉挡位,挂挡时找不准挡位,手脚操作协调能力差,动作不熟练,挂错挡或挂不进挡,用力过度将变速杆损坏或者造成变速器故障。如果挂不进挡,学员低头看挡位,会影响学员的观察和驾驶操作,甚至会引发事故。

出现这种危险情况的主要原因是学员基础训练时,没有足够的训练时间熟悉加、减挡的操作顺序,对挡位生疏,操作不规范。学员在车辆行驶中换挡时,不踩离合器踏板换挡,生拉硬推换挡,往往会损坏变速器齿轮,尤其是前进时错挂倒挡,会造成机械故障。如果教练员在基础动作训练时,给学员讲清楚换挡的机械原理,反复进行原地训练,让学员在熟练掌握换挡操作的基础上进行实车训练,上路训练初期对学员进行提示,就能避免操作错误,顺利进行换挡。

二 学员违法行为和驾驶陋习的风险分析

学员在驾驶训练时期,教练员不注意对学员的管理,对学员要求不严格,一味放任,学员会受一些不良习气的影响,形成认识和行为的偏差,一旦形成不良的驾驶行为习惯,势必会危及教学安全。

1 违法驾驶行为

在驾驶训练时,由于学员对法律法规一知半解,随着学员驾驶技能逐渐提升,一些违法行为也随之出现。有的学员在变更车道时不查看安全情况,临近障碍物猛转向,有的学员甚至出现在驾驶训练中接听手机等违法行为,对教学安全威胁性极大,增加了教学的风险性。

学员出现违法行为的主要原因是遵章守法和安全行车意识淡薄,在掌握了一定的驾驶技能后,放松了对自己的要求;教练员进入驾驶训练教学后,放松了对学员法律法规和安全意识的教育,弱化了一些关键的安全驾驶知识和技能的教学,一味为应付考试进行训练,学员的学习倾向性发生偏差。如果教练员把法律法规和安全意识教育,始终贯穿于教学的全过程,时刻要求学员遵章守法,安全驾驶,就会最大限度

杜绝学员的违法驾驶行为。

2 学员的驾驶陋习

学员在学习驾驶过程中,受不良风气影响,会滋生各种驾驶陋习。尤其是教练员的驾驶行为、理念和做法,对学员的影响较大。学员在驾驶训练时,不愿意系安全带,穿高跟鞋、拖鞋、影响驾驶的长裙,戴光滑的手套,有的学员驾车吃东西,甚至出现驾车吸烟等陋习,严重威胁教学安全。

这些不良的驾驶陋习大都与学习环境、驾驶培训机构风气、教练员品质有直接关系。教练员对学员的管理和学员本身的素质,也是非常重要的影响因素。教练员平时对学员管理不严格,教学理念和方法落后,安全文明意识差,驾驶动作不规范,必然会被学员效仿,产生潜移默化的影响。学员在驾驶培训中出现的陋习,增大了驾驶教学的风险性。如果教练员能够以身作则,严格要求自己,给学员讲清楚驾驶陋习的安全隐患,灌输安全文明行车的理念,学员就不会出现驾驶陋习。

单元 2　教学专用知识

模块 5　教学实施计划

教学实施计划,是按照教学总计划的要求,设计具体的教学方案的文档说明,是教练员规范实施教学,达到预期教学目标的指导性文件。教练员要按照教学实施计划的要求和安排,落实道路运输驾驶员培训教学大纲规定的目标,全面提高教学质量与效益,深化课程改革,深入实施素质教育,让教学管理制度更加科学、规范和精细。

一　教学实施计划的设计

1　教学实施计划设计依据

驾驶培训教学实施,是在一定的教学环境中,在了解学员学习风格和驾驶技能掌握程度的基础上,将设计好的教案逐步加以实现,并对培训教学进行有效管理的过程。

教学实施计划要依据道路运输驾驶员培训教学大纲和教学总计划的培训目标、培训对象、课程设置和顺序、培训方式、培训方法、培训时间进行设计。教练员在设计教学实施计划前,要认真对照道路运输驾驶员培训教学大纲,结合统编教材,确立培训目标、阶段目标、培训方法、培训时间、培训内容,并结合自己的教学风格,设计教学实施计划。

2　教学实施计划的设计要点

教练员在授课前,要根据培训内容设计教学实施计划,项目主要有:课程名称、培训目标、培训对象、培训时间、培训地点、授课教师、学员人数、教学设备、内容要求、教学组织等,并对每一个项目的具体教学内容进行归纳,做好实施教学的准备。

教 学 实 施 计 划

序号	项目	具体内容
1	课程名称	
2	培训目标	
3	培训对象	
4	培训时间	
5	培训地点	
6	授课教师	
7	学员人数	
8	教学设备	
9	内容要求	
10	教学组织	

二 教学实施计划的编写

根据机动车驾驶教练员职业技能标准要求,三级机动车驾驶教练员要能编写道路货物运输驾驶员及经理人、机动车驾驶培训机构经理人培训教学实施计划。

1 编写要求

教学实施计划要在总计划课程设置的基础上,按照总计划的教学目标、内容,结合具体的教学内容进行编写,以保证教练员能够按照道路运输驾驶培训教学大纲(以下简称"培训教学大纲")和教学总计划设定的培训目标、培训对象、课程设置和顺序、培训方式、培训方法、培训时间具体实施教学。

2 编写内容

(1)课程名称:培训教学大纲中设置的培训教学项目。

(2)培训目标:培训教学大纲中培训教学内容的教学目的。

(3)培训对象:符合培训申请条件,报名参加培训的学员。

(4)培训时间:培训的具体时间。

(5)培训地点:授课的具体教室、场所、模拟实验室等。

(6)授课教师:担任理论教学或应用能力教学的教练员姓名。

(7)学员人数:参加培训的学员总人数。

(8)教学设备:授课使用的教学工具、实物、模型、车辆等设备。

(9)内容要求:培训教学大纲中设置的培训教学内容。

(10)教学组织:教练员组织教学的形式。如课堂多媒体教学、计算机教学、模拟教学、实车教学等。

 编写实例

道路货物运输驾驶员从业资格培训第四章培训教学实施计划

序号	项目	具体内容
1	课程名称	安全意识与安全行车
2	培训目标	使学员养成安全、文明行车和遵守交通信号的意识,了解驾驶员的反应时间对安全驾驶的影响,熟知驾驶员心理、生理因素对安全驾驶的影响
		使学员掌握各种行驶状态、典型道路环境、恶劣气象和高速公路、夜间等环境条件下的危险源识别与防御性驾驶方法
		使学员掌握紧急、突发情况的处理原则,掌握发动机突然熄火、转向失控、制动失效、轮胎漏气及爆裂等车辆故障的应急处置方法,掌握车辆侧滑、侧翻、起火等紧急情况的应急处置方法,掌握突遇自然灾害、恐怖袭击、火灾及爆炸等情况的应急处置方法
		使学员掌握事故现场的应急处置方法,了解常用伤员急救方法
3	培训对象	5月底前报名参加培训的学员,名单见花名册
4	培训时间	2014年5月10日
5	培训地点	培训楼二教室
6	授课教师	二级教练员陈强
7	学员人数	40人
8	教学设备	多媒体软件、投影设备
9	内容要求	安全驾驶
		危险源识别与防御性驾驶
		临危避险驾驶
		事故现场的应急处置
10	教学组织	课堂多媒体教学

模块6 教案编写指导

三级机动车驾驶教练员要能够根据教案编写的原则,结合自己的教学经验,指导四级机动车驾驶教练员完成驾驶培训教案的编写。

一 教案编写的原则

编写驾驶培训教案,要在一般教案编写内容的基础上,增加符合驾驶教学需要的内容和原则,将理论教学与技能教学有机结合,满足驾驶培训教学的要求。

1 内容针对性原则

教练员编写教案时,需依纲扣本、有针对性,"纲"就是培训教学大纲,"本"就是培训统编教材。教练员备课时,要依据培训教学大纲,按教材的内在规律,结合教学实际,有针对性地确定教学目标、重点难点、设计教学过程,避免出现知识性错误。

2 思维拓宽性原则

教练员编写教案时,不要局限于教材的内容,要有一定的开放性,要有自己的特点和独特的教学方法,更要有一种不断创新的意识。教练员备课时,要在钻研教材的基础上,广泛参考多种相关资料和素材,请教有经验的教练员,在思考的基础上消化、吸收他人经验,结合自身体会,巧妙构思,精心安排,发挥想象力,突出自己的特色。

3 过程提炼性原则

编写教案的过程,是对众多知识和内容进行提炼和归纳的过程。理论学习以学会记住为主,场地训练在掌握空间位置和控制速度之余要学会思考,实际道路训练在结合实际进行驾驶的同时要学会研究。编写教案不能照本宣科,要从实际教学、训练需要出发,充分考虑教案的可行性和操作性,将教材的知识经过自己的加工提炼,更加精细化。

4 语言逻辑性原则

语言的逻辑性反映为讲课的条理性和教学语言的简洁明快。教练员编写教案时,要精心准备教学语言,按照中心突出、主次分明、脉络清晰、由浅入深的要求准备讲课内容。课堂用语叙述严谨、言简意赅、干脆利落、通俗易懂,特别要注意推敲衔接的语言,以使知识自然过渡。语言设计要准确科学、标准规范、逻辑严密、生动感人、有启发性与针对性、贴近学员,采用层进式或者并列式结构,精心选择语言表达顺序。语言的组织上,教练员要选用学员能听懂、易于理解、又有助于提高学员学习水平的语言,让学员在愉悦中学到知识,受到教育。

5 表达艺术性原则

教学艺术就是教练员在课堂上遵照教学法则和美学尺度的要求,灵活运用语言、表情、动作、心理活动、图像组织、调控等手段,充分发挥教学情感的功能。教练员编写教案的艺术性就是构思巧妙,能让学员在听课时不仅学到知识,而且获得艺术赏析的快乐体验,尤其是要设计好开头、结尾,首尾呼应、层层递进、启发思维、扣人心弦,达到立体效果,教练员的说、谈、问、讲等授课语言都要在编写教案时进行设计,字斟句酌,精心安排。

6 方法多样性原则

驾驶培训教学的最大特点是互动式手段的广泛使用,理论教学除了传统的课堂授课和提问法以外,还有讨论法、案例分析法、情景模拟法、专题研讨法等教学方法。驾驶操作有示范教学法、模拟教学法、练习教学法、训练与复习教学法等。教练员编写教案时,要根据具体的教学阶段、内容、要求,充分考虑实际教学的需要,对所讲授的教学内容进行科学设计,确定合适的教学方法完成教学。驾驶培训不同的教学阶段,采用的教学方法不同,编写教案的风格也不同。

二 教案编写设计

教案编写设计,是编写教案前一项重要的工作。教练员在编写教案前要针对教学科目和内容,详尽地对课程进行设计,形成一条编写教案的主线,便于规范实施教学。

❶ 理论教学过程设计

(1)导入新课。设计新颖活泼的形式,引出新课内容,激发学员学习兴趣。

(2)讲授新课。针对不同教学内容,选择不同的教学方法,详细安排、分配时间。

(3)总结练习。对讲授的知识进行归纳、总结,设定问题、解答问题。

(4)作业安排。结合考点布置复习内容,要考虑知识的拓展性。

❷ 实际操作教学过程设计

(1)讲解动作要领。说明教学项目、目标、技术要求、训练安排等。驾驶动作分解和细化讲解(方向、力量、速度、幅度、用力部位等)。

(2)示范动作。示范分解动作和连贯配合动作,对比示范正确和错误动作,注意边示范边讲解,保证示范动作的规范性。

(3)指导练习。合理安排练习的方式、时间和次数,提醒学员练习时的注意事项,说明操作动作练习要点。

(4)训练讲评。明确讲评的内容和重点,说明一节课的训练项目。

三 教案编写指导

编写教案时,要求教练员对每个科目或每个课时的教学内容、教学步骤的安排、教学方法的选择、教具或现代化教学手段的应用、各个教学步骤教学环节的时间分配等进行周密考虑、精心设计。

❶ 教案编写依据

编写教案要依据培训教学大纲和统编教材,从学员的实际情况出发,精心设计。一般要符合以下要求:

(1)明确教学目的,具体规定传授专业基础知识、培养基本驾驶技能及安全文明意识的任务。

(2)合理地运用统编教材,突出重点,解决难点,便于学员理解并掌握系统的知识。

(3)恰当地选择和运用教学方法,调动学员学习的积极性,同时注意因人施教,对接受能力差的学员进行重点培养,使每个学员都能完成阶段学习。

编写教案的繁简因人而异,一般是有经验的教练员写得简略些,而新教练员写得详细些。课程的教案设计,根据学员的实际差异应有所区别。在培训过程中,可根据具体情况对教案做适当调整,培训结束后及时填写教学日志,进行简要分析,有助于教练员积累教学经验,不断提高教学水平。

教案是教练员的教学设计和设想。在实际教学活动中,教案起着十分重要的作用。编写教案有利于教员进一步掌握培训教学大纲的要求,准确把握教材的重点与难点,进而选择科学、恰当的教学方法,有利于教练员科学、合理地支配培训时间,更好地组织教学活动,提高教学质量,达到预期的教学效果。

2 教案编写要求

教案编写要从培训教学目的和任务着眼,从驾驶教学的特点出发,要以培训教学大纲和统编教材为依据,做到目的明确,要求适当。同时要处理好教与学的关系,根据课程内容和学员特点选择适当的教学方法,并且要注意专业特点,加强实践性教学。教案设计做到教学环节完整、结构合理、思路清晰、繁简得当、时间分配合理。教案内容要符合以下要求:

(1)教案中要有导入新课教学内容的衔接方法。
(2)教案内容简明、条理清楚、教学目的明确、教学内容设置合理、重点难点清晰。
(3)重点要采用启发式、引导式等教学方法,采用现代化教学手段或直观教具演示教学,着重培养学员能力。
(4)多媒体教学课件要符合培训教学大纲要求,图表要清晰正确、数据要准确。
(5)每次课教学总结要具有概括性,重点难点要简明扼要。
(6)复习题要精选,深度、难度、覆盖面要适宜。

模块7 多媒体课件制作

多媒体课件是指根据培训教学大纲的要求和教学的需要,经过严格的教学设计,并以多种媒体的表现方式和超文本结构制作而成的计算机教学软件。使用多媒体课件教学,可以使教练员的课堂教学变得更加生动活泼,优化教学过程,提高教学效率,增强教学效果,为教练员开辟更广阔的教学创新空间。

一 多媒体课件教学的特点

多媒体课件以计算机、多媒体等技术为基础,以学员为中心,同传统的教学手段相比具有鲜明的特点和优势。

① 教学效果好

教练员运用多媒体课件进行课堂教学,既可以将图、文、声、像融为一体,使教与学的活动变得更加丰富多彩,又可以寓知识学习、技能训练于生动活泼的形象之中,增强了机动车驾驶理论教学的生动性、趣味性,从而可以激发学员的学习兴趣,促进他们对道路安全知识的理解和掌握。多媒体课件在教学中的使用,改善了教学媒体的表现力和交互性、促进了课堂教学内容、教学方法、教学过程的全面优化,提高了教学效果。

② 教学效率高

教练员使用多媒体课件进行教学,教学课堂不受听课人数的限制,教学效率高。利用投影仪把多媒体课件投放至荧幕上,并通过音响设备播放声音,即使是在学员众多的情况下,通过多媒体设备学习交通安全知识也会收到良好的效果。

③ 信息资源广

制作多媒体课件的素材搜集渠道非常广泛。网络技术的发展、多媒体信息的自由传输,为教学素材和教学交流提供了良好的平台。以网络为载体的多媒体课件,实现了教学资源的共享,通过互联网可搜集到制作多媒体课件所需的各种素材。另外,在日常工作和生活中也可以通过摄像、拍照或查阅资料等渠道搜集制作多媒体课件所需素材。

④ 制作使用方便

多媒体课件制作和使用比较方便,只要具备计算机基础技能便非常容易掌握制作与使用方法。多媒体课件可以通过多媒体教学设备演示播放,很容易起到图片、视频、文字资料展示的作用。

二 多媒体教学课件制作

教练员要根据培训教学大纲的内容、要求和理论教学项目制作多媒体课件。教练员制作过程中,要充分利用现代多媒体技术,突出多媒体课件的优点、发挥其最大的作用、获得最佳的教学效果。

① 依据培训教学大纲制作多媒体课件

制作多媒体教学课件属于备课的工作范畴,在制作多媒体课件前教练员必须认真查阅培训教学大纲,认真体会和理解培训教学大纲规定的教学项目、教学内容和教学目标。同时,教练员要研究统编教材的内容,紧扣培训教学大纲和统编教材制订编写计划和提纲,有针对性地选择制作手段,充分利用多媒体技术,直观、真实地展示教学科目内容,不断激发学生动手及深入钻研的兴趣,从而实现常规教学手段无法达到的教学效果。

② 多媒体课件内容制作

多媒体教学课件制作要以教学目标为主线,突出教学中的重点和难点。制作多媒体课件之前教练员要从实际出发,依据教学目标做好版式设计。内容制作要根据课堂和实际教学需要选取素材,涵盖培训教学大纲规定的教训内容,做到版式新颖、清晰,表现形式生动,内容丰富完整,便于学员理解和记忆。第一阶段的教学课件制作要紧扣机动车基本知识、交通安全法律法规及交通信号,结合科目一考试要点进行整合。第三阶段安全文明驾驶常识的课件制作,要突出安全文明驾驶、恶劣气象和复杂道路条件下的安全驾驶知识及紧急情况下的临危处置方法。

❸ 收集和更新制作素材

多媒体教学课件需要在教学实际中不断补充、更新、完善。多媒体教学课件的优势就是能根据教学内容的变化,随时进行调整、补充、更新,且制作时间短,操作简便,适应知识快速更新换代的需求。教练员要根据学员的学习效果和新的有关要求及时调整多媒体教学课件,并通过互联网、查阅资料和总结教学工作等方式广泛收集所需的文字、动画、声音、图像等教学素材,重新整合多媒体教学课件的内容,使其更加符合教学实际需要。

单元 3 车辆专业知识

模块 8 汽车使用知识

汽车主要由发动机、底盘、车身和电气设备组成。发动机产生的动力,通过底盘传动系传给驱动轮驱动汽车行驶。汽车传动系由离合器、变速器、传动轴、差速器和驱动轮组成。

一 发动机

发动机是汽车的动力装置,常见的发动机有汽油机和柴油机。发动机的作用是将燃料燃烧的热能转变为机械能。汽油发动机由曲柄连杆机构、配气机构、燃料供给系、冷却系、润滑系、点火系等组成。柴油发动机汽缸燃烧是压燃式着火方式,没有点火系。

❶ 曲柄连杆机构

曲柄连杆机构由机体组、活塞连杆组、曲轴飞轮组三部分组成。曲柄连杆机构作用是把燃料燃烧后气体作用在活塞顶上的膨胀压力转为曲轴旋转的转矩,不断输出动力。

❷ 配气机构

配气机构由气门组和气门驱动组两部分组成。配气机构作用是按照发动机各缸工作顺序和工作循环的要求,定时开启和关闭气门。

曲柄连杆机构

配气机构

3 燃料供给系

燃料供给系由燃油供给装置、空气供给装置、混合气供给装置和进、排气装置四部分组成。燃料供给系作用是根据发动机不同工况的要求,将洁净的燃油与空气混合成适当浓度的混合气,按一定数量供入汽缸,经点燃或压燃后,将废气排出。

加速踏板是控制发动机节气门或喷油泵柱塞的装置,用以控制发动机转速。踏下加速踏板,发动机转速升高;松抬踏板,发动机转速降低。

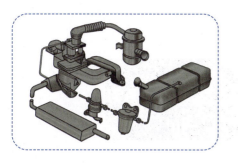
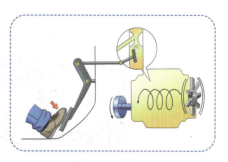

4 冷却系

水冷式发动机的冷却系主要由百叶窗、散热器、风扇、水泵、水套、节温器等组成。冷却液作用是靠冷却液循环对发动机进行适当冷却,防止发动机过热,使发动机保持在最适当温度状态下工作。发动机冷却液不能进行循环时,将会使发动机温度过高。

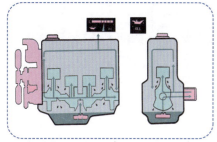

5 润滑系

润滑系一般由润滑油泵、集滤器、粗滤器、细滤器、限压阀、旁通阀、润滑油压力表、量油尺等组成。润滑系基本作用是以一定的压力,将清洁的润滑油不断地送往各零件的摩擦表面,使各个部位都能够发挥最大的效力。

6 点火系

汽油发动机的点火系由蓄电池、点火开关、点火线圈、容电器、分电器、火花塞及高低压导线等组成。点火系作用是将蓄电池或发电机供给的低压电流变成高压电流,并根据发动机各汽缸的工作顺序和点火时间要求,适时、准确地点燃各汽缸的可燃混合气,使发动机运转。

二 底盘

底盘是支撑、安装汽车发动机及其部件、总成,形成汽车的整体造型,接受发动机输出的动力,使汽车运动,并正常行驶的装置。底盘由传动系、行驶系、转向系和制动系组成。

1 传动系

汽车传动系通常由离合器、变速器、万向传动装置和驱动桥组成。传动系作用是将发动机输出的动力依次经离合器、变速器、万向传动装置、主减速器、差速器和半轴传给驱动轮。

离合器踏板是离合器的操纵装置,用以控制发动机与传动系动力的接合与分离。踏下离合器踏板,离合器分离;抬起离合器踏板,离合器接合。

变速器的作用是改变车辆的行驶速度、转矩、方向和中断动力传递,变速器挡位操纵杆是变速器的操纵装置。

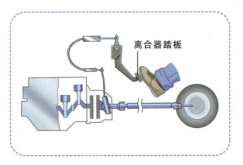
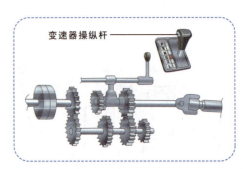

2 行驶系

行驶系由车架、车桥、悬架、车轮与轮胎等组成。行驶系作用是把汽车构成一个整体并支撑汽车,将传动系传来的转矩转化为汽车行驶的驱动力,承受并传递路面对车轮的各种反力及力矩,减振缓冲,与转向系配合控制汽车的行驶方向。

❸ 转向系

转向系由转向器和转向传动机构两部分组成。转向系作用是通过驾驶员转动转向盘来改变或恢复车辆行驶方向。转向盘是操纵汽车行驶方向的装置,用以控制转向轮实现车辆的转向。

❹ 制动系

制动系由行车制动装置和驻车制动装置两部分组成。制动系作用是根据需要使汽车减速或在最短的距离内停车,并保证汽车停放可靠,不自动溜车。

行车制动装置靠操纵制动踏板来实现车辆减速或停车。踏下踏板,制动器起作用;放松踏板,解除制动。汽车制动时,如果左右侧车轮制动力分配不均匀或前轮单侧制动器起作用,会引起汽车跑偏,极易发生事故。

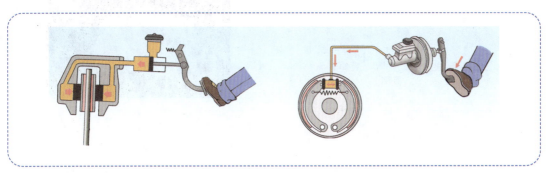

驻车制动装置的控制一般有两种形式,一种是驻车制动器操纵杆,另一种是驻车制动器踏板。拉起操纵杆或踏下踏板,制动器起作用;放松操纵杆或抬起踏板,解除制动。驻车制动装置主要作用是使车停止时保持稳定可靠,还可在坡道起步时起辅助作用。

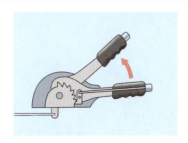
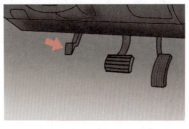

防抱死制动系统(ABS)可以有效防止紧急制动时车轮抱死,并最大限度地发挥制动器的效能。ABS 只有在紧急制动时自动发挥作用,在提供最大制动力的同时,还能使前轮保持转向能力。因此,驾驶装有 ABS 车辆制动时,用力踩制动踏板车轮也不会抱死。当 ABS 起作用时,制动踏板会出现明显振动现象。但车辆紧急制动时,不能依赖 ABS 缩短制动距离。

三 车身和电气设备

1 车身

车身安装在底盘的车架上,用以乘载驾驶员、乘客或货物。轿车和客车一般是整体车身,货车由驾驶室和货箱两部分组成。

2 电气设备

电气设备由电源和用电设备两大部分组成。电源包括蓄电池和发电机,用电设备包括发动机起动系、点火系及照明、信号、仪表、空调、音响、刮水器等其他用电装置。

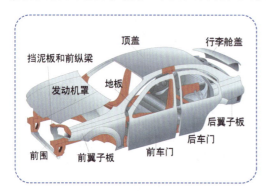
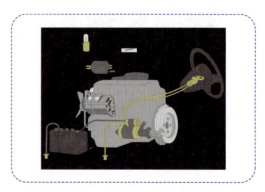

模块 9　汽车维护基本知识

汽车日常维护以清洗、补给和检查为主要内容,包括出车前、行车中、收车后对车辆的检查与维护。每天对所驾驶的车辆进行检查,能随时发现车辆出现的故障或其他不符合安全技术性能的情况,杜绝驾驶安全设施不全或者机件不符合技术标准的机动车上路,消除事故隐患,避免交通违法行为。

一 出车前的检查与维护

1 驾驶室内维护与检查

（1）检查转向盘的自由转动量,最高设计车速高于100km/h 的车辆,最大不得超过 20°；三轮汽车最大不得超过 45°；其他车辆不得超过 30°。

（2）检查制动踏板和离合器踏板,踏板踏到底,检查踏板与驾驶室地板之间的间隙是否符合要求。

（3）检查门窗玻璃、玻璃升降手柄、后视镜和门锁等是否齐全有效。

(4)检查灯光、刮水器、点火及电器等开关及其他操作手柄、按钮等是否能正常使用。检查刮水器时,尽量避免在干燥状态下进行,以免划伤风窗玻璃,损坏刮水器电动机。

(5)检查车内物品是否放置正确或固定妥当。

2 车辆外部检查与维护

(1)检查灯光信号装置是否完整无损、清晰有效。

(2)检查转向机构各连接部位是否牢固、可靠。

(3)检查轮胎气压是否符合标准,轮胎螺栓是否松动,清除胎轮间杂物。

(4)检查燃油量是否充足,油箱盖是否齐全有效。

(5)检查是否漏水、漏油、漏气、漏电。

(6)载货车辆检查车厢和货物装载情况是否符合规定,拖挂连接装置是否牢固、可靠。

(7)大型车辆还需检查传动机构、制动装置连接是否安全有效。

3 发动机舱内检查与维护

(1)检查玻璃清洗液、润滑油、冷却液、蓄电池液、制动液是否充足,有无漏油、漏水现象,并检查各液体容器盖是否齐全有效。

检查发动机润滑油量时,应把车停在平坦的地方,在发动机冷车起动之前或熄火30min后,拔出润滑油尺,擦净油迹后再测量,才可正确测出油面高度。

(2)检查风扇传动带的松紧程度是否符合要求,有无松旷现象。

(3)在发动机运转状态下,听察有无异响,观察各仪表工作是否正常。

4 轮胎的检查与维护

(1)检查轮胎外表有无破损,清除胎纹间杂物。使用已经有裂纹或损伤的轮胎行驶,容易导致爆胎。

(2)检查轮胎表面橡胶厚度,从表面到沟槽底部的橡胶厚度应不低于 1.6mm,否则应更换轮胎。

更换轮胎时,同一轴应使用型号、类型、花纹等一致的轮胎。专用备胎不可作为正常轮胎长期使用,只能在轮胎漏气或者发生爆胎时临时使用。

二 行车中检查与维护

1 行驶中的观察与处置

车辆行驶中,应随时注意操纵机构的工况,听察发动机、底盘有无异常现象,发现下列情况应立即停车检查,排除故障:

(1)离合器踏板行程突然变小或不分离。
(2)发动机温度过高。
(3)发动机或底盘有异常或异响。
(4)仪表工作失常或失效。
(5)制动器失灵或制动气压低于 588kPa。
(6)转向机构工作失常。
(7)轮胎螺栓松动或有明显的漏气现象。

2 途中停车时的检查与维护

车辆行驶一段时间或路程后,应停车对车辆进行必要的安全检查,确保车辆和货物完好无损。

途中停车时的检查维护项目有:
(1)有无漏水、漏油、漏气、漏电现象。
(2)制动轮毂、中间轴承、变速器、驱动壳的温度是否正常,过热时应查明原因予以排除。
(3)轮胎气压是否正常,轮胎有无损伤,并排除胎纹间杂物。
(4)转向机构、传动轴、万向节各连接部位是否牢固。
(5)钢板弹簧是否完好、U 形螺栓有无松动。

（6）空气悬架系统是否磨损。

（7）检查货物装载是否有移位现象。

（8）带挂车的要检查挂车连接装置否安全可靠。

三 收车后检查与维护

收车后应对车辆进行清洁、检查，发现故障或安全隐患，应及时排除、维修或报告，同时记录车辆运输途中的情况。如有故障，应详细记录车辆故障状况，为车辆维修提供资料。

收车后的检查和维护项目有：

（1）检查、清洁全车外表和驾驶室（车厢）内部。

（2）检查是否有漏水、漏油、漏气、漏电现象。

（3）检查燃油、润滑油、制动液，按需加注。

（4）检查轮胎气压，不足时应予充气，清除胎纹及轮胎间杂物。

（5）检查冷却系工作情况，检查百叶窗开度和风扇传动带松紧度，冬季气温低于3℃时，未加防冻液的冷却液应放净。

（6）检查各连接装置有无松动、脱落。

（7）检查悬架总成各部位状况。

（8）放净制动储气筒的油、水，并关好开关。

（9）冬季气温低于 -30℃时，露天停放的车辆则应拆下蓄电池，置于室内保温。

（10）带挂车的检查拖挂装置是否安全可靠。

模块10　车辆运行材料

汽车运行材料，是指在车辆运行过程中，使用周期较短，消耗费用较大，对车辆使用性能有较大影响的一些非金属材料。教练员通过这一部分的教学，使学员掌握汽车运行材料的性能、分类、品种、牌号和主要规格，以及合理选择、正确使用汽车运行材料的基本知识和相关技能。

一 车用润滑材料

车用润滑材料是发动机、传动系统齿轮润滑材料，主要包括：发动机润滑油、齿轮润滑油等，正确选用和定时更换车用润滑材料，直接关系到机件的磨损和使用寿命。

1 发动机润滑油

发动机润滑油是润滑系的工作液，它主要起润滑、冷却、清净、密封和防蚀的作用。发动机润滑油具有良好的润滑性、低温操作性、清洗分散性、抗氧性、防腐性、抗泡沫性、发动机润滑油的黏度随着温度的变化程度小。

发动机润滑油质量级别的选用方法：发动机负荷高、工作条件苛刻、润滑油容量小、应选用高质量级别润滑油；发动机润滑油黏度级别的选用方法：发动机负荷高、转速低、发动机磨损程度大、环境温度高，应选用黏度较高的发动机润滑油。

发动机润滑油在长时间高温下工作稳定性下降，正常损耗导致油量减少。润滑油添加剂成分长期在高温下易变质失效，导致润滑油黏度下降，不能形成有效的润滑油膜。因此，应适时更换发动机润滑油。发动机润滑油的更换准则可根据车辆的行驶里程（或发动机的工作时间）来定，叫作定期换油；也可以根据发动机使用性能来定，叫作按质换油。

❷ 齿轮润滑油

齿轮润滑油的作用是减少齿轮及轴承的摩擦与磨损，提高传递效率，减小齿轮间的振动、冲击和噪声，加强摩擦表面的散热作用，清洗摩擦表面，带走污染物，防止机件锈蚀。

一般可按齿轮类型和传动装置的功能来选择车辆齿轮润滑油的使用性能级别。为减少用油级别，在汽车各传动装置对齿轮润滑油使用性能级别要求相差不太大的情况下，可选用同一级别使用性能的齿轮润滑油。根据最低气温和最高油温，并考虑车辆齿轮润滑油换油周期较长的因素，车辆齿轮润滑油的黏度应保证低温下的车辆起步，同时又能满足油温升高后的润滑要求。

二 车用工作液

车用工作液主要包括汽车制动液、车用发动机冷却液等。车用工作液的消耗费用和其他运行材料相比，虽然不是太多，但其对汽车性能，如行驶安全性、行驶舒适性等有显著的影响，其选用合理与否，对节约车用燃料和车用润滑油料，发挥车辆动力性，延长汽车使用寿命有直接关系。

❶ 汽车制动液

制动液是汽车液压制动系中传递压力的工作介质，是液压油中的一个特殊品种，其性能对汽车的行驶安全性有很大的影响。选用制动液时，首先看说明书或标签上的说明，是什么类型，有无质量标准和质量指标。若没有标注这些内容则不能使用，而只标有类型的应慎用。

醇型制动液的工作温度范围相对较窄，对温度变化适应性差，换油周期短，高速、大功率、重负荷和制动频繁的汽车不能用，其他汽车选用时应注意地区和季节。有的合成型制动液温度范围在-60~60℃之间，低温下黏度比较小，非常适合于严寒地区冬季使用。如果制动系统的橡胶零件是耐油的，应优先选用矿物油型，它不受地区、季节和车型的限制,润滑性好,无腐蚀作用,换油周期长;但制动系统橡胶零件若是不耐油的,则不能使用。

合成型制动液型号很多,颜色各异,选用时必须注意其质量指标中的温度范围,常温和低温下的黏度、透明度、有无沉淀和异味。不同类型的制动液由于成分不同,混合后可能发生反应,分层或沉淀,堵塞制动系统,以致失去作用,通常不允许混用。

制动液都是由有机溶剂制成的,它易挥发、易燃,灌装和保存时应远离火源,防止日晒雨淋,用后把瓶盖拧紧,防止吸水变质。汽车制动液使用一定时间后会因吸湿、化学变化等原因导致性能指标降低,从而影响行车安全。因此应定期更换制动液。至于多长时间进行更换,目前尚无具体规定,一般是在车检时需要更换总泵和分泵的活塞皮碗,同时更换制动液。考虑到国产制动液大部分等级较低,建议视情况20000~40000km或1年时间应更换一次。

❷ 车用冷却液

车用冷却液是汽车循环冷却系统的冷却介质,主要由水、防冻剂及添加剂组成。冷却液的主要作用是防冻、防沸、防腐、防锈、防垢。优质冷却液中的水应使用去离子水,去离子程度越高越好。劣质冷却液可能使用的稍加过滤的水或是自来水。冷却液使用冷冻剂来降低冰点,提高沸点,其中的温差越大,相对来说冷却液的成本就越高。优质冷却液的沸点应在108℃以上。

要根据汽车使用地区的气温,选用不同冰点的冷却液,冷却液的冰点至少要比该地区最低温度低10℃,以免失去防冻作用。尽量使用同一品牌的冷却液。不同品牌的冷却液其生产配方会有所差异,如果混合使用,多种添加剂之间很可能会发生化学反应,造成添加剂失效。冷却液必须定期更换,一般为两年或每行驶40000km更换一次。更换时应放净旧液,将冷却系统清洗干净后,再换上新液,避免兑水使用。

单元 4　道路运输法律法规知识

模块 11　道路运输从业人员管理相关规定

道路运输从业人员要坚持守法经营、诚实守信、行为规范、文明从业的原则。道路运输从业人员管理工作坚持公平、公正、公开和便民的原则。

1　理论教练员的条件

(1)取得相应的机动车驾驶证,具有 2 年以上安全驾驶经历;

(2)具有汽车及相关专业中专以上学历或者汽车及相关专业中级以上技术职称;

(3)掌握道路交通安全法规、驾驶理论、机动车构造、交通安全心理学、常用伤员急救等安全驾驶知识,了解车辆环保和节约能源的有关知识,了解教育学、教育心理学的基本教学知识,具备编写教案、规范讲解的授课能力。

2　驾驶操作教练员的条件

(1)取得相应的机动车驾驶证,符合安全驾驶经历和相应车型驾驶经历的要求;

(2)年龄不超过 60 周岁;

(3)具有汽车及相关专业中专或者高中以上学历;

(4)掌握道路交通安全法规、驾驶理论、机动车构造、交通安全心理学和应急驾驶的基本知识,熟悉车辆维护和常见故障诊断、车辆环保和节约能源的有关知识,具备驾驶要领讲解、驾驶动作示范、指导驾驶的教学能力。

3　道路客货运输驾驶员从业资格培训教练员的条件

(1)具有汽车及相关专业大专以上学历或者汽车及相关专业高级以上技术职称;

(2)掌握道路旅客运输法规、货物运输法规以及机动车维修、货物装卸保管和旅客急救等相关知识,具备相应的授课能力;

(3)具有 2 年以上从事普通机动车驾驶员培训的教学经历,且近 2 年无不良的教学记录。

4 危险货物运输驾驶员从业资格培训教练员的条件

（1）具有化工及相关专业大专以上学历或者化工及相关专业高级以上技术职称；

（2）掌握危险货物运输法规、危险化学品特性、包装容器使用方法、职业安全防护和应急救援等知识，具备相应的授课能力；

（3）具有2年以上化工及相关专业的教学经历，且近2年无不良的教学记录。

模块12　道路货物运输及站场管理相关规定

道路货物运输经营者要依法经营、诚实守信、公平竞争。道路货物运输管理要公平、公正、公开和便民。鼓励道路货物运输实行集约化、网络化经营。鼓励采用集装箱、封闭厢式车和多轴重型车运输。

一　经营许可

申请从事货运经营，要有与其经营业务相适应并经检测合格的车辆，符合从事货运经营规定条件的驾驶员，健全的安全生产管理制度。申请从事道路货物运输经营的，应当向县级道路运输管理机构（不含设区的市所属区运输管理机构，下同）提出申请，并提供规定的材料。

1 经营许可

货运经营许可程序：申请→审查→许可或不许可。

（1）向具有审批权的交通运输主管部门或道路运输管理机构进行申请并提交规定的材料。

（2）道路运输管理机构对道路货运经营申请予以受理的，自受理之日起20日内做出许可或者不予许可的决定。

（3）道路运输管理机构对符合法定条件的道路货物运输经营申请做出准予行政许可决定的，出具《道路货物运输经营许可决定书》，明确许可事项；在10日内向被许可人颁发道路运输经营许可证。

（4）对道路货物运输经营不予许可的，向申请人出具《不予交通行政许可决定书》。

（5）被许可人按照承诺书的要求购置运输车辆。购置车辆或者已有车辆经道路运输管理机构核实并符合条件的，道路运输管理机构向投入运输的车辆配发道路运输证。

2 被许可人（货运经营者）

（1）持道路运输经营许可证依法向工商行政管理机关办理有关登记手续。

（2）设立子公司的，向设立地的道路运输管理机构申请经营许可；设立分公司的，向设立地的道路运输管理机构报备。

（3）需要终止经营的，在终止经营之日30日前告知原许可的道路运输管理机构，并办理有关注销手续。

（4）变更许可事项、扩大经营范围的，按有关许可规定办理；变更名称、地址等，向做出原许可决定的道路运输管理机构备案。

二 货运管理

1 车辆管理

（1）道路货物运输经营者要建立车辆技术管理制度，按照国家规定的技术规范对货运车辆进行定期维护，确保货运车辆技术状况良好；货运车辆的维护作业项目和程序应当按照国家标准《汽车维护、检测、诊断技术规范》（GB/T 18344—2001）等有关技术标准的规定执行。

（2）严禁任何单位和个人为道路货物运输经营者指定车辆维护企业，车辆二级维护执行情况不得作为路检路查项目。

（3）道路货物运输经营者要定期进行货运车辆检测，车辆检测结合车辆定期审验一并进行；县级以上道路运输管理机构定期对货运车辆进行审验，每年审验一次。

（4）道路货物运输经营者和县级以上道路运输管理机构分别建立货运车辆技术档案和管理档案，并妥善保管。对相关内容的记载应当及时、完整和准确，不得随意更改。

（5）道路货物运输车辆办理过户变更手续时，道路货物运输经营者要将货运车辆技术档案完整移交；县级以上道路运输管理机构对经营者车辆技术档案建立情况实施监督管理。

（6）道路货物运输经营者对达到国家规定的报废标准或者经检测不符合国家强制性标准要求的货运车辆，及时交回道路运输证，不得继续从事道路货物运输经营。禁止使用报废的、擅自改装的、拼装的、检测不合格的和其他不符合国家规定的车辆从事道路货物运输经营。

2 经营管理

（1）道路货物运输经营者要按照道路运输经营许可证核定的经营范围从事货物运输经营，不得转让、出租道路运输经营许可证。

（2）道路货物运输经营者要对从业人员进行经常性的安全、职业道德、相关法规教育和业务知识、操作规程培训。

（3）道路货物运输经营者要按照国家有关规定在其重型货运车辆、牵引车上安装使用卫星定位系统，并采取有效措施，防止驾驶员连续驾驶时间超过4h。

（4）道路货物运输经营者要聘用持有从业资格证的驾驶员，要求驾驶与其从业资格类别相符的车辆,并随车携带道路运输证。道路运输证不得转让、出租、涂改、伪造。驾驶营运车辆时,要随身携带从业资格证。

(5)运输的货物要符合货运车辆核定的载质量,载物的长、宽、高不得违反装载要求。禁止货运车辆违反国家有关规定超限、超载运输。禁止使用货运车辆运输旅客。

(6)道路货物运输经营者运输大型物件,要制订道路运输组织方案。涉及超限运输的按照交通运输部颁布的《超限运输车辆行驶公路管理规定》办理相应的审批手续。

(7)从事大型物件运输的车辆,按照规定装置统一的标志和悬挂标志旗,夜间行驶和停车休息时应当开启标志灯。

(8)道路货物运输经营者在受理法律、行政法规规定限运、凭证运输的货物时,查验并确认有关手续齐全有效后方可运输;不得运输法律、行政法规禁止运输的货物。

(9)道路货物运输经营者不得采取不正当手段招揽货物、垄断货源;不得阻碍其他货运经营者开展正常的运输经营活动;道路货物运输经营者要采取有效措施,防止货物变质、腐烂、短少或损失。

(10)道路货物运输经营者要制订有关交通事故、自然灾害、公共卫生以及其他突发公共事件的道路运输应急预案;发生交通事故、自然灾害、公共卫生以及其他突发公共事件,道路货物运输经营者要服从县级以上人民政府或者有关部门的统一调度、指挥。

(11)道路货物运输经营者要严格遵守国家有关价格的规定,不得恶意压价竞争。

 行为规定

(1)货运经营者不得运输法律、行政法规禁止运输的货物;法律、行政法规规定必须办理有关手续后方可运输的货物,货运经营者应当查验有关手续。

(2)国家鼓励货运经营者实行封闭式运输,保证环境卫生和货物运输安全。运输货物应当采取必要措施,防止货物脱落、扬撒等;运输危险货物应当采取必要措施,防止危险货物燃烧、爆炸、辐射、泄漏等。

模块13　道路危险货物运输管理相关规定

从事道路危险货物运输应当保障安全,依法运输,诚实信用。国家鼓励技术力量雄厚、设备和运输条件好的大型专业危险化学品生产企业从事道路危险货物运输,鼓励道路危险货物运输企业实行集约化、专业化经营,鼓励使用厢式、罐式和集装箱等专用车辆运输危险货物。

一　道路危险货物运输许可

申请从事道路危险货物运输经营,应当具备符合规定的车辆、设备和停车场地,有符合要求的从业人员和安全管理人员,有健全的安全生产管理制度。

1 专用车辆及设备

（1）自有专用车辆（挂车除外）5 辆以上；运输剧毒化学品、爆炸品的，自有专用车辆（挂车除外）10 辆以上。

（2）专用车辆技术性能符合国家标准《营运车辆综合性能要求和检验方法》（GB 18565—2001）的要求，技术等级达到行业标准《营运车辆技术等级划分和评定要求》（JT/T 198—2004）规定的一级技术等级。

（3）专用车辆外廓尺寸、轴荷和质量符合国家标准《道路车辆外廓尺寸、轴荷及质量限值》（GB 1589—2004）的要求。

（4）专用车辆燃料消耗量符合行业标准《营运货车燃料消耗量限值及测量方法》（JT 719—2008）的要求。

（5）配备有效的通信工具。

（6）专用车辆应当安装具有行驶记录功能的卫星定位装置。

（7）运输剧毒化学品、爆炸品、易制爆危险化学品的，应当配备罐式、厢式专用车辆或者压力容器等专用容器。

（8）罐式专用车辆的罐体应当经质量检验部门检验合格，且罐体载货后总质量与专用车辆核定载质量相匹配。运输爆炸品、强腐蚀性危险货物的罐式专用车辆的罐体容积不得超过 $20m^3$，运输剧毒化学品的罐式专用车辆的罐体容积不得超过 $10m^3$，但符合国家有关标准的罐式集装箱除外。

（9）运输剧毒化学品、爆炸品、强腐蚀性危险货物的非罐式专用车辆，核定载质量不得超过 10t，但符合国家有关标准的集装箱运输专用车辆除外。

（10）配备与运输的危险货物性质相适应的安全防护、环境保护和消防设施设备。

2 停车场地

（1）自有或者租借期限为 3 年以上，且与经营范围、规模相适应的停车场地，停车场地应当位于企业注册地市级行政区域内。

（2）运输剧毒化学品、爆炸品专用车辆以及罐式专用车辆，数量为 20 辆（含）以下的，停车场地面积不低于车辆正投影面积的 1.5 倍，数量为 20 辆以上的，超过部分，每辆车的停车场地面积不低于车辆正投影面积；运输其他危险货物的，专用车辆数量为 10 辆（含）以下的，停车场地面积不低于车辆正投影面积的 1.5 倍；数量为 10 辆以上的，超过部分，每辆车的停车场地面积不低于车辆正投影面积。

（3）停车场地应当封闭并设立明显标志，不得妨碍居民生活和威胁公共安全。

3 从业人员和安全管理人员

（1）专用车辆的驾驶员应当取得相应机动车驾驶证，年龄不超过 60 周岁。

（2）从事道路危险货物运输的驾驶员、装卸管理人员、押运人员应当经所在地设区的市级人民政府交通运输主管部门考试合格,并取得相应的从业资格证;从事剧毒化学品、爆炸品道路运输的驾驶员、装卸管理人员、押运人员,应当经考试合格,取得注明为"剧毒化学品运输"或者"爆炸品运输"类别的从业资格证。

(3)企业应当配备专职安全管理人员。

4 安全生产管理制度

(1)企业主要负责人、安全管理部门负责人、专职安全管理人员安全生产责任制度。

(2)从业人员安全生产责任制度。

(3)安全生产监督检查制度。

(4)安全生产教育培训制度。

(5)从业人员、专用车辆、设备及停车场地安全管理制度。

(6)应急救援预案制度。

(7)安全生产作业规程。

(8)安全生产考核与奖惩制度。

(9)安全事故报告、统计与处理制度。

二 道路危险货物运输

道路危险货物运输企业或者单位应当严格按照道路运输管理机构决定的许可事项从事道路危险货物运输活动,不得转让、出租道路危险货物运输许可证件。严禁非经营性道路危险货物运输单位从事道路危险货物运输经营活动。

1 危险货物运输车辆

(1)不得使用罐式专用车辆或者运输有毒、感染性、腐蚀性危险货物的专用车辆运输普通货物。其他专用车辆可以从事食品、生活用品、药品、医疗器具以外的普通货物运输,但应当由运输企业对专用车辆进行消除危害处理,确保不对普通货物造成污染、损害。不得将危险货物与普通货物混装运输。

(2)专用车辆应当按照国家标准《道路运输危险货物车辆标志》(GB 13392—2005)的要求悬挂标志。配备符合有关国家标准以及与所载运的危险货物相适应的应急处理器材和安全防护设备。

(3)道路危险货物运输企业或者单位不得运输法律、行政法规禁止运输的货物。法律、行政法规规定的限运、凭证运输货物,道路危险货物运输企业或者单位应当按照有关规定办理相关运输手续。法律、行政法规规定托运人必须办理有关手续后方可运输的危险货物,道路危险货物运输企业应当查验有关手续齐全有效后方可承运。

(4)道路危险货物运输企业或者单位应当采取必要措施,防止危险货物脱落、扬撒、丢失以及燃烧、爆炸、泄漏等。

2 危险货物运输从业人员

(1)危险货物运输驾驶员应当随车携带《道路运输证》。驾驶员或者押运人员应当按照《汽车运输危险货物规则》(JT 617—2004)的要求,随车携带《道路运输危险货物安全卡》。道路危险货物运输过程中,除驾驶员外,还应当在专用车辆上配备押运人员,确保危险货物处于押运人员监管之下。

(2)道路危险货物运输途中,驾驶员不得随意停车。因住宿或者发生影响正常运输的情况需要较长时间停车的,驾驶员、押运人员应当设置警戒带,并采取相应的安全防范措施。运输剧毒化学品或者易制爆危险化学品需要较长时间停车的,驾驶员或者押运人员应当向当地公安机关报告。

(3)危险货物的装卸作业应当遵守安全作业标准、规程和制度,并在装卸管理人员的现场指挥或者监控下进行。驾驶员、装卸管理人员和押运人员上岗时应当随身携带从业资格证。

(4)严禁专用车辆违反国家有关规定超载、超限运输。危险货物运输企业或者单位使用罐式专用车辆运输货物时,罐体载货后的总质量应当和专用车辆核定载质量相匹配;使用牵引车运输货物时,挂车载货后的总质量应当与牵引车的准牵引总质量相匹配。

(5)驾驶员和押运人员在运输危险货物时,严格遵守有关部门关于危险货物运输线路、时间、速度方面的有关规定,并遵守有关部门关于剧毒、爆炸危险品道路运输车辆在重大节假日通行高速公路的相关规定。驾驶员不得有超速行驶、疲劳驾驶、不按规定线路行驶等违法违规驾驶行为。

(6)道路危险货物运输企业或者单位要通过岗前培训、例会、定期学习等方式,对从业人员进行经常性安全生产、职业道德、业务知识和操作规程的教育培训。

(7)在危险货物运输过程中发生燃烧、爆炸、污染、中毒或者被盗、丢失、流散、泄漏等事故,驾驶员、押运人员应当立即根据应急预案和《道路运输危险货物安全卡》的要求采取应急处置措施,并向事故发生地公安部门、交通运输主管部门和本运输企业或者单位报告。

三 常见化学品知识

依据国家标准《危险货物品名表》(GB 12268—2012)和《危险货物分类和品名编号》(GB 6944—2012),按危险货物具有的危险性或最主要的危险性,将危险化学品分为爆炸品、气体、易燃液体、易燃固体、氧化物质、毒性物质、放射性物质、腐蚀性物质和杂类。

1 爆炸品

爆炸品是指在外界作用下(如受热、撞击等),能发生剧烈的化学反应,瞬时产生大量的气体和热量,使周围压力急剧上升,发生爆炸,对周围的环境造成破坏的物品,如火药、炸药、起爆药、雷管、引信、弹药、烟花爆竹等,主要危险是易爆。

2 气体

根据气体的性质可将气体分为易燃气体、非易燃无毒气体和毒性气体三类。

(1)易燃气体,是指在常压下遇明火、高温即会发生燃烧或爆炸,燃烧时其蒸汽对人畜有一定的刺激毒害作用的气体,如氢、一氧化碳、乙炔、氯甲烷等,主要危险是易燃、易爆。

(2)非易燃无毒气体,是指温度在20℃以下,压力不低于280kPa情况下运输的气体或深冷液化气体,如液化石油气、压缩天然气、氧气等,主要危险是易爆。

(3)毒性气体,是指其毒性或腐蚀性会危害人体健康的气体,如液氯、催泪瓦斯等,主要危险是有毒。

为了便于储运和使用,常常将气体高压压缩充装于钢瓶内,由于各种气体的性质不同,有的呈气态,有的呈液态,前者称为压缩气体,后者称为液化气体。

3 易燃液体

易燃液体是指在其闪点温度时,放出易燃蒸汽的液体或液体混合物,或是在溶液或悬浮液中含有固体的液体,如汽油、柴油、煤油、乙醇、二氧化硫、各种涂料等。易燃液体主要危险是其挥发性蒸汽导致燃烧和爆炸,甚至可通过皮肤、消化道和呼吸道进入人体,导致腐蚀、中毒的后果。

4 易燃固体、易于自燃的物质、遇水放出易燃气体的物质

(1)易燃固体是指燃点低,对热、撞击、摩擦敏感,易被外部火源点燃,燃烧迅速,并可能散发出有毒烟雾或有毒气体的固体物质,如硫黄、火柴等。易燃固体主要危险是易燃性和爆炸性。

(2)易于自燃的物质是指自燃点低,在空气中易于发生氧化反应,放出热量而自行燃烧的物品,如黄磷、镁、油纸等。易于自燃的物质主要危险是易燃性和易爆性。

(3)遇水放出易燃气体的物质是指遇水或受潮时,发生剧烈化学反应,放出大量的易燃气体和热量的物品,如电石、钠等。这类物质主要危险是易燃性、腐蚀性、毒害性和爆炸性。

5 氧化性物质和有机过氧化物

(1)氧化性物质是指自身不一定可燃,但可以放出氧气而有助于其他物质燃烧的物质,如硝酸钾、氯酸钾等,如过氧化氢(双氧水)、过氧化钠、次氯酸钙、氯酸钾、硝酸钾等。氧化性物质主要危险是氧化性、助燃性、爆炸性、毒害性和腐蚀性。

(2)有机过氧化物是指含有过氧基的有机物,其本身易燃易爆,极易分解,对热、振动或摩擦较敏感的物质,如过氧化二苯甲酰、过氧化乙基甲基酮等。有机过氧化物主要危险是氧化性、助燃性、爆炸性、毒害性和腐蚀性。

6 毒性物质和感染性物质

（1）毒性物质是指经吞食、吸入或皮肤接触后可能造成死亡或严重受伤或健康损害的物质，如砒霜、杀虫剂、苯胺、四氯化碳、煤焦沥青、氰化物、生漆及各种农药等。毒性物质主要危险是毒性、腐蚀性和易燃性。

（2）感染性物质是指含有病原体，能引起病态，甚至死亡的物质，如病菌、病毒等。感染性物质主要危险是传染疾病，危害健康。

7 放射性物质

放射性物质是指能够自发地、不断地向周围放出穿透力很强、而人的感觉器官不能察觉的射线的物质，如镭、铊、硼等。放射性物质主要危险是辐射污染，最终使人员受到辐射伤害，能使人患放射性病，甚至死亡。

8 腐蚀性物质

腐蚀性物质是指接触生物组织时通过化学作用使其严重损伤，或在渗漏时会严重损害甚至毁坏其他货物或运载工具的物质，如酸性物品（硫酸、硝酸、盐酸、冰醋酸）、碱性物品（氢氧化钠、碳酸钠）、甲醛等。腐蚀性物质主要危险是腐蚀性、毒性、易燃性或氧化性。

9 杂项危险物质和物品

杂项危险物质和物品是指不属于上述八类危险性物质，但具有磁性、麻醉、毒害或其他类似性质，能使人情绪烦躁或不适，以致影响行车和飞行安全的物品，如永久磁铁、干冰、榴梿、大蒜油等。

模块 14　道路运输驾驶员诚信考核相关规定

诚信考核，是指对道路运输驾驶员在道路运输活动中的安全生产、遵守法规和服务质量等情况进行的综合评价。诚信考核工作应当遵循公平、公正、公开和便民的原则。道路运输驾驶员应当自觉遵守国家相关法律、行政法规及规章，诚实信用，文明从业，履行社会责任，为社会提供安全、优质的运输服务。

一　道路运输驾驶员诚信考核

道路运输驾驶员诚信考核，是为加强道路运输驾驶员动态管理，推进道路运输驾驶员诚信体系建设，对道路运输驾驶员在道路运输活动中的安全生产、遵守法规和服务质量等情况进行的综合评价，引导道路运输驾驶员依法经营，诚实守信，提高道路运输驾驶员发展核心竞争力，确保道路运输市场健康、有序发展。

1 诚信考核的目的

（1）建立诚信体系，能够促进个人及团体社会信度的提升，体现自身的社会价值。

诚信是做人的基本,讲信用不仅个人会得到他人的信任,收获友情、亲情,而且还会为企业赢得良好的声誉,得到市场的信任。

(2)弘扬诚实守信的道德风尚,会增强全社会的信用意识。诚信是我国传统美德的重要方面,是修身、立业应遵循的重要原则和道德规范。积极做到言而有信,一诺千金,对人守信,对事负责,把做事和做人有机地统一起来。

(3)贯彻诚信理念,是道路运输驾驶员提高经营水平和服务质量的动力源泉。服务质量、信誉对于道路运输驾驶员就是生命,在运输经营活动中是否能做到诚信,关系到自身职业的生命。只有遵守诚信,才会有信誉、口碑和可靠的市场,失去了诚信就等于失去了生存的基础。

❷ 诚信考核内容

(1)安全生产情况:安全生产责任事故情况;
(2)遵守法规情况:违反道路运输相关法律、行政法规、规章的有关情况;
(3)服务质量情况:服务质量事件和有责投诉的有关情况。

❸ 诚信考核等级与计分

道路运输驾驶员诚信考核等级分为优良、合格、基本合格和不合格,分别用 AAA 级、AA 级、A 级和 B 级表示。

(1)诚信考核实行计分制,考核周期为 12 个月,满分为 20 分,从道路运输驾驶员初次领取从业资格证件之日起计算。一个考核周期届满,经签注诚信考核等级后,该考核周期内的计分予以清除,不转入下一个考核周期。

(2)根据驾驶员违反诚信考核指标的情况,一次考核计分的分值分别为:20 分、10 分、5 分、3 分、1 分共 5 种。

❹ 诚信考核等级评定标准

诚信考核等级标准

标　准	要　求
AAA 级	(1)上一考核周期的诚信考核等级为 AA 级及以上; (2)考核周期内累计计分分值为 0 分
AA 级	(1)未达到 AAA 级的考核条件; (2)上一考核周期的诚信考核等级为 A 级及以上; (3)考核周期内累计计分分值未达到 10 分
A 级	(1)未达到 AA 级的考核条件; (2)考核周期内累计计分分值未达到 20 分
B 级	考核周期内累计计分有 20 分及以上记录的

道路运输驾驶员诚信考核计分分值标准

道路运输驾驶员有下列情形之一的,一次计 20 分

①从事道路运输经营活动,发生重大以上道路交通事故,且负同等责任的;
②转让、出租从业资格证件的;
③超越从业资格证件核定范围,从事道路运输活动的;
④驾驶未取得《道路运输证》的危险货物运输车辆,从事道路危险货物运输的;
⑤本次诚信考核过程中或者上一次诚信考核等级签注后,发现其有弄虚作假、隐瞒相关诚信考核情况,且情节严重的

道路运输驾驶员有下列情形之一的,一次计 10 分

①从事道路运输经营活动,发生重大以上道路交通事故,且负次要责任的;
②驾驶无《道路运输证》的车辆,从事道路旅客或者货物运输经营活动的;
③驾驶无包车客运标志牌、包车票、包车合同的车辆,从事客运包车经营的;
④驾驶未取得《超限运输车辆通行证》的车辆,从事超限运输经营活动的;
⑤擅自涂改、伪造、变造从业资格证件上相关记录的;
⑥有受到省级及以上交通运输主管部门或者道路运输管理机构通报批评的服务质量记录的

道路运输驾驶员有下列情形之一的,一次计 5 分

①驾驶无道路客运班线经营许可的车辆,从事班车客运经营的;
②超越《道路运输证》上注明的经营类别或者经营范围,从事道路运输经营活动的;
③驾驶擅自改装的车辆,从事道路运输经营活动的;
④驾驶客运班车不按批准的客运站点停靠或者不按规定的线路、班次行驶的;
⑤驾驶客运包车未按照约定的时间、起始地、目的地和线路行驶的;
⑥未配合汽车客运站执行车辆安全例行检查以及出站检查制度,擅自驾驶客车出站的;
⑦在旅客运输途中擅自变更运输车辆或者将旅客移交他人运输的;
⑧驾驶的危险货物运输车辆未按照危险化学品的特性采取必要安全防护措施的;
⑨有受到设区的市级交通运输主管部门或者道路运输管理机构通报批评的服务质量记录的

道路运输驾驶员有下列情形之一的,一次计 3 分

①没有采取必要措施防止货物脱落、扬撒的;
②驾驶未按规定维护、检测的车辆,从事道路运输经营活动的;
③驾驶未按规定投保承运人责任险的车辆,从事道路旅客或者危险货物运输经营活动的;
④无正当理由超过规定时间 30 日以上未签注诚信考核等级的;
⑤超过规定时间 30 日以上未参加继续教育培训的;
⑥有受到县级交通运输主管部门或者道路运输管理机构通报批评的服务质量记录的

道路运输驾驶员有下列情形之一的,一次计 1 分

①未按规定携带《道路运输证》、《道路运输从业人员从业资格证》,从事道路运输经营活动的;
②未按规定随车携带《道路客运班线经营许可证明》,从事班线客运经营的;
③未在规定位置放置客运标志牌,从事道路旅客运输经营活动的;
④服务单位变更,未申请办理从业资格证件变更手续的;
⑤道路危险货物运输和经营性道路旅客运输驾驶员未按规定填写行车日志的;
⑥超过规定时间,未签注诚信考核等级,且未达 30 日的;
⑦超过规定时间,未参加继续教育培训,且未达 30 日的

单元5 道路运输知识

模块15 道路货物运输知识

道路货物运输是以载货车辆为主要工具,通过道路来实现货物空间位移的活动。道路运输可根据用户的要求,实现门到门服务,运输形式方便、灵活、及时。为了保证货物完整无损地送到目的地,道路货物运输驾驶员必须掌握基本的道路货物运输知识。

一 道路货物运输的分类与特点

道路货物运输根据货物类型和运输车辆的不同,可分为不同的运输类型。

1 道路货物运输的分类

道路货物运输包括道路普通货物运输、道路货物专用运输、道路大型物件运输和道路危险货物运输。

道路普通货物运输是指因货物本身的性质普通,在装卸、运送、保管过程中对运输车辆没有特殊要求的货物运输方式。

道路货物专用运输包括集装箱、冷藏保鲜设备、罐式容器等货物运输方式。集装箱运输,是指汽车承运载货集装箱或空载集装箱的运输。冷藏保鲜专用运输,是指使用保温、冷藏专用运输车辆,运送对温度有特别要求的货物运输。罐式容器专用运输,是指使用与运输货物相适应的专用容器的运输车辆,运送无包装的液体货物或颗粒状、粉末状加固货物的运输。

道路大型物件运输是指汽车运载具有超长、超高、超宽或质量超重等特点的大型物件的运输方式。大型物件按其外形尺寸和质量(含包装和支撑架)分成四级,大型物件的级别按其长、宽、高及质量四个条件中级别最高的确定。

大型物件级别

级别	标准			
	按长度计	按宽度计	按高度计	按质量计
一级	≥14m且<20m	≥3.5m且<4.5m	≥3m且<3.8m	≥20t且<100t
二级	≥20m且<30m	≥4.5m且<5.5m	≥3.8m且<4.4m	≥100t且<200t
三级	≥30m且<40m	≥5.5m且<6.0m	≥4.4m且<5m	≥200t且<300t
四级	40m及以上	6m及以上	5m及以上	300t及以上

道路危险货物运输是指使用专用车辆,通过道路运输危险货物的作业全过程。

2 道路货物运输的特点

(1)运输区域广。道路货物运输线路密集、运输区域广,是城市与城市、城市与乡村、乡村与乡村之间联系的主要货物运输形式,能服务到社会生产和生活的各个角落。

(2)组织多样。道路货物运输可以满足各种形式的货运需要,既可完成小批量运输任务,又能随时集结,承担大批量突击性运输任务。既适合于中短途运输,也能在一定程度上满足长距离的货运需求。

(3)适应性强。道路货物运输车辆能在高速公路、山区、高原地带及严寒酷暑季节、风雪与雾中运行,受地理条件、气候等限制较小。在抢险救灾、运送紧急物资方面具有不可替代的作用。

(4)机动便捷。货运汽车多样,单车运量小,运输灵活,车辆随站点分布,线路交织成网,车辆来去方便,调度上可随机而动。此外,所承运的货物既可在加固站场、港口、码头装卸,又可以在街头巷尾、农村集镇、农贸市场等就地装卸,实行门到门运输。

(5)适合联合运输。在开展联合运输中,由于汽车的适应性和灵活性强,既可开展公路—铁路、公路—水运、公路—航空等的联合运输,又可开展铁路、公路、水运、航空运输等两端的多种运输方式的联合运输。汽车运输本身还可开展干支线连接运输、区域联运、跨省联运等。

二 道路货物运输的质量和要求

驾驶货物运输车辆出车前、行车中、停车后,均应注意车辆运行状况,对车辆进行安全检视,确保车辆技术状况良好。运输过程中,严格遵守法律、法规和有关规定,按照安全操作规程操作,平稳驾驶,不超速行驶,遇转弯、路况较差的路面时,减速慢行,避免颠簧,以免造成货物损坏。

1 货物运输过程质量要求

运输途中,经常检查货物捆扎、堆垛、偏载情况,防止货物丢失。需要饲养、照料的动植物、尖端精密产品、稀有珍贵物品、文物、军械弹药、有价证券、重要票证和货币等,托运人必须派人押运。大型及特型笨重物件、贵重和个人搬家物品,是否派人押运,由承运双方根据实际情况约定。托运人要求押运时,需经承运人同意。

需派人押运的货物,托运人在办理货物托运手续时,在运单上注明押运人员姓名及必要的情况。押运人员每车一人,托运人需增派押运人员,在符合安全规定的前提下,征得承运人的同意,可适当增加。押运人员须遵守运输和安全规定,在运输过程中负责货物的照料、保管和交接,如发现货物出现异常情况,及时处理并告知车辆驾驶员。

2 道路货物运输效率

运输效率与运输经营者的经济效益密切相关,运输经营者要提高运输效率,保证货物按约定时限到达目的地。车辆的运输效率具体体现为车辆的时间利用、技术速度利用、行程利用、载质量利用等几个方面。

(1)时间利用。积极组织货源,增加车辆工作时间,减少停车待货时间;加强驾驶员和车辆组织管理,尽可能做到"停人不停车",最大限度缩短车辆停歇时间。

(2)技术速度利用。车辆的营运速度取决于车辆本身的技术性能。提高机械化作业水平可提高装卸效率,减少装卸作业时间和车辆的等待时间。

(3)行程利用。提高车辆的有载行程,减少空载行程。加强货源组织,提高车日行程,做好回程货物的配载,避免回程空驶。

(4)载质量利用。实载率或拖运率对车辆生产率的影响比较显著,运输经营者可以通过做好货物配载、开展甩挂运输等方法提高车辆载质量利用率,但不得超载超限。

哪些情况下承运人可不负赔偿责任？

有下列情况之一者,承运人举证后可不负赔偿责任:

①人力不可抗拒的自然灾害;

②货物本身的自然性质变化或者货物在运送途中的自然消耗;

③包装内在缺陷,造成货物受损;

④货物包装完整无损而内装货物短损、变质;

⑤托运人违反国家有关法令或规定,致使货物被有关部门查扣、弃置或作其他处理;

⑥押运人员责任造成的货物毁损或灭失;

⑦托运人或收货人过错造成的货物毁损或灭失。

三 货物运输车辆类型与技术要求

货物运输车辆是指设计和技术特性上主要用于载运货物或牵引挂车的汽车,包括以载运货物为主要目的的专用汽车。

1 货车技术要求

车辆技术性能应当符合国家标准《营运车辆综合性能要求和检验方法》(GB 18565—2001)的要求。车辆外廓尺寸、轴荷和载质量应当符合国家标准《道路车辆外廓尺寸、轴荷及质量限值》(GB 1589—2004)的要求。

(1)从事冷藏保鲜、罐式容器等专用运输的,具有与运输货物相适应的车辆,专用容器、设备、设施应当加固在专用车辆上。

(2)从事集装箱运输的,具有与运输集装箱相适应的车辆,车辆还应当有加固集装箱的转锁装置。

(3)从事大型物件运输经营的,具有与所运输大型物件相适应的超重型车组;超重型车组是指运输长度在14m以上或宽度在3.5m以上或高度在3m以上货物的车辆,或者运输质量在20t以上的单体货物或不可解体的成组(捆)货物的车辆。

2 道路运输车辆的改装

已获得道路运输证的车辆确需改装的,道路运输经营者要事先获得有关部门的批准,交由合法改装企业实施车辆改装作业。改装完毕后,道路运输经营者到有关部门办理车辆行驶证变更手续,并经车辆综合性能检测合格后,到交通运输主管部门和道路运输管理机构办理道路运输证变更手续。在不影响安全和识别号牌的情况下,道路旅客运输经营者允许自行决定对小型、微型旅客运输车辆加装前后防撞装置、增加车内装饰。

  非法改装道路运输车辆,是指未经有关部门批准,擅自改变已获得道路运输证车辆结构、构造或者特征的车辆。主要包括:擅自改变车辆类型或用途、车辆颜色、车辆主要总成部件、车辆外廓尺寸或者承载限值。非法改装道路运输车辆,将破坏车辆本身的结构和性能,给车辆行驶带来安全隐患,同时会造成道路运输市场的不公平竞争,不利于道路运输市场健康协调发展,危害很大。

单元 6　驾驶实用教学

模块 16　货运车辆安全检视

车辆的安全检视就是对车辆的技术状况、安全部件、操作装置等进行经常性的检视。正确进行安全检视是确保行车安全的重要环节,通过安全检视,可提前发现车辆故障或者其他不符合安全技术性能的情况,消除安全隐患,避免交通事故的发生。

一　货运车辆安全检视的要求

对车辆进行安全检视的目的是使车辆保持良好的运行状态,避免和减少车辆因故障发生交通事故。教学中,教练员可以采用示范与讲解相结合的教学形式进行教学,通过对车辆安全检视项目顺序、内容、标准等方面的训练,使学员建立牢固的、"安全第一、预防为主"的安全行车意识。

1　安全检视的路线

货运驾驶员要养成良好的职业习惯,进行车辆安全检视时,应选择安全地段停车,必要时使用驻车制动器,将车辆固定好。检视路线从车辆左前端开始,按照逆时针方向进行。检视汽车各外露部件是否有异常状况和现象,及时发现故障,积极消除故障,确保行车安全。

在训练前,教练员必须要求学员熟知检视路线、部位、项目、内容和要求。在训练过程中,教练员应在适当时候,适时指导、适度提示、适量提问,强化教与学的互动。确保每位学员都能熟练掌握安全检视的教学内容,并能运用到日常行车中。

2　安全检视的顺序

货物汽车安全检视可分为七大部位,检视顺序为:①驾驶室内部,②左前部,③左中后部,④车后部,⑤右中后部,⑥右前部,⑦车前部。

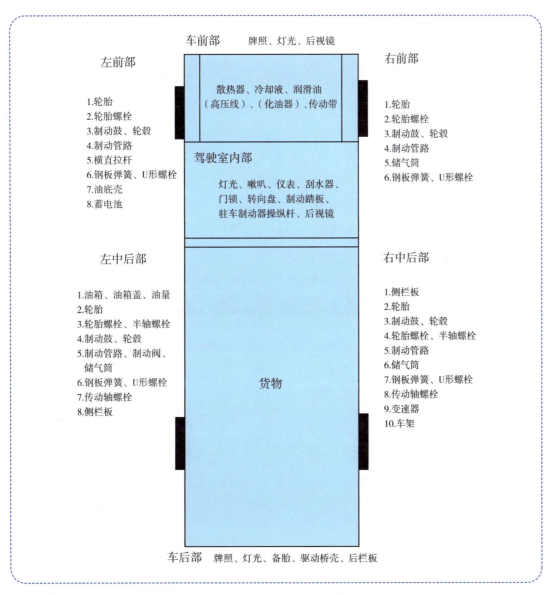

3 安全检视的工具

检视过程中仅需携带手锤、活动扳手和擦车布等随车工具,其他工具可临时按需取用。

二 货运车辆安全检视的内容

为了保证车辆在道路运输过程中的安全,驾驶员需要对车辆进行行车前、行驶中、收车后的安全检视。安全检视是保证行车安全、预防事故的重要措施之一。教练员可以采用演示教学、图片教学、模拟教学、实物教学等多种教学形式,提升教学效果。

1 行车前的安全检视

行车前的安全检视主要是检查车辆是否有三漏现象（漏油、漏气、漏水）和三缺现象（缺燃油、缺润滑油、缺冷却液）；各部位，特别是转向和制动装置以及灯光、轮胎等是否安全可靠，使车辆保持良好的运行状态。

2 行驶中的安全检视

行驶中的安全检视是指驾驶员在行车过程中随时借助听觉、嗅觉、触觉和视觉进行实时检视。

3 收车后的安全检视

收车后对车辆进行安全检视是检查车辆在运行后可能出现的问题或故障，及时排除事故隐患，为下一次的行车安全做好准备。

货运车辆安全检视的部位、内容、要求和标准

检视部位	检视内容	要求和标准
驾驶室内部（出车前）	安全带	完好、有效
	灯光、喇叭、仪表	齐全、有效、指示准确
	内后视镜	完好、清晰
	刮水器	完好、有效
	门锁	齐全、灵活、可靠
	转向盘	最大自由转动量不大于20°
	制动踏板	自由行程为120~150mm
	离合器踏板	自由行程为30~40mm
	驻车制动器操纵杆	移动量为3~5齿
	发动机运转情况	运转平稳、无异响
左中后部（行车中、出车后）	油箱及油箱盖	完好、油量充足、无渗漏
	轮胎	气压标准、无夹石、无破裂
	轮胎螺栓	齐全、无松动（用手锤敲击检查无松动）
	半轴螺栓	齐全、无松动（用手锤敲击检查无松动）
	制动鼓及轮毂	温度正常、无变形
	制动管路	无漏气、无漏油
	储气筒	完好、无漏气
	钢板弹簧	无断裂、无错位、挠度正常
	U形螺栓	齐全、无松动（用手锤敲击检查无松动）
	传动轴螺栓	齐全、无松动（用手锤敲击检查无松动）
	侧栏板	完好
后部（出车前）	号牌、灯光	完好、有效、清晰
	备胎	齐全、无松动
	驱动桥壳	温度正常、无漏油
	后栏板	完好、挂钩牢靠

续上表

检视部位	检视内容	要求和标准
右中后部 (行车中、出车后)	轮胎	气压标准、无夹石、无破裂
	轮胎螺栓	齐全、无松动(用手锤敲击检查无松动)
	半轴螺栓	齐全、无松动(用手锤敲击检查无松动)
	制动鼓及轮毂	温度正常、无裂纹、无变形
	制动管路	无漏气、无漏油
	储气筒	完好、无漏气
	钢板弹簧	无断裂、无错位、挠度正常
	U形螺栓	齐全、无松动(用手锤敲击检查无松动)
	传动轴螺栓	齐全、无松动(用手锤敲击检查无松动)
	驱动桥壳	无漏油
	侧栏板	完好
左前部、右前部 (行车中、出车后)	横直拉杆及球头	不碰擦、不松脱
	轮胎	气压标准、无夹石、无破裂
	轮胎螺栓	齐全、无松动(用手锤敲击检查无松动)
	制动鼓及轮毂	温度正常
	制动管路	无漏油、无漏气
	储气筒	完好、无漏气
	钢板弹簧	无断裂、无错位、挠度正常
	U形螺栓	齐全、无松动(用手锤敲击检查无松动)
前部 (出车前)	号牌	完好、有效、清晰
	后视镜	完好、调整得当
发动机舱 (出车前)	散热器	冷却液量充足、无泄漏
	风扇传动带	无起皮、无破损
	润滑油	添加量正常、色清、无杂质
	制动液	充足
	点火高压线	无松脱、不漏电
	蓄电池	外观清洁、连接牢靠、无漏液

模块17 汽车常见故障

汽车在使用过程当中,由于各种各样的原因不可避免会发生故障,出现故障的原因多种多样,出现故障的部位也不确定。教练员在培训教学过程中,要注意将汽车的基础知识传授给学员,加强学员对车辆简单故障的判断、排除等实际操作能力的培养。

一 汽车故障成因

汽车故障的形成原因是多方面的,教学中要分析故障主要原因,让学员及时判断故障,有针对性地进行处置。

1 汽车存在易损配件

汽车在设计中不可能做到所有配件都具有同等寿命,有些零件为易损配件。例如:空气滤清器滤芯、火花塞、离合器摩擦片等配件使用寿命较短,均需定期更换,如没有及时更换就会发生故障。

2 汽车零件、消耗材料质量差异

汽车零件数量多,并由不同厂家生产,因此不可避免地存在质量差异。汽车的消耗品主要有燃油和润滑油等,这些用品质量差会严重影响汽车的使用性能和寿命,易导致汽车发生故障。加入劣质燃油和润滑油对发动机危害极大。

3 汽车使用环境影响

汽车使用环境变化很大,气温过高或过低,风霜雨雪,道路不平使汽车振动颠簸严重,容易发生故障或引起突发性损坏。

4 驾驶技术和日常维护影响

驾驶技术对汽车故障的发生有一定的关系,使用方法不当影响更大。如新车磨合期超速超载、不定期维护,就会使汽车损坏,出现故障。

5 汽车维修技术影响

汽车在使用中要定期维护,出了故障要准确诊断,及时排除。汽车使用、维修工作人员要了解和掌握汽车技术性能和高新技术在汽车上的应用。

二 汽车常见故障

汽车常见故障,一般来说是指出现次数多、频率高,但不会对汽车使用构成致命性破坏的故障。这些故障很多是可以自己动手排除或在使用过程中注意正确的操作规范可以预防的。汽车故障成因比较复杂,但是只要认真观察就会发现一些征兆,不难查出故障的症结所在。在汽车运行过程中,一旦发现故障,应立即停车检查。

1 常见故障的处理原则

(1)判断出故障可能影响行驶安全,并可能带来危险性后果时,应立即停车,拨打救援电话,等待专业人员进行处理。

(2)对于可以判断且容易处理的故障,要及时进行简单的处理排除,然后尽快把车辆开到就近的汽车维修企业进行进一步处理。

（3）在进行简单故障的维修处理时,应根据车辆使用说明书的要求操作。驾驶员在行驶过程中应随车携带车辆的使用说明书,储存好维修救援电话。

❷ 汽车性能异常

汽车动力性和经济性变差,主要表现为汽车最高行驶速度明显降低、加速性能变差、燃油消耗量和润滑油消耗量大;乘坐舒适性变差,主要表现为振动和噪声明显加大;操纵稳定性差,主要表现为车辆行驶易跑偏、车头摆振、制动侧滑和制动距离长;汽车还容易出现排放超标等异常情况。

❸ 汽车异常响声

汽车正常声响是轻微噪声,在使用中如发生异常响声故障,可根据异响发生的部位和声音的不同频率和音色判断汽车故障。有些声音是某些部位发生了故障,不影响汽车使用,一时查不出来,可将车就近驶入维修企业,请专业维修人员修理。

❹ 汽车温度异常

汽车温度异常表现为汽车各部的温度超出了正常使用范围。发动机过热,以散热器开锅表现最为明显;变速器过热、后桥壳过热和制动器过热等都可以用手试或用水试法检测,过热要做进一步检查才能发现故障根源,如确系长时间高负荷所致,一般不影响使用,如系内部机构故障,应及时诊断和排除。

❺ 汽车气味异常

汽车行驶中最忌讳发生异味。有异味首先要判断是汽车异味还是周围环境异味。异味主要有制动器和离合器上的非金属摩擦材料发出的焦臭味,蓄电池电解液的特殊臭味,电气系统和导线烧毁的焦煳味。在某些时候能够嗅到漏润滑油的烧焦味和不正常的汽油味,都必须予以充分注意。在运行中,一旦闻到特殊异味时,应立即靠边停车,查明原因并予以排除,以防止发生火灾。

❻ 汽车渗漏

汽车渗漏表现为燃油渗漏、润滑油渗漏、冷却液渗漏、制动液渗漏和制冷剂渗漏等,以及电气系统漏蓄电池液和电气系统漏电等。汽车渗漏极易导致车辆过热和零部件损坏。如转向润滑油渗漏容易导致转向失灵,制动液渗漏容易导致制动失灵等。

❼ 排气烟色异常

发动机燃烧正常有一定的排气烟色,发动机工作不正常时排气烟色发生变化。发动机烧润滑油排气呈蓝色,表明发动机需进行维修;发动机燃烧不完全排气呈黑色,应更换燃油或调整点火正时;发动机排气呈白色,表示燃油中或汽缸中有水,应检查燃油或检查发动机。

8 汽车耗油异常

汽车耗油异常一般指燃油、润滑油消耗异常。燃油消耗量增多，一般是发动机工作不良或底盘的传动系、制动系调整不当所致。

9 汽车仪表异常

汽车上的各种仪表指示车辆有关部分的工作情况，如果其指示读数异常，就说明车辆有了故障，应立即选好位置，停车检查排除。

10 汽车外观异常

汽车发生故障时，外表上的变化亦会反映出来。汽车外观异常的原因多是车架、车身、悬挂装置、轮胎等出现异常，外观失常可能影响到汽车的正常使用。例如车重心偏移、振动严重、转向不稳定和汽车跑偏等。

11 汽车使用异常

汽车使用异常主要表现为车辆不能按驾驶员的意愿加速行驶、转向和制动，可以觉察到汽车操纵机构和执行机构故障。如果汽车使用过程中发现异常，除对加速踏板、制动踏板、离合器踏板、转向盘及其传动机构进行检查和调整外，还应对汽车进行全面检查，找出故障，维修完好，才能使用。

三 汽车常见故障的预防方法

在教学过程中，教练员要培养学员树立防患于未然的观念和正确使用汽车的新理念，要养成定时维护汽车的良好习惯，将故障隐患扼杀在萌芽状态，保持车辆良好的技术状态。

1 注重汽车维护

为了保证汽车技术状态良好，必须在使用过程中按厂家规定进行日常维护。认真做好汽车运行前的清洁、润滑、紧固、检查、调整工作，可减少磨损和腐蚀，有效延长汽车使用寿命，避免故障发生。

2 及时清除故障隐患

根据汽车各部件在使用过程中机件疲劳磨损程度、螺丝松动状况、配合间隙的变化，采取相应的措施，经常检查和调整机件，尽量消除故障隐患，确保行车安全。故障排除要彻底，并采取有效措施，防止类似故障再次发生，坚决禁止带故障的车辆上路行驶。

3 正确操作使用

正确的驾驶操作，科学地保护各机件的使用功能，合理控制载荷和车速，避免长期在恶劣环境和颠簸的道路上行驶,可有效预防机件早期损坏和突发故障。

4 适时更换机件

根据汽车各部件的使用寿命及行驶中的实际情况,采取措施及时恰当地更换机件,这是消除故障隐患的重要手段。

车辆常用随车工具

汽车出厂时,厂家都会提供一些随车用品。同时在汽车使用中,驾驶员也会经常用到一些工具。那么车上应该放上哪些工具?又如何使用呢?对于驾驶员来说,这些都是必备知识。

1. 后备轮胎

后备轮胎往往被遗忘在行李舱,缺少维护,建议驾驶员每3个月定期检查一下后备轮胎,保证备胎气压充足,没有过期,没有严重的老化、龟裂、气门芯堵塞等问题。

2. 千斤顶

千斤顶是换胎不可缺少的工具,新车都是随车自带的,驾驶员必须知道千斤顶的存放位置。买二手车时,驾驶员一定要检查千斤顶是否完好。

3. 随车工具包

每辆车都附有工具包,一般包括扳手、螺丝刀、轮胎螺栓套筒、千斤顶增力杠杆、拖车吊环等。驾驶员应定期整理、检查工具包,最好每次使用完工具包后及时清洁,以延长工具的使用寿命。

4. 车胎防漏剂

车胎防漏剂可以在车胎被尖锐物体刺破后发挥防漏功能,免去即时换胎的烦恼。只要将防漏剂注入车胎中,它便会在车胎内壁形成一层保护膜,爆胎后也足够行驶到附近的维修企业修补车胎。

5. 手电筒

在晚间遇到故障的情况下,一支强力手电筒除可以为检查车辆提供照明外,还可用来发出求救信号或是示意其他车辆避让,确保安全。

6. 绝缘手套

绝缘手套用处很多,在紧急维修和清洁车身时,能确保驾驶员的双手清洁;当打开发动机舱盖或水箱盖时,能起隔热作用;在处理电气问题时,可避免触电。

7. 蒸馏水

汽车上应常备大约2000mL的蒸馏水,以备给蓄电池补充液体时使用。但要注意,普通的清水或矿泉水不能当作蓄电池液使用。

8.原厂汽车使用手册

随车携带的原厂汽车使用手册有很多车辆使用技巧,以及简单的故障原因。驾驶员通过阅读汽车使用手册,可以清楚地了解车辆的配置,当车辆出现问题时,可以立即从使用手册中找出原因。

模块18 轮胎更换与维护

教练员要教会学员如何合理使用轮胎、适时维护轮胎,这对于延长轮胎的使用寿命、降低汽车运输成本、确保安全行车具有重要意义。

一 车辆轮胎基础知识

轮胎是汽车的重要部件,其性能对汽车的动力性、制动性、行驶稳定性、平顺性、安全性和燃油经济性等会产生重要影响,其寿命也会影响汽车的使用成本。

1 轮胎功用

轮胎的作用主要有:承受汽车的重力,缓和汽车所受到的冲击,保证汽车有良好的乘坐舒适性和行驶平顺性;保证车轮和路面间良好的附着性,以提高汽车的牵引性、制动性和通过性;在保证汽车正常转向行驶的同时,通过车轮产生自动回正力矩,使汽车保持直线行驶方向。

2 轮胎分类

按轮胎用途不同,可分为载货汽车轮胎和轿车轮胎;而载货汽车轮胎又分为重型、中型和轻型载货汽车轮胎。按胎体结构不同,可分为充气轮胎和实心轮胎。按胎面花纹不同,可分为普通花纹轮胎、越野花纹轮胎和混合花纹轮胎。按胎内气压大小不同,可分为高压轮胎(气压490~686kPa)、低压轮胎(气压为196~490kPa)和超低压轮胎(气压为196kPa以下)。按轮胎组成不同,可分为有内胎轮胎和无内胎轮胎。

二 车辆轮胎合理使用

合理使用轮胎,可以减缓轮胎的磨损速度,防止不正常磨损及损坏,延长轮胎的使用寿命,从而确保行车安全,提高车辆的运行经济性。

1 保持轮胎充气压力正常

轮胎充气压力是决定轮胎使用寿命的主要因素,高于或低于标准气压,都会缩短轮胎的使用寿命。因此,在使用中必须严格按汽车制造厂使用说明书中规定的前后轮标准气压充气。

轮胎气压过高,胎面接地面积变小,单位压力增高,使胎冠部分磨损加剧;胎体材料过度拉伸,刚性增大,轮胎在受到冲击时动载荷增大,易使轮胎早期爆破。

轮胎气压过低,胎面接地面积增大,滑移量增加,使胎肩部分磨损加剧;胎体变形增大,内应力增加,轮胎温度急剧上升;加速橡胶老化,使帘线疲劳,导致帘线折断、松散和帘布脱层;双胎中一轮胎气压过低还会使另一轮胎因超载而损坏。

注意:用眼睛观察或凭敲击轮胎的声音来确定轮胎气压的传统方法往往误差较大,所以必须用压力表检查轮胎气压。

2 防止轮胎超载

轮胎负荷对轮胎的使用寿命有重大影响,必须按标定的载质量装货载容,不得超载,并注意货物装载均匀,使负荷尽可能平均分布于每个轮胎。

车辆超载越多,轮胎使用寿命越短。一般轮胎负荷超过20%,其行驶里程将降低35%左右;轮胎负荷超过50%,行驶里程将降低60%左右。车辆负荷越大,轮胎对地面的压力越大。车辆超载时轮胎的损坏与在低于标准气压下行驶时轮胎的损坏相似。车辆严重超载或偏载,会造成轮胎严重超负荷运转,使轮胎侧壁的弯曲变形增大,扩大与地面的接触面积,轮胎异常发热,加速轮胎磨损与损坏,遇障碍物受到冲击时,易引起胎冠爆破。80%以上的轮胎故障都是超载引起的。

此外,教练员还需要向学员强调,货物装载要均匀,重心不可偏移,否则会引起车辆轮胎的不均衡磨损。轮胎侧面有磨损标记"▲",标记处的沟槽磨损到一定程度时(低于1.6mm),应立即更换轮胎。

3 控制轮胎温度

轮胎的工作温度对其使用寿命影响很大。胎温升高,橡胶老化加速,物理性能降低,产生龟裂,同时还会引发胎体帘线脱层等事故。行车速度快、载荷大、运距长、道路条件恶劣等原因,也会引发胎温上升。轮胎温度升高,胎内气体受热后会导致胎压升高,胎体帘线应力加大,易引起帘线拉断,造成轮胎爆胎。

在行车间歇(如进入服务区休息)中,除了检查轮胎气压、胎面磨损、轮胎侧壁是否有鼓包现象之外,还应用手触摸轮胎,感受其温度。如发觉轮胎过热,应在充分休息散热之后,再上路行驶。

④ 合理控制行驶速度

车辆行驶速度过快时，频繁制动会造成轮胎在路面上产生滑移，使轮胎磨损加剧，尤其在不平的路面上磨损更为严重。车辆高速行驶时，轮胎变形次数增多，轮胎温度急剧升高，胎体刚性增大，轮胎与路面的接触面减小，路面稍有不平，车轮即悬空跳跃行进，使转动的轮胎与路面形成拖滑性磨损的机会增多，胎面磨损增加。

行驶速度过快，轮胎运转越快变形越大，胎面磨损加剧，受到路面的冲击增大，使用寿命降低，轮胎也极易爆胎，引发事故。因此，行驶中应根据路面情况合理控制车速，保持经济速度，避免高速行驶，延长轮胎使用寿命，节约燃料。

在教学过程中，教练员要让学员掌握根据车辆设计车速和额定负荷选配合适轮胎的知识。例如，最高设计车速较高的车辆应当选用具有高速特性的轮胎，以防止行驶过程中突然爆胎，确保行车安全。

⑤ 谨慎驾驶车辆

轮胎使用寿命与驾驶员的操作技术有很大关系，驾驶员应改变不良的驾驶操作习惯。为延长轮胎使用寿命，确保行车安全，要尽量选择良好的道路行车，并合理运用驾驶技术，谨慎驾驶。避免起步过猛，转向过急，紧急制动，行驶中压、擦硬质障碍物等不当操作，否则会导致轮胎严重磨损，降低轮胎使用寿命，严重时，还会造成行车事故。

在教学过程中，教练员需要向学员介绍正确的驾驶知识、合理的轮胎维护方法。例如，新轮胎需要"磨合期"；弯道快速行驶、急加速和紧急制动都会加速轮胎的磨损；轮胎有一定磨损后，需要进行换位等。

⑥ 合理搭配轮胎

（1）同一车轴上应装配同一规格、结构、层级和花纹的轮胎。双胎并装时，还要求同厂牌，以求负荷、磨耗均匀。

（2）同一车上的轮胎花纹要尽量一致。轿车前、后轴应选用相同型式的胎面花纹。载货汽车通常前轴选用纵向花纹轮胎，驱动轴或后轴选用混合型或者横向花纹轮胎；或者前后轴都选用相同的混合型或纵向花纹轮胎。

⑦ 做好轮胎的日常维护

出车前、行车中和收车后轮胎的日常维护检查工作，将直接影响轮胎的使用寿命。教练员在培训过程中必须对学员强调日常维护的重要性，让学员对日常维护的必要性有足够的认识，养成良好的安全检视习惯。

轮胎维护分例行维护、一级维护、二级维护。例行维护主要是检查轮胎气压是否正常以及有无不正常的磨损和损伤，并及时消除造成不正常磨损和损伤的因素。如检查轮胎螺母是否紧固，清除轮胎夹石和花纹中的杂物，检查轮胎温度等。一级维护、二级维护一般是随着车辆的维护同时进行的。坚持轮胎维护能保持轮胎的技术状况良好,保护胎体,延长使用寿命,提高行驶里程。

三 货运车辆轮胎更换

货运车辆常常需要在复杂的路况下长途行驶,受驾驶员不良驾驶习惯、车辆维护不及时、胎压不正常等因素影响,胎面往往会出现不规则磨损,导致轮胎使用寿命缩短。一旦发现轮胎有不规则磨损的情况,可对轮胎进行换位,使胎面磨损更均匀,延长轮胎使用寿命。在教学过程中,教练员必须要求学员掌握轮胎的检查内容、要求以及更换轮胎的正确方法。

注意:不正确安装轮胎和轮胎气压超过标准要求,都可导致轮胎与轮辋损毁。严重情况下,可能导致轮胎爆胎,并造成严重伤亡。

1 货运车辆的轮胎换位

安装在同一辆汽车上的轮胎,由于具体的安装位置不同,轮胎的受力状况、运动条件(车轮定位角度)、工作状况(转向轮、驱动轮、转向驱动轮、随动轮)也不完全相同。因而,轮胎的磨损部位和磨损程度也并不完全相同,为使全车轮胎尽可能实现均匀磨损,达到寿命同步,必须适时对轮胎的具体安装位置进行调整,进行轮胎换位,正确的换位可提高轮胎使用寿命和良好的经济性能。

载重汽车轮胎换位周期为:每行驶 8000~10000km(斜交轮胎)或 12000~15000km(子午线轮胎)进行一次轮胎换位,并对车轮进行动平衡检测,调整合格后方可使用。整车换胎,必须使用同规格、结构、厂牌、层级、花纹的轮胎,以求负荷、磨耗均匀,便于维护换位,提高轮胎的行驶里程。

常用换位法有两种:一次更换轮胎的位置,不能使所有轮胎从轮胎的一侧换到另一侧的换位方法,称为循环换位法。仅一次更换轮胎的位置,便可实现所有轮胎从机动车的一侧完全换到另一侧的换位方法,称为交叉换位法。

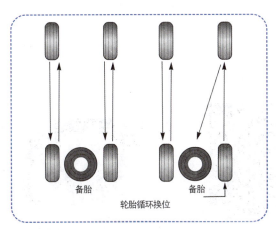

轮胎循环换位

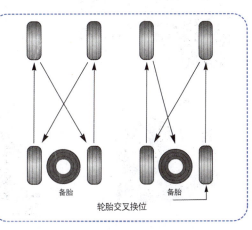

轮胎交叉换位

轮胎换位过程中应注意以下事项：

（1）进行轮胎换位的前提条件是全车轮胎具有相同的规格、结构和花纹。

（2）可根据具体情况选择某一种轮胎换位方法。当轮胎换位方法选定后，不再变动。

（3）轮胎换位一般结合车辆二级维护进行。但如果发现胎面有明显的偏磨，则可提前进行，不必拘泥于维护周期的限制。

（4）在轮胎换位过程中，对于胎面花纹有方向性要求的轮胎，换位后不能改变轮胎旋转的方向。

（5）轮胎换位后，应按所换位置的规定重新调整轮胎气压。

❷ 货运车辆更换轮胎的步骤

汽车轮胎磨损至极限，即轮胎胎面花纹深度前轮低于3.2mm，后轮低于1.6mm时必须停止使用。轮胎老化、变形甚至胎圈也有损伤的轮胎，也要立即停止使用。车辆更换轮胎的步骤及注意事项如下：

（1）更换轮胎时，车辆应停放在平整的场地上并熄火、拉紧驻车制动器操纵杆并在其他轮胎前后垫上止动块或其他类似物，防止车辆滑移。在车后150m处放警示牌，用气压表检查轮胎气压。

（2）卸下轮毂盖，用轮胎螺母扳手慢慢将螺母逐一松开。

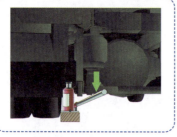

（3）将千斤顶放在轮胎附近固定位置处，装好并举升至轮胎离开地面，卸下已经松动的全部螺母。

（4）换上备胎，拧上螺母（注意螺母的旋转方向），把每个螺母均匀地预紧到70%的程度。

（5）放下千斤顶，按对角线交叉对称地将螺母拧紧，装上轮毂盖。

模块 19　牵引车驾驶

牵引车驾驶的难度大于单车,教学时要求学员从连接—分离牵引车和挂车开始,让学员正确把握车的长度、行驶速度、转弯角度,重点训练倒车的安全操作。

一　汽车列车的连接与分离

汽车牵引车与挂车连接与分离,是牵引车驾驶的一项基本技能。教练员在进行牵引车驾驶教学时,要让学员认识连接装置的作用,掌握安全连接和分离牵引车和挂车的技能。

1 连接

牵引车与挂车之间的电器连接器、气制动连接器、ABS系统型式及接口应符合规定且相匹配。牵引车的准牵引总质量应与挂车的总质量相匹配。

牵引车与挂车连接前,检查连接装置是否安全可靠,有无受损或脱落件;检查挂车车轮是否垫稳,支撑架是否牢固,装载的货物能否稳固。

将牵引车倒至挂车前,车尾与挂车前端对正,利用后视镜观察牵引车的位置缓慢后倒。在牵引车座与牵引车销连接后,将锁止杆至于"锁止"位置。连接ABS、制动管路、灯光电缆装置。

挂接后,轻轻提升支撑架,检查连接装置、灯光信号、制动系统工作是否正常,检查牵引车与挂车之间的匹配高度、回转间隙是否符合要求。

2 分离

选择能支撑住挂车的停车地面,让牵引车与挂车保持一条直线,先将车轮固定,然后降下支撑架与地面接触,并稍抬高挂车前部,接触牵引车的全部负荷。断开气制动连接器接头和电器连接器插头等,打开牵引座锁止机构,将牵引车慢慢驶离挂车。

二 汽车列车驾驶

驾驶汽车列车,要有驾驶大型车的经历和一定的驾驶基础。牵引车带挂车后,长度增加,加速缓慢,转弯半径增大,前进和倒车时与单车有较大的区别。掌握汽车列车的驾驶方法,难度较大,需要反复练习和体会。

1 速度控制

驾驶汽车列车行驶中,由于车身重、挡位多,加速缓慢。一旦提速后,驾驶员大多都不愿意减速,靠驾驶经验或技巧去躲避障碍物,行车安全隐患大,一旦遇到意外情况,手忙脚乱,容易造成操作失误,引发事故。另外,长时间驾驶车辆,驾驶员难免会出现疲倦、精力不集中,甚至瞌睡等情况,特别是在道路又宽又直,或者是长下坡的路段,驾驶员最容易因视觉疲劳而发生严重事故。

驾驶汽车列车行驶中,驾驶员应尽量保持速度平稳,控制好车速。车速忽快忽慢,很容易因挂车惯性引起车辆耸动进而失控,要控制好行车速度,就应提前判断和处理道路情况。遇到前方有障碍物时,在较远的地方避让障碍物,尽量保证从障碍物之间不减速直线通过,也可保持大弧度路线远离障碍物绕行。车速过快,接近障碍物时再绕行,会造成车厢甩尾进而引发剐碰事故。

2 安全超车

驾驶汽车列车过程中,需要超越前方车辆时,要在距前车150m以外,观察前方路况,在确保路况、视野良好的状况下,开启转向灯驶向道路一侧,在接近前车时,适当鸣喇叭,夜间频闪前照灯,同时察看前车的动向。在确认前车让行,且无变道意向时加速超越。在距被超车500m左右时,再驶回正常行车道。

超车时一定要提防被超车辆后视镜被货物遮挡看不到转向提示,或因车辆行驶噪声听不到喇叭声的情况。另外,还要考虑到挂车的长度和自身的速度,留出足够的间距。离前车太近时转向,会造成车辆甩尾失控。超车后过早驶回,会因挂车长度的原因引发剐碰事故。

3 安全转弯

汽车列车的整体长度较长,牵引车和挂车不同为一体,转弯时牵引车与挂车之间的内轮差和转弯半径相差很多,很难准确判断挂车车轮所处的位置。因此,驾驶汽车列车转弯要选择弯度较大、视线良好、能够满足转弯半径的路口和场地转弯。转弯时要尽量减慢车速,以较大的角度转弯。转弯过程中,要注意观察车内侧和外侧的交通动态,不可转向过急,发现转弯困难立即停车,不可勉强转弯,避免因内轮差和挂车外甩剐碰其他车辆和行人。

4 安全倒车

由于挂车长度较长、盲区较多，驾驶员看不到盲区和后方的情况，两侧的情况也只有靠观察后视镜进行判断，因此驾驶汽车列车倒车难度较大。倒车前，要下车观察车后的情况。倒车调整方向时，转动转向盘的难度较大，不易控制。倒车过程中最好有人指挥，防止发生意外。

驾驶汽车列车倒车时，还要控制好车速，注意车身的变化，提前向车尾偏离的反方向进行修正（向右倒车要向左转向，向左倒车要向右转向）。转动转向盘的幅度要小，不能转向过急，不要反复转方向，以免弄不清楚挂车所在位置，引发剐碰事故。

5 汽车列车行驶中的注意事项

（1）行驶中避免急制动、急起步、急转弯。
（2）除换挡之外，不要长时间将脚放在离合器踏板上。
（3）通过桥梁等接合部有落差时，不要慌忙制动急减速，要握紧转向盘通过。
（4）上坡时根据坡度换中、低挡，使发动机尽量保持在最大转矩左右。
（5）下坡陡时使用的挡位和上坡时相同，控制车速，严禁空挡滑行。
（6）减挡要逐级进行，不要越级减挡，紧急情况除外。
（7）尽量不超车，需要超车必须确认前方有充裕的空间，提前大角度绕行超越。

模块20　节能驾驶方法

影响汽车燃油消耗的主要因素有道路、环境气候条件、汽车的技术状况，以及驾驶员驾驶技术水平等，其中驾驶员驾驶技术水平对汽车燃油消耗的影响最大，正确的驾驶操作可以大大降低汽车的燃油消耗量。据测试，不同驾驶技术水平的驾驶员在相同使用条件下驾驶相同的汽车，其燃油消耗量的差异可达15%以上。教练员要注重培养学员节能驾驶技术，树立节能驾驶理念，养成节能驾驶习惯。

一　燃油经济性的影响因素

汽车的燃油经济性表示汽车在一定使用条件下，以最小的燃油消耗量完成一定行驶里程的能力。简单说，在完成一定行驶里程时，消耗燃油越少的汽车其燃油经济性越高。汽车的燃油经济性常用一定运行工况下汽车行驶百公里的燃油消耗量或一定燃油量能使汽车行驶的里程来衡量。燃油经济性指标的单位为 L/100km，即汽车行驶 100km 所消耗的燃油升数。一般汽车说明书给出的百公里耗油量多是指汽车满载、稳定行驶在平坦路面上的最低耗油量。

影响汽车燃油经济性的因素是多方面的，主要因素包括发动机性能、整车结构、汽车技术状况、驾驶技术和道路条件、气候条件等。

1　发动机性能对燃油经济性的影响

发动机的工作过程中影响燃油消耗的两个最根本因素是空燃比和发动机负荷，这两个值都有一个理论上的最佳值，在实际工作过程中，空燃比和发动机负荷的实际值越接近理论值，汽车就越省油。发动机在负荷为 90%、空燃比为 1.05:1 时燃烧效率最高。

发动机的燃油消耗对汽车的燃油经济性有决定性的影响，而发动机的油耗取决于发动机的结构。发动机的压缩比高、有完善的供油系统及合理的燃烧室形状、采用电子点火系统等都能降低发动机的油耗。

柴油机由于压缩比比汽油机高很多，因此柴油机比汽油机的油耗要低得多。试验和实践证明，一般装备柴油发动机的轿车比装备汽油发动机的轿车节油 18% 左右，柴油发动机载货汽车比汽油发动机载货汽车节油 30% 左右。

2　整车结构对燃油经济性的影响

汽车的传动系对汽车的燃油经济性有重要影响。传动系效率越高，传递动力的过程中能量损失越小，汽车的油耗就越低。在速度不变的情况下，接合高速挡时，传动比小，发动机转速低；接合低速挡时，传动比大，相应的发动机转速高。当发动机负荷相同时，一般是转速越低燃油消耗率越小。在一定的行驶条件下，传动系的速比越小，汽车的燃油经济性越高，因此，汽车一般用高挡位行驶比低挡位行驶省油。

对汽车油耗影响最大的因素其实是汽车总质量。行驶同样的距离，质量越大的车做功越多，也就需要更多的燃油。汽车总质量影响到汽车的滚动阻力、坡道阻力和加速阻力，对汽车的燃油经济性影响很大。以整车质量为 1360kg 的汽车为例，当汽车总质量减少 10%，油耗降低 8.8%。因此，汽车广泛采用轻质材料，减轻车身自重，以提高汽车燃油经济性。

由于现代汽车速度增高，汽车的外形对燃油经济性也有重要影响，车速越快影响越大，这就是人们常说的"风阻"。减小空气阻力主要是通过减少汽车的迎风面积和空气阻力系数来实现，一般而言迎风面积取决于汽车的体积，空气阻力取决于车身造型。汽车速度不高时，空气阻力对汽车的燃油消耗影响不大；但当车速超过 50km/h，空气阻力对汽车燃油经济性的影响逐步明显。作为汽车使用者，不在车顶安装行李架，货车装载物品用篷布盖好，高速行驶时不打开车窗等措施都能降低空气阻力系数。

轮胎也能影响汽车的燃油经济性。节油轮胎比起同规格产品来说，在负载不变的情况下,滚动阻力值平均降低21%~24%。由于每减少3%~5%的滚动阻力,就能节约1%的燃油消耗。如果一辆车使用四个节油轮胎,平均可降低约5%的汽车燃油量。轮胎结构对滚动阻力影响很大,改善轮胎结构,可以减少汽车油耗。目前,使用子午线轮胎是降低滚动阻力的最好办法。子午线轮胎与普通斜交轮胎相比,滚动阻力一般要下降20%~30%。另外,轮胎的花纹及胎压对汽车的油耗也有较大影响。

3 汽车技术状况对燃油经济性的影响

车辆的技术状况差、故障多,对汽车的行驶油耗影响很大。除汽车发动机故障外,汽车底盘部分的技术状况,如减速器、制动器、轴承、前束调整不当,轮胎气压不足等,都会导致汽车油耗大幅度增加。汽车行驶过程中,发动机冷却系统温度过高或过低,也会使汽车油耗上升12%~15%。

空气滤清器、燃油滤清器、机油滤清器对发动机的动力性、经济性、可靠性和环保性都有直接的影响,尤其对发动机的使用寿命和燃油损耗影响很大。空气滤清器随着使用时间的延长,滤芯会堵塞,过滤能力下降,同时气流通过阻力增加,致使进气量减少,混合气变浓,油耗上升3.7%~4.5%。燃油滤清器工作不良,会使燃油中的机械杂质堵塞油道,缩小燃油的通过截面,若是杂质进入燃烧室会使积炭增多,这些都会影响燃烧过程,导致油耗增大。

选择润滑油时,如果润滑油的黏度、抗磨性和黏温特性等不能满足不同季节、不同使用条件的要求时,会增大机件的磨损和耗油量,也降低传动效率。改进发动机的润滑油和齿轮油的黏度性质和减磨性能,在汽车不同行驶条件下可实现一定的节油率。

改变润滑油的黏度和减磨性能实现的节油率(单位:%)

项 目	短距离行驶		中距离行驶	长距离行驶
	冷起动行驶	城市行驶		
汽油机	7.5	6.0	2.2	1.8
柴油机	5.8	4.8	2.5	3.0

发动机工作温度是否正常,对燃油的消耗有很大影响。冷却液温度过高会使发动机过热,减少充气量,出现爆燃、早燃等不正常燃烧现象,供油系统容易产生气阻,不但功率降低,而且燃油消耗增加;冷却液温度过低会使燃油不易雾化,各缸进气不均,燃烧室缸壁散热损失增加,燃烧速度下降,造成发动机功率和转矩下降,使燃油消耗率增加。实践证明:当冷却液温度低于50℃时,燃油消耗量将增加8%~10%。

汽车底盘技术状况使燃油消耗增大的主要原因是维护、调整不当,从而使发动机的部分动力在传输过程中转化为无用的甚至有害的热能消耗掉,并且大大影响了汽车的滑行性能。

> **小知识**
>
> **汽车的滑行性能**
>
> 常用汽车的滑行性能来检查汽车底盘的综合技术状况,它对汽车运行油耗的影响很大。汽车滑行性能常用滑行距离和滑行阻力系数表示,滑行阻力系数不得大于0.014。例如某车的测试结果如下:当底盘调整良好、在30km/h车速下的滑行距离为254m,油耗为15.5L/100km;而当前束不合乎规定,轮毂轴承调整不佳时,滑行距离降低至173m,油耗为19.5L/100km,比底盘调整良好的车辆增加了25.8%。由此可见,汽车底盘技术状况对燃油消耗的影响程度是不容忽视的。
>
> 轮胎结构对滚动阻力影响很大,轮胎气压不足,轮胎变形大,增加滚动阻力,消耗功率而使油耗增加。气压过高时在松软路面行驶,由于地面变形大,也会增加滚动阻力,消耗功率。据试验测得,轮胎气压降低30%,以40km/h的速度行驶,汽车油耗量将增加5%。轮胎"亏气"会造成滚动阻力增加,所以费油。

❹ 驾驶技术对燃油经济性的影响

驾驶员是操作汽车的主体,驾驶员的驾驶行为、驾驶习惯对车辆油耗有很大影响。驾驶员驾驶同一车型的百公里燃油消耗量差值为2.34~6.81L,燃油消耗水平相差7.46%~22.35%;汽车运行百公里燃油消耗最低为19.5~22.35L,最高为44.74~46.22L,充分说明汽车驾驶员操作技术对汽车运行燃油消耗量有着重要的影响。

预热起动、升温起步、保持发动机工作温度正常会使燃油消耗量变小;因为汽车起步前,发动机润滑油、变速器润滑油温度较低,发动机曲轴、动力传动系统摩擦力增大,增加了汽车摩擦损失功。所以起动时应该先预热发动机,使发动机温度有节奏上升。

汽车在一定道路上,用不同的挡位行驶,燃油消耗量是不一样的。在同一道路条件与车速下,虽然发动机发出的功率相同,但挡位越低,后备功率越大,发动机的负荷率越低,燃油消耗率越高,燃油经济性越差,而使用高挡时的情况则相反。

柔和、平顺的驾驶方式最省油,在起步阶段,尽量避免猛踩油门,加速时平顺加速,而在达到一定速度后,应尽可能保持匀速行驶,避免紧急制动。汽车在接近于中等车速时油耗最低,高速时随车速的增加,其油耗迅速加大。这是因为高速行驶时,虽然发动机的负荷率较高,但汽车的行驶阻力迅速增加而导致油耗增加。

❺ 道路条件对燃油经济性的影响

道路状况对汽车燃油经济性的影响主要表现为各种路面条件下滚动阻力系数的差异。在不同的道路特征下,滚动阻力系数差别很大。滚动阻力的大小与滚动阻力系数成正比,油耗又与滚动阻力成正比,所以在滚动阻力系数小的道路上行驶车辆会更节油。

不同路况下的滚动阻力系数

路面类型	滚动阻力系数	路面类型	滚动阻力系数
良好的沥青或混凝土路面	0.010~0.018	压实土路(雨后)	0.055~0.150
一般的沥青或混凝土路面	0.018~0.020	泥泞土路(雨季或解冻期)	0.100~0.250
碎石路面	0.028~0.025	干沙	0.100~0.300
良好的卵石路面	0.035~0.030	湿沙	0.065~0.150
坑洼的卵石路面	0.035~0.050	结冰路面	0.015~0.030
压紧土路(干燥)	0.025~0.035	压实雪道	0.030~0.050

汽车在良好的道路上行驶,车轮的滚动阻力小,还可以充分利用高速挡行驶,进一步节省燃油;汽车在崎岖不平的道路上行驶,平均技术速度下降,而且由于速度经常变化,增加了换挡和制动次数,会使汽车油耗增加。

汽车在不良道路条件下行驶,会使发动机汽缸内的压力和曲轴转速提高,加剧汽缸磨损。同时,汽车在高低不平的路面上行驶,使零件承受冲击载荷,加剧了行驶部件和轮胎的磨损,行车不稳,增加油耗。

汽车在高速公路上行驶,速度高、运距长、停车少。虽然在此工况下发动机的负荷率比较高,但是风阻随车速的快速增加而急剧增大,其对汽车燃油经济性的影响尤为明显。

当汽车在山区公路上行驶时,路面状况差,坡长而陡,路窄弯急,有些地段坡度较陡。汽车上坡时,需要克服坡度阻力行驶;而下坡时,则需长时间制动。汽车上坡行驶的阻力大、速度低以及频繁加速都将导致汽车燃油经济性急剧恶化。

城市内行驶距离短、车流密集、汽车行驶工况复杂,平均行驶速度低,汽车经常在急速制动和加速等工况下工作,使汽车的燃油经济性变差。

当汽车在坏路或越野行驶条件下,车轮与路面间的附着力减小,汽车的滚动阻力增大、路面上的障碍物影响车辆通过,汽车的燃油消耗要高得多。试验表明,不同类型的道路中,汽车在省级公路上行驶最省油,分别比高速公路、坏路、山区公路、城市公路节省燃油 1.4%、22.6%、25.2%、30.9%。

6 气候条件对燃油经济性的影响

环境温度对油耗的影响也很大。环境温度直接影响发动机的润滑系统、冷却系统和进排气系统的温度,对汽车的燃油经济性有很重要的影响。寒冷的冬季气温低,润滑油黏度大、摩擦阻力大,而且燃油蒸发慢、雾化不良、燃烧不完全。所以发动机起动、汽车起步困难,不可避免地会使汽车油耗增高。炎热的夏季气温高,发动机的充气量减少,进气温度高,也会导致燃油经济性变差。

温度对汽车燃油经济性的影响并不是简单的比例关系。环境温度高于常温时,温度对汽车的影响相对比较稳定;而高温与低温对汽车燃油经济性的影响就相差悬殊。

据试验测得,和常温相比,当环境温度为 -10℃时,其燃油消耗增加高达4%左右;0℃时的燃油消耗量增加22%左右。

气温过低时,发动机起动困难,燃油雾化不良、燃烧速度慢、散热损失大,传动系和行驶系的机械损失增大。气温过高时,发动机的充气量下降,容易过热和产生气阻等,发动机工况受到影响,从而使油耗量增大。随着海拔高度的增加,气压降低而空气稀薄,发动机的充气量也会随之降低,发动机燃烧受到影响,进而使汽车的燃油经济性也降低。

汽车行驶时的风阻与汽车相对风行驶速度的平方成正比,其对汽车的燃油经济性产生很大的影响。当汽车以48km/h以下车速行驶时,其风阻往往被忽略;当车速达到90km/h以上时,风阻的影响就十分明显,汽车高速逆风行驶时其燃油经济性将明显下降。

二 运输车辆节能驾驶方法

教学过程中,教练员要让学员充分了解节能驾驶知识,理解驾驶操作背后的节能原理,培养学员节能驾驶意识和节能驾驶习惯。通过节能驾驶培训教学,让学员学会规范的驾驶操作,能够运用学过的节能知识驾驶车辆,达到节能减排的教学目的。

1 掌握正确的驾驶方法

相同品牌的同一类车型,在不同的驾驶方式下,其燃油消耗水平可能会有15%左右的差异。

(1)正确起动发动机。将变速器操纵杆置于空挡位置,踩下离合器踏板,打开点火开关,一次成功起动发动机。发动机起动后,缓抬离合器踏板,使其平稳接合,使发动机保持低中速运转。

(2)平顺起步。发动机起动后1min之内起步,低速行驶1~2km,冬天适当延长到3~4km,待冷却液温度升高后再转入正常速度行驶。起步时,适量轻踩加速踏板,用缓慢松抬离合器踏板的方法使车辆平稳起步。注意不得熄火或者过早、过晚踩下加速踏板。

(3)迅速加速、加挡。车辆起步后,在道路和交通允许情况下,尽快从低挡换到高挡,动作干净、利落、无失误。控制好加速踏板,做到轻踩、缓抬,不要猛踩、猛抬或者连续地踩、抬加速踏板。猛踩加速踏板(急加速),燃油消耗会急剧增加。对于自动挡车辆,猛踩加速踏板,既不能迅速提高车速,又浪费燃油。

(4)保持经济车速。经济车速是汽车以直接挡或超速挡行驶时,燃油消耗量最低的车速,一般经济车速是汽车最高设计车速的50%~75%。发动机转速越高,其输出功率和功率利用率越大,单位功率的燃油消耗量越小。低速行驶汽车的油耗较高,车速过高燃油消耗也很大。发动机超过最低油耗转速时,燃油消耗率随着车速的增加而增加。当车速超过一定值以后,燃油消耗率增加得非常快。因此,车速过高或过低都不利于节省燃油,突然加速要比平稳加速多消耗1/3燃油。

(5) 合理选择挡位。汽车在运行中,换挡时机与换挡动作都对燃油的消耗影响很大。正常行驶条件下,高挡位比低挡位节省燃油。当感到动力不足时要及时减挡,而不能猛踩加速踏板,一味地猛踩加速踏板,将加大燃油消耗。换挡时要脚轻手快,动作准确。这样可以缩短换挡时车辆行驶的距离,达到节省燃油的目的。

(6) 合理滑行。车辆行驶中,松抬加速踏板,采用带挡滑行代替制动的方式,充分利用车辆的惯性和发动机的制动作用节约燃油。要避免滑行过早或过晚,滑行过早会使车辆没到位就停下,重新起步或加速,增加燃油消耗;滑行过晚会使车辆到位时车速很高,需要强烈制动减速,也会增加燃油消耗。

(7) 正确操作制动器。减速时,合理使用、正确操作制动器,尽量少用或不用制动,采用以滑行代替制动的方式,充分利用车辆的惯性节约燃油。一次紧急停车再起步会多消耗 35mL 左右的燃油。

(8) 停车熄火。停车超过 1min 时,在不影响车辆正常通行的情况下,将发动机熄火。在高速或爬长坡行驶后,发动机最好怠速运转 30s 左右后再熄火。

❷ 养成良好的驾驶习惯

良好的驾驶习惯,是驾驶员综合素质和技能的体现。行车时要做到注意力集中,仔细观察和提前预防,既能确保行车安全,又能节约能源。

(1) 合理选择行驶线路。对于道路运输车辆来说,正确选择行驶路线,对保证行车安全、节约燃油和延长车辆使用寿命具有良好的作用。如果执行新的运输任务,事先了解行车路线,避免绕弯路造成不必要的燃油消耗。

(2) 正确观察、判断和处理行车中的交通情况。驾驶员对交通情况处理的基本规律包括"观察—预测—分析—决定—行动"。通过正确观察、判断和处理各种交通情况,不仅可以避免事故,而且也会减少燃油消耗和维护成本。

(3) 尽量减少发动机空转。一般小型车发动机每怠速运转 5min,就会消耗大约 70mL 的汽油。在短时间停车等候时,发动机空转既会对空气造成污染,又会增加燃油消耗。

(4) 避免怠速时踩加速踏板。猛踩加速踏板,加浓、加速装置会额外供油。据测量,汽车怠速时每踩一次加速踏板,相当于浪费汽油 3~5mL;同时,混合气被额外加浓后,还会造成燃烧不完全而产生有害废气,污染环境。

（5）有序通过交叉路口。在交叉路口每次都停车和突然制动，会造成油耗增加。在交叉路口减少急加速、急减速和停车的次数，可减少燃油消耗。

（6）不要频繁变更车道。频繁变更车道，需要不断地改变行驶方向、速度、急加速、制动。这时发动机一直处于不稳定工作状态，且行驶距离延长，会使大量的燃油在不知不觉中变成了没充分燃烧的尾气，增加了燃油消耗。

（7）正确使用车用空调。气温适宜，当车速低于60km/h，可视情况关闭空调，打开车窗通风；但车速高于80 km/h，则应利用空调制冷，不要打开车窗。因为高速时开窗后风阻增大，所消耗的燃油比空调所消耗的燃油更多。

（8）注意发动机温度的调节。冷却液工作温度低，会使发动机油耗增加。据试验，冷却液工作温度从90℃降至80℃，燃油多耗2.5%；降到75℃时，多耗 3% ~ 5%；降到65℃时，多耗 15%。

单元7 教学管理

模块21 学员管理

教练员对学员的管理,要建立在为学员提供良好、宽松的学习环境的基础上,让每一个学员在学习驾驶过程中,始终都能感到和谐、温馨、愉悦和满足。教练员只有做到诚实守信,真诚为学员服务,才能真正赢得学员的尊重和社会的认可。

一 学员管理的重要性

学员是驾驶培训机构立足之本、生存之源。学员管理是驾驶培训机构和教练员的中心工作。教练员以人为本、和谐民主的管理方法和对学员认真负责的态度,对提高教学质量,避免教学事故,推动驾驶培训机构的稳步发展起着重要的作用。

1 驾驶学员的特点

学员的成分比较复杂,年龄差距较大,文化素质参差不齐,性格、生活习惯等各有不同。学员在驾驶培训机构学习的最终目标是掌握驾驶技术,顺利考取驾驶证。教练员的教学水平、职业道德和服务质量是学员最关心的问题,学员对教练员是不是满意,直接关系到对驾驶培训机构的满意度。

2 学员管理理念

教练员要树立"以学员为中心,以服务为主体,以质量为根本"的管理思想和"管理就是服务,服务重于管理"的学员管理理念,始终坚持以人为本、服务学员、保证教学质量,创建平等和谐的师生关系,共同研讨训练技术,相互了解沟通

情感，相信学员的潜能，培养学员的安全意识。

驾驶教学存在一定的风险，稍有不慎就会引发安全事故，教练员对学员的管理直接影响教学安全。教练员的管理能力和教学水平，会在一定程度影响学员对驾驶培训机构的评价以及社会对驾驶培训机构的认可程度。教练员要通过有效的方式和方法对学员进行管理，维护教学秩序，提高培训质量，保护学员的合法权益。

二 学员管理的原则

教练员对学员的管理要始终坚持依法管理、精细化管理原则，严格遵守学员管理制度，让学员根据自己的具体情况和需要自主选择学习方式，教练员在不违反原则的前提下为学员提供最大的方便。

1 依法管理原则

教练员对学员的管理过程是从学员理论学习报名开始，到学员掌握机动车安全驾驶技术，并协助其通过考试和取得驾驶证的全部活动。其实质是教练员代表驾驶培训机构与学员构成了一种合同关系，这种合同关系应符合《中华人民共和国合同法》、《机动车驾驶员培训管理规定》、《中华人民共和国道路交通安全法》等相关规定。教练员和学员都要共同遵守驾驶培训机构相关制度，并将制度的内容体现到双方签订的培训合同中。

2 精细化管理原则

学员构成的多样化使得学员管理事务变得繁杂、琐细。学员年龄、知识背景、职业、性格和身体状况等各个方面都不相同，学习兴趣、习惯和接受能力有很大差别。因此，教练员对学员的管理应在"细"字上做文章，在"实"字上下功夫。教练员要根据学员的特点，因材施教，有针对性地进行教学管理，提供精细化服务，不断满足不同学车群体的诉求。

教练员要承认和尊重学员个体的差别，有针对性地区别对待学员，对学员实施精细化管理，覆盖到每一个教学阶段，控制到每一个环节，规范到每一个步骤，具体到每一个动作。在精细化管理中，关键要"细"。教练员不仅要关心学员的驾驶培训学习，还要注意关心学员在校学习的生活，不断探索和掌握学员管理工作的规律。教练员把工作做得具体、扎实，追求精益求精的境界，学员管理水平就会迈上一个新台阶。

三 学员教学管理

教练员对学员的管理要从培训管理开始，在培训学时管理、理论教学管理、场地驾驶管理、道路训练管理、档案管理等方面，都要建立一整套制度，为学员提供更加完善、便利的服务。

1 教学学时管理

教学学时管理是指采用计算机或其他方式对学员参加各科目驾驶培训的时间进行统计的过程。学时管理不仅要保证学员参加培训的时间，还要保证学员训练的时间，不能只教不练。计时制教学，是保障学员合法权益的有效方法，可以确保学员的有效学习时间，帮助学员提高学习效率。

学时管理包括学时规定、预约训练学时、计时卡使用、实际训练学时、填写教学日志、培训学时计算机考勤、学时结算、超课时和违约等规定。教练员应严格遵守学时管理相关规定，确保学时真实，保障学员的利益不受损失。

2 理论教学管理

理论规范化教学，是根据合理的理论教学程序和《大纲》规定的教学内容，按照教学设计和要求开展的教学活动。学员的专业知识、安全意识教育、文明驾驶知识教育，都要通过理论课的形式完成。学员的理论教学管理，对于学员的素质和安全文明意识的养成非常重要。理论教学管理包括学员的课堂纪律、秩序、环境等方面。

教练员在讲授理论课时要端正态度，保持良好的精神状态，以身作则，坚持原则，尊重学员、理解学员、爱护学员。教练员要本着对学员负责的态度，观察、把握学员的一举一动，并根据学员的实际情况因材施教，编制可行的教学方案，帮助学员认识理论学习的重要性，克服背题库应付考试的不良学习习惯。同时，教练员在教学中，始终要以积极乐观的情绪去感染每一位学员，切忌因个别学员的过激行为影响情绪，对学员造成不良的影响。

3 场地教学管理

场地驾驶教学中的学员管理，对学员安全地完成基础驾驶、项目驾驶、模拟驾驶起着至关重要的作用。场地内车辆较多，训练项目交错，学员驾驶动作生疏，如果教练员对学员管教不严格，很容易发生教学事故。

进入教练场地训练，教练员必须要求学员严格遵守场地管理和教练车使用规定，按照操作规范安全使用教学设备。

教练员对学员的教学训练,要按照教学计划规定的教学项目有序实施。学员要在教练员随车指导下进行驾驶操作,教练员不在车上学员不得私自动用教练车。学员在训练中不准戴墨镜,不准穿裙子,不准穿高跟鞋、厚底鞋及拖鞋。不进行场地训练的学员不准进入训练场,训练的学员不准在场地内随意走动。学员在场地内走动时,要走学员通道,注意避让教练车,不得违反场地有关规定,保证场地训练安全。

4 道路训练教学管理

道路训练的教学管理,关系到行车安全和教学安全,而且与学员安全意识的养成和驾驶技能的提高息息相关。道路驾驶训练教学中,教练员对学员管理松懈会威胁教学安全,引发交通事故的概率非常高。

教练员在组织教学时,要按照教学计划和规定的路线进行驾驶训练,认真、安全地完成规定科目和内容的教学任务。上道路训练,必须要求学员绝对服从教练员的指挥和口令,严格遵守法律法规和安全操作规程,牢记集中注意力、仔细观察和提前预防的三条"谨慎驾驶"黄金原则,确保教学安全。教练员在训练教学中要严格要求、认真指导,经常提醒学员注意安全、规范操作,随时做好对学员的安全保护,培养学员良好的驾驶习惯和安全文明意识。

模块 22 教学质量评估

科学完善的从业培训质量评估制度,可以判断从业培训的有效性,发现从业培训教学中的问题。通过对存在问题的评估,不仅可以改进从业培训教学工作,还能发现新的培训需求。

一 货运驾驶员从业培训质量评估

货运驾驶员从业培训质量评估,是货运驾驶员从业培训教学管理制度的重要组成部分,是确保货运驾驶员从业培训教学质量的基础工作,也是货运驾驶员从业培训教学质量管理的主要环节。

1 从业培训质量评估的意义

与普通驾驶员相比,货运驾驶员不仅要有娴熟的驾驶技术、一定的专业知识和丰富的行车经验,而且还要具备更强的安全意识、职业道德、服务意识、服务技能和法律道义责任。因此,必须加强货运驾驶从业人员培训,做好培训质量评估。这对于保障道路运输安全,强化道路运输管理,实现道路运输又好又快发展具有重要意义。

2 从业培训质量评估的目的

从业培训质量评估是根据货运驾驶员从业培训的目的和要求、运用科学方法对教与学的质量进行衡量和判断的过程。货运驾驶员从业培训质量评估的主要目的是为培训机构、教练员掌握从业培训教学的实施情况、加强教学管理、进行规范教学提供依据。

3 从业培训质量评估的对象

从业培训质量评估是以培训教学质量为对象、以正确的从业培训教学价值观为指导、以实现从业培训教学目标为核心,对从业培训教学的作用、教练员完成从业培训教学任务以及学员学习质量做出客观、科学的衡量与判定。

二 从业培训质量评估方法

货运驾驶员从业培训质量评估是在培训过程中以及培训结束后,通过问卷调查、结业考试、走访座谈、网络反馈、信息收集等多种途径,从学员、同行、专家、相关管理部门等群体获取有关培训教学信息,综合分析、调控从业培训教学的过程。从业培训质量评估通常涉及学员评价、考试合格率以及不良教学记录等方面。

1 学员评价

学员是接受驾驶培训机构提供的教学服务的对象。学员评价是学员通过接受驾驶培训机构提供的服务、学习教练员所授从业培训教学的内容,完整、系统地体会和感受教练员的教学能力、态度和效果等,从教学对象的角度对驾驶培训机构的服务水平、教练员教学水平进行的评价。

学员评价具有独特的优势:一是学员评价的可信性和有效性是多数研究者公认的,只要评价程序得当、评价指标设计科学,从总体上看或从平均意义上来说,学员打分还是较为公正的;二是学员评价是最方便、最具有操作性的评估方法,如问卷调查等方式,不需要学员或驾驶培训机构付出额外代价;三是学员评价可以最大限度防止驾驶培训机构或教练员的"机会主义行为",学生最了解驾驶培训机构的服务水平和教练员在平常状态下的教学态度、敬业精神和从业培训教学水平,因此,通过学员评价可以获得比较准确的信息。

2 考试合格率

考试合格率是指驾驶培训机构所培训的学员参加结业考试和从业资格证考试的合格率。这两部分数据可以分别由驾驶培训机构和道路运输管理部门提供。考试合格率可以真实地反映学员参加从业资格考试的实际情况,客观地反映驾驶培训机构的教学质量状况。

③ 不良教学记录

根据《机动车驾驶员培训管理规定》要求,对机动车驾驶培训教练员实行教学质量信誉考核制度。机动车驾驶培训教练员教学质量信誉考核是对驾驶培训教练员教学质量实时动态检验与管理的重要手段。因此,考核内容主要包括教练员的基本情况、教学业绩、服务质量、教学质量排行情况、不良教学记录等内容。

不良教学记录是指教练员野蛮从教、索取、收受学员财物或者谋取其他利益;未按《大纲》要求如实登记教学日志和培训记录或者在结业考试中弄虚作假;在培训教学过程中,发生重大以上责任事故等不良行为。不良教学记录直接反映教练员在廉洁施教、服务学员、文明培训等方面存在的问题,也直接暴露出驾驶培训机构在经营活动中疏于管理以及经营行为上存在问题。

模块 23 教学设施设备管理

定期维护货物运输教学车辆、危险货物从业资格培训教学设备和教学车辆,是确保从业资格培训教学活动顺利有序进行的重要环节。

一 教学车辆管理

合理使用教学车辆,可以确保教练车技术状况良好,延长其使用寿命,充分发挥其使用效率,保证教学质量。

① 教学车辆安全技术要求

教学车辆技术状况应符合《机动车运行安全技术条件》(GB 7258—2012)的要求。并达到《营运车辆技术等级划分和评定要求》(JT/T 198—2004)所规定的二级以上技术条件。

② 教学车辆档案建立与管理

建立健全教学车辆技术档案,翔实记录教学车辆的使用和维修情况,是保证车况良好、延长教学车辆使用寿命、保障行车安全及教学顺利进行的必要手段。

③ 教学车辆的检查与维护

为延长教学车辆使用寿命,杜绝机械事故,使其持续保持良好的技术状况,应采取教练员自检、安全部门抽检的方法,对教练车进行检查和维护。教练员应带领学员一起进行车辆安全检查,并对学员进行必要的指导和监督。检查中发现故障要及时排除,确保教学安全。

教学车辆主要供学员学习使用,长时间处于"非理想行驶状态",所以教学车辆的转向机构、制动机构、传动机构、轮胎等机件磨损较大,容易引起故障,带来安全隐患。应根据教学车辆的使用特点制订车辆重点维护计划,确保教练车技术状况符合规定要求,并达到规定技术条件。

二 场所和设备维护管理

货物运输驾驶员从业资格培训场地和危险货物运输驾驶员从业资格培训场地,是指主要是用于货物运输驾驶员、危险货物运输驾驶员从业资格培训应用能力培训教学的场地。培训教学设施设备的维护管理是保证学员培训学时和教学质量的关键。

1 教练场所维护管理

教练场所的维护管理包括教练场地维护管理规定,训练车辆、教学设备及场地的卫生整理、安全检查等。教学用车辆和教学设施设备要有专人管理,教学设备、安全装置等设施不得转借和随意移动,维护或检视用的工具要有序摆放和妥善存放。安全管理人员每天都要对场地进行检查、清理,对设施设备进行维护、修理,对教学车辆进行检查、清洁、紧固或维护。及时更换不能使用、无法修复或有安全隐患的教学设备和工具。

2 训练设施设备管理

场地内的设施设备是完成操作训练的主要教学工具。完善场地封闭设施、训练区隔离设施、安全通道以及消防设施、设备,保证设施设备完好,管好、用好教学实施设备,是保证学员训练时间和教学质量的关键。制定教学设施设备的管理规定,加强对教练员、学员爱护教练场的教育,督促其爱护场内的一切教学设施、设备,是教练场管理的重要环节。

任何人不得随意移动教练场设施设备,设施设备一旦损坏,要由专业人员进行修复,严禁非专业人员维修。设施设备每月至少进行一次全面检查,根据使用情况及时进行维护。对超出使用寿命、不能使用或损坏后无法修复的教学设备,要及时登记报废、更新。

3 安全监督检查

加强训练场所的安全监管,坚持进行日常及定期的事故隐患排查,检查教练车的安全状态,纠正教练员和学员的不安全行为,关注训练设施设备的缺失、损坏等情况,消除安全隐患,保障训练场地教学安全。

参 考 文 献

[1] 中华人民共和国人力资源和社会保障部,中华人民共和国交通运输部.国家职业技能标准　机动车驾驶教练员[S].北京:人民交通出版社,2011.

[2] 中华人民共和国交通运输部,中华人民共和国公安部.《机动车驾驶培训教学与考试大纲》[M].北京:人民交通出版社,2012.

[3] 中华人民共和国交通行业标准.JT/T 325—2013　营运客车类型划分及等级评定[S].北京:人民交通出版社,2013.

[4] 道路旅客运输驾驶员从业资格培训教学大纲.

[5] 中华人民共和国国家标准.GB/T 3040—2013　机动车驾驶培训机构资格条件[S].北京:中国标准出版社,2014.

[6] 范立,金兴民,顾燏鲁,等.驾校经营导航[M].2版.北京:人民交通出版社,2014.

[7] 中华人民共和国国家标准.GB/T 29639—2013　生产经营单位安全生产事故应急预案编制导则[S].北京:中国标准出版社,2013.

[8] 常若松.汽车驾驶员安全心理学手册[M].北京:人民交通出版社,2014.